杭州妇女发展报告
（2015）

ANNUAL REPORT ON THE DEVELOPMENT OF WOMEN IN HANGZHOU (2015)

女性与家庭文化

主　编／魏　颖
执行主编／侯公林
杭州市妇女联合会
杭州市妇女研究会

社会科学文献出版社
SOCIAL SCIENCES ACADEMIC PRESS (CHINA)

图书在版编目(CIP)数据

杭州妇女发展报告.2015:女性与家庭文化/魏颖主编.
—北京:社会科学文献出版社,2015.4
(杭州蓝皮书)
ISBN 978-7-5097-7194-5

Ⅰ.①杭… Ⅱ.①魏… Ⅲ.①妇女工作 - 研究报告 - 杭州市 ②妇女 - 家庭文化 - 研究报告 - 杭州市 - 2015
Ⅳ.①D442.855.1 ②D669.68

中国版本图书馆 CIP 数据核字(2015)第 042174 号

杭州蓝皮书
杭州妇女发展报告(2015)
——女性与家庭文化

主　　编 / 魏　颖
执行主编 / 侯公林

出 版 人 / 谢寿光
项目统筹 / 恽　薇
责任编辑 / 冯咏梅

出　　版 / 社会科学文献出版社·经济与管理出版分社 (010)59367226
　　　　　 地址:北京市北三环中路甲29号院华龙大厦　邮编:100029
　　　　　 网址:www.ssap.com.cn

发　　行 / 市场营销中心 (010)59367081　59367090
　　　　　 读者服务中心 (010)59367028

印　　装 / 北京季蜂印刷有限公司

规　　格 / 开　本:787mm×1092mm 1/16
　　　　　 印　张:20.25　字　数:305千字

版　　次 / 2015年4月第1版　2015年4月第1次印刷

书　　号 / ISBN 978-7-5097-7194-5

定　　价 / 79.00元

皮书序列号 / B-2014-371

本书如有破损、缺页、装订错误,请与本社读者服务中心联系更换

▲ 版权所有 翻印必究

杭州蓝皮书编委会

主　　编　魏　颖

副 主 编　辛　薇　吕芬芳　朱红丹　邬秀君　侯公林

执 行 主 编　侯公林

编委会成员　戴冰洁　罗　琴　陆桂英　吴兰花　张　宏
　　　　　　　邹　蕾　赵路国　赵智芸　王佶伶　孙立波

主要编撰者简介

魏 颖 杭州市妇女联合会主席、党组书记,杭州市妇女研究会会长。近年来,主编了《杭州妇女发展报告(2014)》;结合工作实际撰写的《杭州市"和谐家庭"状况评价研究》被列入杭州市软课题项目;《杭州市女大学生毕业就业难状况的研究与建议》获得时任杭州市委书记黄坤明的批示,并获得2009年杭州市政协优秀提案奖和杭州市领导干部优秀理论文章三等奖;《杭州市女企业家能力建设的现状与思考》《杭州市"50"婆与"80"媳妇关系的调查分析》先后被编入2010年、2011年《杭州发展报告(社会卷)》。杭州市妇女联合会还以《杭州市"50"婆与"80"媳妇关系的调查分析》一文在全国会议上做交流发言。

侯公林 浙江理工大学心理学教授,教育学博士。杭州市第八、第九届政协委员;杭州市第十二届人大代表;民进杭州市委员会副主任委员,杭州市知识分子联谊会副会长;浙江省社会主义学院兼职教授;杭州市"131"第一层次学科带头人;浙江省检察院、杭州市检察院人民监督员。目前主要社会兼职有:浙江省转化医学学会副理事长,杭州市妇女研究会副会长,浙江省政府性别平等评估委员会专家,杭州市政府性别平等评估委员会专家,杭州市发展研究会常务理事,等等。自2001年以来,主持了"妇女发展评价指标体系""家庭和谐评价指标体系""家庭教育评价指标体系""女性创业动机变迁与自我发展"等20多项与妇女、家庭有关的研究项目。作为专家全程参与了《杭州市妇女发展规划(2011~2015年)》和部分参与了《浙江省妇女发展规划(2011~2015年)》的编制工作,并参与了《走向现代化的浙江妇女》和《杭州妇女发展报告(2014)》等专著的编写工作,发表与妇女发展有关的研究论文20余篇。

摘　要

　　2014年是杭州市经济、社会和文化发展具有重要意义的一年，也是《杭州市"十二五"妇女发展规划》《杭州市"十二五"儿童发展规划》终期检测评估之年，因此，编制蓝皮书《杭州妇女发展报告（2015）——女性与家庭文化》具有重要意义。本年度蓝皮书由总报告、婚姻篇、家庭篇、家庭教育篇、养老篇五个部分组成。总报告对杭州市婚姻关系、家庭和谐、家庭教育和养老四个方面的问题进行了深入的分析，提出了一系列意见和建议。

　　总报告提出，在婚姻关系方面，随着杭州市经济发展的加速，以及城乡家庭生活水平的不断提高，尤其是独生子女政策和女性受教育水平的提高，城市中以男性为主导的家庭婚姻关系正在悄然发生变化。在城郊接合部，由于拆迁带来的农村家庭快速富裕，新的"招赘婚"的婚姻现象不断增多；在农村偏僻山区，留守妇女的家庭婚姻问题依然存在。杭州城乡家庭面临的家庭和谐问题不尽相同。城区家庭主要面临由传统联合家庭向核心家庭变化的过程中家庭结构的变化带来的新矛盾和新问题，以及外来务工人员家庭和谐的问题；而农村家庭主要面临的依然是经济收入问题。在家庭教育方面，随着家庭结构的变化，杭州的家庭教育也出现了许多新问题。解决家庭教育问题除了重视家庭教育的作用外，还需进一步推进杭州城乡家庭教育一体化和城乡家长学校的建设，让家长们学习科学教养的知识，提高他们的教子水平。在养老方面，杭州城市老龄化问题不断加剧，让老年人"老有所养、老有所乐"，考验着杭州城市管理者的智慧。随着城市的发展，如何让每个家庭都享受到杭州因改革开放带来的成果，还需要杭州各级党委、政府进行深入的调研和思考。

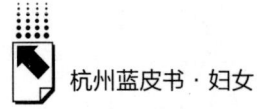

在各个分报告中，婚姻篇就杭州近郊村落农村女性婚恋模式变迁问题提出了以下意见和建议：消除体制障碍，推进城乡"身份－权利－待遇"的同城化；优化制度设计，减少利益婚姻的现实基础；定期开展专题活动，为近郊村落提供婚恋咨询和服务；等等。就杭州知识女性婚恋观、生育观现状，提出了以下意见和建议：知识女性的工作单位应该为她们提供相关育儿支持与福利；重视维护知识女性生育期就业权益与职业发展权益；等等。就杭州女大学生婚恋观现状，提出了以下意见和建议：加强网络与媒体监管，优化大学生婚恋环境；加大性安全教育，提高女大学生自我保护意识；普及大学生婚前培训，建立健全的预防机制；等等。

家庭篇讨论了社会变迁背景下的夫妻冲突模式问题。通过调研发现，杭州家庭夫妻冲突可分为家庭关系冲突型、角色失调冲突型、社会资源冲突型、感情信任危机型和价值观念冲突型五种模式，并从女性视角出发针对婚姻冲突提出了四个方面的对策建议：准确把握角色要求，积极适应多重角色；加强夫妻情感沟通，积极回应家庭需求；不断提高个人素养，提升个人品位；善于转移矛盾焦点，积极争取社会支持。同时，结合国家推出的"单独二孩"政策，对杭州女性生育心理现状进行了研究和讨论，提出杭州可以从大力开展健康的生育文化宣传、促进和推进"新家庭计划"建设、完善生育保险制度、合理配给公共医疗资源、提供有保障的教育资源、完善社会养老体系、做好政策衔接、转变计生工作方式等方面做好生育心理的公共政策支持。

家庭教育篇就杭州城乡家庭教育现状进行了比较研究，认为城乡家庭经济条件、父母受教育水平、社会环境、城乡教育硬件设施等是造成目前家庭教育差异的主要因素，并认为城乡家庭教育的差别还体现在城区居民和外来务工人员家庭之间。因此，建议通过推进杭州城乡一体化建设，将城乡家庭教育一体化建设涵盖到城区和农村各类家庭，重视通过培养和提高农村家庭父母的教养能力来缩小城乡之间的差距。

养老篇对杭州空巢家庭居家养老现状进行了分析，并就存在的问题提出了以下推进杭州市养老工程的意见和建议：进一步扩大宣传，丰富养老内容;加强和完善社区养老设施建设;加强养老服务人才队伍建设;拓展养老服务资金来源;提高政府管理水平;等等。同时,通过对杭州空巢家庭精神养老问题进行分析和讨论,提出了以下对策和建议:弘扬"尊老、敬老"的社会风尚,建立和健全精神养老法律制度;加大政府支持力度,健全社区老年心理服务等组织;完善社区基础设施,加强亲情关爱和邻里关爱;积极养老;等等。

序

进一步发挥妇女在社会生活和家庭生活中的独特作用,是新时期加强和改进妇联工作的重要切入点和着力点。妇女特有的身心特点、生育和哺乳功能,决定了妇女在增进家庭和睦、科学养育后代、促进社会和谐方面具有天然的、不可替代的独特作用。杭州市妇联编制的《杭州妇女发展报告(2015)——女性与家庭文化》,从婚姻、家庭、家庭教育和养老四个方面分析现状及问题,提出发展建议和意见,为党委、政府科学推动妇女儿童事业发展提供了重要决策参考,为杭州市科学编制"十三五"妇女儿童发展规划提供了重要决策依据。

"家和万事兴"。家庭是社会的细胞,其稳定事关千家万户,事关社会和谐。希望杭州市各级妇联组织和广大妇联干部深刻理解"注重发挥妇女在社会生活和家庭生活中的独特作用"的新思想、新要求,把发挥妇女在中国特色社会主义事业中的"半边天"作用与发挥妇女在家庭生活中的独特作用结合起来,把服务妇女儿童与服务中心工作结合起来,找准定位,主动作为,通过深化家庭文明创建活动,促进妇女儿童事业健康发展,共同推动"和谐杭州""平安杭州""美丽杭州"建设。

杭州市委常委 佟桂莉
二〇一五年一月

目 录

B Ⅰ 总报告

B.1 杭州市和谐家庭现状、问题分析及对策建议 ………… 侯公林 / 001
    一 背景 ……………………………………………………… / 001
    二 杭州市和谐家庭现状与问题分析 ……………………… / 003
    三 杭州市婚姻、家庭、家庭教育和养老发展的
       对策与建议 ……………………………………………… / 018
    四 结束语 …………………………………………………… / 028

B Ⅱ 婚姻篇

B.2 城镇化进程中的杭州近郊村落婚恋模式变迁研究
    ——基于杭州市四区若干村落的调研 ………… 戴冰洁 / 030
B.3 都市知识女性婚恋观、生育观现状探究
    ——基于杭州市的实证调研 …………………… 邹 蕾 / 066
B.4 杭州女大学生婚恋观的现状调查与趋势分析 ………… 张 宏 / 105

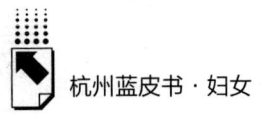

BⅢ 家庭篇

B.5 社会变迁背景下的夫妻冲突模式研究 ………………… 陆桂英 / 141

B.6 "单独二孩"政策下杭州女性生育心理现状及
  对策研究 ……………………………………………… 罗 琴 / 166

BⅣ 家庭教育篇

B.7 杭州市城乡家庭教育现状比较研究 ………… 林 应 侯公林 / 197

BⅤ 养老篇

B.8 杭州空巢家庭居家养老现状、问题及对策研究 ……… 赵路国 / 230

B.9 城市空巢家庭精神养老问题研究
  ——基于杭州市的实证分析 …………………………… 吴兰花 / 256

Abstract …………………………………………………………………… / 295
Contents …………………………………………………………………… / 298

皮书数据库阅读使用指南

总报告

General Report

B.1 杭州市和谐家庭现状、问题分析及对策建议

侯公林*

摘　要： 本文主要对杭州市正在形成和产生的新的家庭婚姻关系与矛盾、近年来存在的影响家庭和谐的因素、家长在家庭教育方面存在的误区，以及进入老龄化社会后杭州市面临的养老问题进行了梳理和分析，并就如何解决上述问题提出了一系列对策和建议。

关键词： 婚姻　家庭　家庭教育　养老

一　背景

最早提出"和谐"概念的是古希腊哲学家，他们强调比例恰当的数量

---

* 侯公林，教育学博士，浙江理工大学心理学教授。研究方向：管理与社会心理学。

关系及均衡的客观物体外在形式,并试图从宇宙本源、数学、天文学、声学等自然科学的角度来阐述"美在和谐"。而中国儒学家则首先抛开外在形式,把和谐引入社会伦理领域并上升到政治高度。尽管长期以来人们对家庭和谐问题的研究和讨论很多,但是迄今"和谐家庭"并没有一个明确的定义。和谐家庭在我国是一个对家庭状况的描述性定义,是具有中国特色的本土化概念,是中国共产党在全面建设小康社会、构建社会主义和谐社会过程中从全局考虑提出的一项重大任务。国外学者并未对和谐家庭这一概念进行直接研究,由于家庭研究涉及多学科、多方位且具有历史久的特殊性,国外学者对家庭理论的研究大多较为零散,但总体上还是经历了一个从一般到特殊、从静态到动态、从单一到系统的发展过程。

家庭及与家庭有关的婚姻、家庭教育、养老问题看似小,但无疑是最重要的社会问题之一。家庭作为社会的基本组织单位,能够直接反映社会变化的积极或消极作用[1]。近年来,中国家庭的结构发生了很大的变化,特别是从传统的联合家庭结构过渡到以核心家庭为主的家庭结构,和谐融洽的家庭环境不仅有利于家庭成员的健康成长,而且有利于维护社会的稳定。事实上,国家的所有方针政策、经济发展水平,最终都将落实到家庭,落实到人民群众的具体生活中。2012年12月15日,在中国共产党第十八届中央政治局常委与中外记者见面会上,中共中央总书记习近平指出:"我们的人民热爱生活,期盼有更好的教育、更稳定的工作、更满意的收入、更可靠的社会保障、更高水平的医疗卫生服务、更舒适的居住条件、更优美的环境,期盼着孩子们能成长得更好、工作得更好、生活得更好。人民对美好生活的向往,就是我们的奋斗目标。"[2] 这明确表达了中国共产党的根本任务是一切为了人民的执政理念。从这个意义上讲,建设好家庭,让每一个公民都生活在和谐的家庭环境中,也是发扬中华民族的传统美德、实现我国社会主义核心价值观的重要途径之一。

---

[1] Lye, K. N. and Biblarz, T. J., "The Effects of Attitudes toward Family Life and Gender Roles on Marital Satisfaction", *Journal of Family*, Issues 14, pp. 157 – 188.

[2] http://news.xinhuanet.com/18cpcnc/2012 – 11/15/c_123957816.htm.

进入21世纪以后，随着社会经济、文化的发展，杭州市居民的生活水平不断提高，主观幸福感也不断增强。社会的发展也导致了传统的家庭文化随着人们生活方式的改变发生了重大的变化，影响人们家庭和谐的因素也与过去不同。本文从和谐家庭的角度出发，结合近年来所做的一系列调查研究结果，对杭州市居民和谐家庭的现状、存在的问题，以及对实现杭州市和谐家庭的对策和建议进行系统的阐述。

二 杭州市和谐家庭现状与问题分析

（一）杭州市婚姻问题现状及其分析

1. 以男方为主导的婚姻模式正在发生改变

长期以来，人们把婚姻作为女性幸福生活的归宿，因此，婚姻状况就被认为是衡量女性生活质量最重要的因素之一。然而，这种观点到了20世纪90年代以后受到了女性群体的挑战，并且随着时间的推移，这种趋势日益明显。有一项调查结果表明，美、英、法等国家的妇女在接受"结婚是个人的自由，所以结不结婚都可以"这项询问时，表示赞成的人数达到90%[①]。德国社会学家H.贝尔特拉姆曾经指出，当城市的文化、教育、经济和政策为个人提供越来越多的自由发展空间时，家庭生活方式的解体趋势就会越来越明显。在德国柏林，有持续性伙伴的单身生活方式已经成为占主导地位的模式[②]。自20世纪80年代以来，随着中国社会经济的快速发展，以及女性受教育程度的不断提高，女性开始走向社会，其中许多人进入了主流社会，经济上的独立和社会角色的改变，使进入主流社会的女性群体的婚姻观念发生了改变，这种改变对她们的婚姻行为也产生了很大的影响。根据《杭州市"十二五"妇女发展规划中期监测评估报告》的结果，截至2012

[①] 徐安琪：《女性婚姻家庭观的国际比较》，《社会》2004年第1期，第49~53页。

[②] 〔德〕H. 贝尔特拉姆：《城市、个人、家庭的消失》，宁越译，《国外社会科学》1995年第5期，第52~53页。

年，杭州市普通高校女生的毛入学率达到57.76%，高于男生15.52个百分点，接受高等教育的人数明显超过男生。同时，杭州市区（县）级党政领导班子正职中女干部的比例达到30.77%，杭州市政协委员中女性比例达到32.48%。由此可见，杭州女性的社会地位越来越高，女性从属于男性的社会环境正在发生改变。除此之外，独生子女政策在杭州市被不折不扣地执行了，几乎所有城市家庭都将资源无差别地用于一个孩子身上，这样一来，即使是女孩也可以获得良好的教育、家庭住房等经济资源。因此，女性在结婚时也可以获得来自家庭经济的强有力支持，其结果是女性已经不再将婚姻作为生存的必需，或者是最重要的归宿，以男性为主导的婚姻模式正在被打破，男女间平等的婚姻关系正成为杭州市城区居民婚姻的主流观念。

2. 新的婚姻关系带来了新的家庭问题

新的婚姻关系主要表现在三个方面。第一，表现在城区居民家庭婚姻关系方面。随着城市的发展和人们生活水平的提高，许多家庭都拥有1套以上的住房。加上独生子女政策，许多家庭已经不再将男方提供住房、承担所有结婚费用作为嫁女的必要条件，在一定的前提条件下，女方家庭也愿意为女儿和女婿提供住房等物质条件方面的帮助。这种改变，不但促进了男女之间在婚姻上的平等，在某种意义上女性也有了真正意义上的婚姻主导权，不再把男性作为生存上的依靠，而是更多地要求情感上的满足。除此之外，很多独生子女家庭的父母对于儿女婚姻更注重情感关系，对于第三代跟谁姓已不做强势规定，认为可以跟父亲姓，也可以跟母亲姓，甚至不跟父母姓而另取他姓。这种变化无疑是随着城市化进程的加快，传统联合家庭的模式被打破、家庭独立性不断增强所致，在某种意义上也是杭州市城市居民性别观念转变的结果。第二，表现在城郊农村家庭以"招赘婚"为代表的新的婚姻关系方面。近年来，随着城市化的发展，杭州城郊农村土地征用等为传统的农业家庭带来了大量的收入，许多只有一个女儿的家庭为了保全家庭财富，通常采取"招赘婚"的形式。这种婚姻模式是男性上门，出生的儿女全部跟女方姓，男性在婚姻中处于从属地位，没有家庭经济和重大问题的决策权。这样的婚姻虽然大部分基本正常，但由于婚姻中无论女方还是男方，其目的都是获得财富，夫妻双方大多缺乏情感基础，婚后由此引发的矛盾也较多，有的家庭甚至发生恶性刑事案件。第三，表现在女性机关干部家庭婚姻关系方面。随着杭州市经济的发展和社会文化的进步，各级党委、政府积极推进女性参与社会经济管理，加强了对女性管理者和领导者的培养、选拔和任用，使越来越多的优秀女性活跃在传统上由男性主导的社会经济管理的各个领域。接受过高等教育的优秀女性步入社会后，她们的角色从传统的"相夫教子"和"贤妻良母"向政府、企业、社会组织管理者转化。尽管社会对女性能力的认识观念正在发生根本的改变，但体现在具体的工作、家庭中，由于女性同时扮演职员、妻子和母亲等多重角色，许多女干部不但在单位要与男性无差别地承担工作任务，回到家后还要承担照顾老人、抚养孩子、买菜做饭、处理家务等工作，面临家庭和事业的双重压力。好领导、好妻子、好女儿、好妈妈等多重角色使女性的心理负荷相比男性更为沉重，容易导致这部分女性产生"职业和家庭该放弃哪个"的心理冲突和矛盾，如果丈夫不体贴，就很容易造成夫妻关系紧张，影响家庭婚姻关系。这在一定程度上也影响了女干部的心理健康，以及女干部对自身发展的工作激情。霍其斯希尔德曾经提出"第二轮班"（the Second Shift）的概念来概述这种情形。她认为，妻子除了在办公室进行"第一轮班"的工作外，还要在家里进行"第二轮班"的工作。

3. 农村留守妇女与外来务工人员对婚姻关系的满意度低

尽管近年来杭州市城市发展速度非常快，女性的社会地位日益提高，但是在建德、淳安等相对偏僻的农村仍然存在大量的农村留守妇女。丈夫外出打工长期不归，使这部分妇女的婚姻生活受到了较大的影响。目前，在相对偏僻的杭州农村地区，男主外女主内的传统男权主义性别分工模式仍然对家庭婚姻关系产生着影响。丈夫外出，农村留守妇女不但要承担家庭的农业生产，而且还要照顾子女和老人，过重的家庭责任影响了其生活质量，导致留守妇女对婚姻生活的满意度较低。一般来说，留守妇女的家庭经济状况普遍较差，在经济上对丈夫仍具有依赖性。虽然丈夫外出务工增加了家庭收入，但是大部分留守妇女的家庭经济状况仍没有得到明显的改善。在我们调查的杭州市 2000 多户农村留守妇女家庭中，家庭年收入低于 2 万元的仍占到了 49.4%，家庭经济状况在很大程度上也影响了夫妻之间的婚姻关系。由于大部分外出打工的已婚男性年龄为 25~40 岁，而这个阶段正是女性性欲的旺盛期，性生活的缺失影响了留守妇女家庭的婚姻质量。这和 Mannila 等人的研究结果也表明"夫妻关系的稳定性是女性性生活满意度最重要的影响因素"[1]。对于农村留守妇女来说，缺乏性生活带来的不满意感无疑会对她们的夫妻关系造成影响。

除此之外，外来务工人员的婚姻问题也影响着她们的家庭生活，主要体现在两个方面。一方面是婚姻满意度低。大部分婚姻满意度低是由家庭经济状况导致的。进入城市后的外来务工人员家庭收入普遍较低，处于社会的底层，家庭居住环境一般是在杭州市的城郊边缘，住房设施、卫生条件和治安环境均较差，夫妻之间因为经济问题引起的矛盾较多。卢淑华从人们的"主观感受或评价"出发，构筑了一个以"婚姻满意度、家务满意度、吃的满意度、交友满意度、业余生活满意度和穿的满意度"为主要因素的影响"家庭生活满意度"的分析框架，专门探讨了婚姻与家庭生活质量的问题[2]。其研究得出了"在影响家庭生活满意度的因素中婚姻满意度最为重要"的结论。研究还进一步指出，对婚姻满意度影响最大的因素，则是反映家庭经济支配权的"因用钱意见不合"。家庭经济作为判断家庭和谐状况的标准之一，对家庭的整体和谐状况无疑有着重大的意义。如果家庭经济状况不好，夫妻感情不和，孩子缺乏安全的环境，家庭关系也无法和谐。另一方面是外来民工子女的早婚问题。第一代外来务工人员的子女大部分开始步入成年，尽管这部分孩子跟随父母在城市中生活和成长，接受的教育和价值观受到了城市文化的影响，但婚姻仍然沿袭农村的风俗，早婚现象十分严重。调查中发现，无论是男性还是女性，18 岁就结婚生子的人不在少数。其中大部分

---

[1] Elina Haavio-Mannila, Osmo Kontula., "What Increases Sexual Satisfaction?", *Archives of Sexual Behavior*, Vol. 26, No. 4, 1997.

[2] 卢淑华：《中国城市婚姻与家庭生活质量分析——根据北京、西安等地的调查》，《社会学研究》1992 年第 4 期。

的婚姻双方都没有领结婚证,婚姻缺乏法律保障,一旦发生矛盾,女性受到的影响则较大。另外,这部分外来务工人员子女普遍受教育程度低、谋生能力差,婚姻后的生活依赖父母,婚姻稳定性也较差。

(二) 杭州市家庭和谐问题现状及其分析

1. 心理健康成为杭州家庭和谐的重要因素

随着社会经济的发展,人们的生活节奏不断加快,心理健康无疑已经成为影响人们家庭生活的重要方面。我们在对杭州市居民进行调查研究时发现,居民们将心理健康作为和谐家庭的首要条件。在问及具体内容时,大部分居民认为家庭心理健康应该包含"遵纪守法""遵守社会公德""有积极向上的健康心态""有良好的社会公德""每个成员积极进取""没有赌博、酗酒、吸毒等不良嗜好"等。调查结果表明,杭州市居民认为与心理健康有关的和谐家庭主要有以下几个方面的特点。首先,要遵纪守法。遵守社会公德已经成为杭州市居民家庭的主流文化,一个气氛融洽、民主宽松、相互帮助的家庭文化正在杭州市形成。其次,杭州市的居民家庭认为自己的家人应该"有积极向上的健康心态""有良好的社会公德""每个成员积极进取""没有赌博、酗酒、吸毒等不良嗜好"。最后,杭州市城市文化的包容性较大,使得外来人员能够在和谐的、没有歧视的环境中生活,这在很大程度上提高了人们家庭生活的主观幸福感,也为人们家庭心理健康水平的不断提高奠定了重要的基础。但是,在对杭州市偏僻的农村家庭调查后发现,与城市居民家庭相比,农村家庭成员的受教育水平普遍较低,加上信息闭塞,一些家庭中有的成员由于受到现代社会不良风气的影响,存在赌博、吸毒等不良嗜好。尽管心理健康与家庭和谐的关系日益受到人们的重视,但是家庭暴力依然是影响杭州市民家庭和谐最重要的方面。由于我国长期以来"男尊女卑"传统的夫权思想存在,以及我国妇女的地位存在事实上的不平等,仍然有很多人认为"家庭暴力是家庭内部的事""清官难断家务事"。就我国现行法律而言,还缺少较完善的预防和制止家庭暴力的措施,尤其是对于家庭冷暴力在执法上存在难度。其结果是公民并没有意识到家庭暴力是侵权行为和违法行为，社会舆论对家庭暴力也采取宽容态度，未能给予及时的、大张旗鼓的谴责，因此对施暴者没有威慑作用。如何干预家庭暴力仍然是政府和社会值得关注的问题。

2. 家庭的核心化将成为杭州家庭结构的新趋势

国家统计局《2010年第六次全国人口普查主要数据公报》的结果显示，大陆31个省、自治区、直辖市共有家庭户401517330户，家庭户人口为1244608395人，平均每个家庭户的人口为3.10人，比2000年第五次全国人口普查的3.44人减少0.34人。这表明我国家庭正不断趋于核心化。杭州市统计局《杭州市2010年第六次全国人口普查主要数据公报》的结果显示，杭州市常住人口中共有家庭户297.08万户，家庭户人口为768.10万人，平均每个家庭户的人口为2.59人，比2000年第五次全国人口普查的2.98人减少0.39人①。由此可见，杭州市作为东部沿海发达城市，其城市化的发展使得城市和乡村居民的居住方式发生了巨大的变化，家庭核心化趋势更为明显。家庭核心化使原来以老人为中心的家庭结构，演变成为一切以孩子为中心的家庭格局，人们与祖辈和其他亲属之间传统的联合家庭的关系渐行渐远。我们在对一些家庭进行深度访谈中发现，反映在核心家庭方面，主要表现为：传统的家素关系被颠覆；不同的核心家庭根据自己对家庭的理解和认知重构家庭文化；孩子作为夫妻关系的纽带作用更强；父母和孩子之间的亲子关系较以往更为紧密。反映在传统联合家庭方面，主要是与父母、兄弟姐妹之间关系的变化。对父母，"孝道"等传统的家庭伦理道德不再成为约束人们行为的重要规范；对兄弟姐妹，由于生活和居住方式的改变，矛盾明显减少，但相互之间的关系也日趋冷淡。我们在调查中发现，农村家庭成员很少回家，与长辈和亲戚朋友的接触虽然少了，但在每年春节回乡时依然可以感受到传统大家庭的文化。而对于大部分城市家庭而言，不同核心家庭成员之间即使相聚也就几个小时，传统的大家庭生活方式已经基本上不复存在。

---

① 《杭州市2010年第六次全国人口普查主要数据公报》，2011年5月，http://www.hzstats.gov.cn/web/ShowNews.aspx?id=aLbKS9n9ufY=。

这种变化的结果,成为进入老龄化社会之后,人们在养老过程中必然面临的亲情缺失、心理失衡、缺乏照顾等一系列非常严峻的社会问题。

3. 不同收入的家庭和谐水平不同

家庭现代化的进程因受到物质条件的制约而放缓或有所变异,但住房条件是影响现有家庭结构和居住模式的主要原因之一。所有的家庭行为都是由家庭的经济逻辑决定的,都是寻求在变化的社会中,在面对实际经济、社会和生活处境时进行现实调整,从而达到家庭利益的最大化。根据《杭州市"十二五"妇女发展规划中期监测评估报告》的结果,截至2012年,杭州市城镇居民可支配的年平均收入为37511元,农村居民可支配的年平均收入为17017元,两者之间存在较大的差异。虽然没有明确数据可以反映城市企业中高层人员家庭、政府和事业单位工作人员家庭与外来务工人员家庭、城市蓝领工人家庭的收入水平,但不同群体间的收入差距是显而易见的。稳定而有保障的家庭收入将决定居民的居住环境和生活条件、子女的教育、闲暇的生活时间以及良好的医疗保健等。因此,城乡之间以及城市不同收入阶层之间的家庭收入不同,由此而带来的家庭和谐水平也就有所不同。一般来说,企业中高层人员家庭、政府和事业单位工作人员家庭有较高的社会地位、较好的职业和稳定的收入,居住环境和居住条件普遍较好,很少发生经济纠纷带来的家庭问题,家庭和谐水平较高。而对于城市蓝领工人家庭,他们作为城市的原住民,由于受教育程度和能力等因素,职业和收入稳定性差,尽管一直生活在城市中,但物质生活条件并不尽如人意。与企业中高层人员家庭、政府和事业单位工作人员家庭相比,这部分家庭劳动强度大,住所因城市改造而被迁移到城市的边缘,可支配的闲暇时间少,希望改变自己的生活状况,但又缺乏必要的能力和条件,因此,对生活状况的不满意往往会影响家庭和谐水平。作为城市中的特殊群体,外来务工人员因收入水平较低,在杭州的生活成本又较高而影响家庭和谐。在对8位外来务工者进行的深度访谈中,当问及"家里对收入的开销一般是怎样的"这一问题时,8位外来务工者都表示出来打工的最主要目的是赚钱,但由于工资太少,除了吃饭和购买生活必需品,没有钱再去额外地买零食、衣服,更不用说花费在一些休闲娱乐上。其中一位从事公路环卫的外来务工者这样说:"还有什么开销啊?大部分都寄回老家去了。2013年花了10万元给我大儿子娶媳妇。小女儿读大学还要用钱。我自己平时很少吃水果,吃饭每天只花10元左右,一年才买一次衣服。"有研究指出,人们对业余生活的满意度和对业余生活的态度是预测家庭生活质量的最佳指标[1]。外来务工人员收入低,仅能满足最基本的生活需求,文化娱乐活动接近空白,精神生活匮乏,这对家庭的生活质量产生了不利影响。这也是造成外来务工人员在家庭和谐方面主观满意度低的原因之一。

(三)杭州市家庭教育问题现状及其分析

家庭教育是实现家庭和谐的重要组成部分,随着"80后"、"85后"甚至"90后"的独生子女成为父母,杭州市三口之家的核心家庭模式不断被巩固,并表现出新的家庭教育的特点。

1. 家长家庭教育能力缺失依然是主要矛盾

杭州市妇联在《杭州市家庭教育工作"十二五"规划》中对杭州市家庭教育工作的开展做了非常明确的规定,同时,指导杭州市家庭教育的《杭州市家庭教育指导工作管理办法》《杭州市家长学校考核办法》《杭州市示范家长学校评估办法》三个纲领性文件在"十一五"期间就已经下发,这些保障措施为杭州市家庭教育工作的有序开展奠定了良好的基础。但是,从杭州市家庭教育的实际情况来看,随着家庭核心化进程的加快,年轻的家长缺乏家庭教育能力已经成为教育的主要问题。首先,在教养内容上,大部分家长不知道家庭教育应该教什么。目前我国的教育体制决定了家庭教育的走向,为了让孩子在中考、高考时进入一个好的学校,大部分城市家庭将学校课本知识教育作为孩子教育的核心,家庭教育变相成为学校教育的延伸,真正意义上的家庭教育并不存在。孩子不但在学校要学习书本知识,回到家还有大量的家庭作业需要完成,即使没有家庭作业,家长也会通过各种课外

---

[1] Kathleen M. Lloyd, Christopher J. Auld, "The Role of Leisure in Determining Quality of Life: Issues of Content and Measurement", *Social Indicators Research*, Volume 57, Number 1, 2002, pp. 43-71.

培训班给孩子增加压力。诸如做饭、洗衣、整理房间等基本生活技能是家庭教育的重要内容，但是大部分家长为了让孩子有更多的时间学习几乎包办了一切，致使孩子缺乏基本的生存能力，离开父母生活便无法自理。同时，为了应付考试，许多家庭削减了对孩子能力提高所必需的社会能力教育、文化修养教育等，从而影响了孩子的全面发展。其次，在教养方式上，大部分家长不知道家庭教育应该怎么教。父母的教养方式对孩子的心理健康有着重要的影响①。而在家庭教育中关注孩子的心理健康，及时评价孩子的心理健康状况，对于帮助他们树立正确的人生观、价值观，形成乐观、坚韧的性格，学习控制自身负面的心理情绪，避免出现极端的行为具有重要的意义。由于将学校书本教育作为家庭教育的核心，杭州市大部分家长在家庭教育过程中忽视了孩子的心理健康问题。他们通常对孩子要求过高，望子成龙、望女成凤，忽略品德和其他能力的培养，而一旦成绩下降有失水准，动辄打骂训斥，伤害孩子的自尊心，导致子女在学习方面负担过大，或者过于压制子女个性导致其产生心理障碍。有的家长为了摆脱家庭教育能力带来的问题，干脆将孩子送到寄宿学校学习，将本应由自己承担的家庭教育的责任交给学校，一推了之。从目前杭州市家庭教育的情况看，大部分家长对家庭教育的内容和家庭教育的方式了解不够，能力缺乏，而如何进一步提高他们的教育能力有待进一步的研究。

2. 不同收入导致家庭教育的分化

近年来，杭州市城区居民家庭由于所处社会地位和家庭收入的不同，家庭教育存在分化的现象，而表现在城乡之间，分化则更为严重。家庭的收入与子女教育的支出以及家庭教育质量的好坏是直接挂钩的，与家庭教育消费支出密切相关的就是父母的职业和收入，不同职业对家庭教育消费的可接受范围和可支出范围都受到了不同的限制，因此，这也影响了家庭教育的质量。从这个角度看，家庭对子女教育方面投入的多少，在很大程度上影响了学生在智力、学业成就、学习态度和社会适应能力等方面的表现。正是在这

---

① 林淑玲：《家庭教育学》，台湾师大书苑有限发行公司，2000，第12~15页。

样的大背景下，家庭教育支出问题，特别是各类家庭教育消费形态的多元化问题，正越来越多地影响着杭州市不同收入家庭家长的家庭教育模式。首先，表现为城乡之间的差别。根据调查，杭州市城乡家庭在家庭教育的支出上存在较大的差别，一般农村家庭的教育支出所受影响比城市地区更大一些。农村家庭的家长提供的资金只能满足孩子的学业教育，受到环境的制约，而诸如在文化艺术、知识面和社会能力教育方面的资金相比城市要少得多；即便农村不受家庭收入上的限制，也面临教育投资的区域限制，因为农村地处偏僻，接受社会能力训练可能需要更多的交通成本和信息搜寻成本。除此之外，城乡家庭之间父母受教育程度的差别，无疑也会对孩子的家庭教育造成影响。许多农村孩子虽然与城市孩子升入同样的大学，但在综合知识方面相比城市孩子要欠缺些。其次，城市不同社会阶层和不同收入家庭之间的教育模式也存在差别。许多研究表明，家庭教育方式因父母性别、受教育水平、职业的不同而不同。家庭收入会影响孩子的心理健康，孩子性格的形成受到家庭收入的影响，家庭经济地位也会影响孩子的自信心、自尊心和自我价值感。我们在调研中发现，父母对自己的职业越满意或觉得越轻松，对孩子采用负面教养的行为就越少，教育困惑也越少；对自己的职业不满意或工作不顺利的父母对子女表现出更多的权威、挑剔挖苦、限制干涉等负面教养行为，尤其是受社会攀比心理的影响，收入较低家庭的孩子，可能会产生自卑或是嫉妒心理。有意思的是，我们的研究显示，无论家庭经济状况如何，杭州市的家长在教养方式上都表现出对孩子在社交上的"过度保护"、生活上的"过分溺爱"、学业成绩与未来工作上的"过高期望"。相比较而言，低收入家庭的父母可能由于本身受教育水平的问题，历经艰辛维持生活后更希望孩子比自己过得好，相对于高收入的家庭对孩子更溺爱或是更严厉，在教养时更容易选择暴力的方式，这种现象值得社会关注。最后，外来务工家庭的家庭教育问题。近年来杭州市外来务工人员子女越来越多，杭州市政府尽全力为外来务工人员子女提供受教育的机会和条件，目前杭州市城区各小学外来务工人员子女平均就读率已经达到40%以上，外来务工人员子女已经能够享受政府提供的平等的学校教育。但是，外来务工人员本身受教育程度偏低，经济条件普遍较差，以及在各个不同城市间"候鸟式"的工作方式，孩子也随着父母工作的变动不断转学，缺少稳定的教育环境，再加上父母家庭教育能力的不足，对孩子的成长造成了较大的影响。杭州市目前有相当比例的外来务工人员子女学业成绩偏低，严重制约了他们和同学之间的沟通与交流，他们无法进入城市主流社会，生活边缘化。不良的生活环境和父母粗暴的家庭教育模式，不但导致外来务工人员子女产生自卑感、孤独感，而且还导致他们采取攻击性行为。我们在调研中发现，许多外来务工人员子女都存在这样的问题。这些问题如果得不到很好的解决，会在不久的将来成为城市管理者必须面对的复杂的社会问题。

3. 家庭结构、性教育与青少年心理健康关系密切

随着我国社会经济的不断发展，女性对男性的经济依赖度越来越低，离异家庭数量也在不断增加。事实上，无论家庭收入高低，不良的家庭结构都会对家庭教育产生一定影响，父母离异、一方或是双方亡故的家庭不利于孩子的健康成长。父母离异或是亡故，爱的残缺，容易造成孩子个性扭曲，变得多疑、抑郁、倔强和古怪。有的家长认为只有自己才能关爱孩子，因此就溺爱孩子，这也不利于孩子的健康成长。我们在家庭结构对孩子心理健康的研究中发现，单亲家长通常很忙，在满足孩子的生活需要后已经身心疲惫，再加上缺乏家庭教育方面的知识，无法对孩子的心理健康给予必要的重视。在实际生活中，无论是父母一方亡故还是离异的单亲家庭孩子，他们的心理健康大多存在一定的问题，主要表现在以下几个方面。第一，自怜。单亲家庭孩子非常敏感，当看到其他人和父母亲密的关系时就会不自觉地联想到自己，觉得命运对自己不公平，突然产生懊恼情绪。第二，自卑。最怕别人问起自己的父母，一旦被问起就觉得很丢脸，不知道该如何回答。为了回避被问及这类问题，单亲家庭孩子通常不愿意出门社交，越是不出门就越痛苦。第三，没有安全感和亲情。单亲家庭孩子相比正常家庭孩子大多缺乏安全感，他们担心如果父亲或者母亲再婚或发生健康和伤害事件，自己将失去仅存的一点爱。单亲家庭孩子由于缺乏爱，通常会早恋，希望寻找一种温暖，于是性行为也会较一般正常家庭孩子更早，从而更容易受到生理和心理上的

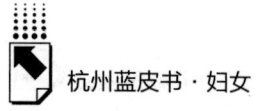

伤害。因此，帮助单亲家庭家长提高家庭教育能力，已经成为维护孩子心理健康的重要途径之一。

性教育也是杭州市家长家庭教育的一个盲区。性教育对于中国家长来说是一个很难的问题，很多中国父母自己都从未接受过性教育，甚至不好意思开口对孩子进行性教育。我们在调研中发现，大部分家长不知道性教育应该在家庭中开展，他们一致认为在学校开设的生理课中会讲明白。在学校和家长都回避的情况下，性教育在家庭教育中被忽视了。从大环境来看，在家庭教育中性教育开展得不好不仅是杭州存在的问题，迄今，国内也没有一个城市开展得好。在调研中家长反映，性教育是最让他们难以启齿的一种教育，很多家长不知道如何教育孩子，甚至有些家长以孩子还小为借口而没有进行这方面的教育。正是由于性教育的缺失，再加上网络、漫画、媒体、影视中不良性知识的传播，近年来杭州市非正常怀孕女性人数不断增加，堕胎等不良事件时有发生。调研中发现，目前，由于信息量大，杭州市城区高收入家庭孩子接触不良性知识的机会多于农村孩子，初次发生性行为和意外怀孕的概率也比农村孩子高得多。

4. 充分发挥社区家长学校对家庭教育的作用

杭州市作为中国经济发展和文化建设领先的城市之一，对家庭教育的重视程度不言而喻，对家长学校的创办和发展的投入很大。目前，杭州市共有家长学校3009所，其中社区的家长学校有851所、幼儿园的家长学校有638所、小学的家长学校有452所、初中的家长学校有291所、村镇的家长学校有622所、新婚孕妇的家长学校有92所、流动人口的家长学校有47所、留守人口的家长学校有16所。从数据来看，家长学校开展范围广泛，社区家长学校的覆盖率很高。就目前杭州市家长学校的开展情况，以及家长对社区家长学校的了解情况来看，社区家长学校仍然存在许多缺陷。第一，领导对家长学校重视不够。家长学校的工作属于家庭教育工作的内容，而家庭教育又只是妇联这条线上工作的很小一部分。目前，家长学校由社区管理，社区工作多，人手和资源少，无法为社区家长学校提供有效的支持。第二，社区家长学校管理不顺。杭州市的社区家长学校隶属关系比较复杂，有的隶属于社区的中小学或幼儿园，有的隶属于社区，但是考核工作的内容则主要落在社区。这必然会产生一个问题：社区没有必需的诸如经费、专业教师、场地等基本教学资源，无法开展必要的活动，而有隶属关系的学校则没有热情去做家长学校方面的工作，结果就是社区家长学校的管理发生问题。第三，家长学校的宣传不够。由于大部分社区家长学校的宣传方式单一，除了张贴海报、通知外，并没有其他特别有效的方法，所以许多家长不知道存在社区家长学校，有的家长虽然参加过社区家长学校举办的活动，但不知道这是社区家长学校举办的。第四，学校运行经费和活动场地缺乏。家长学校只是社区妇联工作的一小部分，因此活动经费很少，许多家长学校只能减少活动的次数或者缩小活动的规模。除此之外，大部分社区家长学校都没有固定的教学场所，这对家长学校教学工作的开展产生了很大的影响。第五，家长学校缺乏良好的教师资源。目前杭州市社区家长学校的教师基本上为志愿者，其中一部分来自社区资源库，主要是由社区内中小学、幼儿园的教师，部分公司职员和社区内退休人员组成的志愿者队伍；另一部分来自杭州市、区妇联为社区家长学校工作的开展而建立的教师资源库，如果社区有需要，可以和资源库内的教师联系，请他们到社区来上课。尽管这些志愿者热情很高，但是由于每个人都有自己的工作，时间上无法保证，同时由于知识结构的问题，也无法确保指导经验的完整性。另外，尽管退休人员也很有热情，但是他们的思维方式无法跟上时代的步伐，在从事教学工作时也会遇到诸多问题。因此，如何提高家长学校教师的专业化水平、提高教学质量是一个重要的课题。

（四）杭州市家庭养老问题现状及其分析

截至2013年，杭州市60岁以上的人口为136.64万人，占总人口的19.3%，有4个城区的人口超过总人口的20%。其中，60岁以上人口最多的为上城区，达到了总人口的26.2%；人口最少的为高新区，也达到了总人口的13.2%。按照联合国传统的一个地区60岁以上老人达到总人口10%的标准，杭州市城区已全部进入老龄化社会[①]。杭州市居民养老问题已经成

---

① 《杭州统计年鉴2014》，http://www.hzstats.gov.cn/web/tjnj/nj2014/02/nj5.htm。

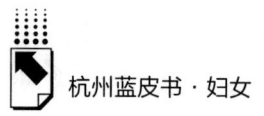

为杭州市党委、政府必须面对的社会问题。

1. 家庭物质养老条件正在改善

随着杭州城市老龄化的迅速发展,提供物质养老保障已经成为政府的重要工作内容之一。杭州市政府对城市居民养老问题非常重视,2014年10月14日,市长张鸿铭主持召开市政府第29次常务会议,研究并原则通过《杭州市老年人权益保障规定(草案)》,要求政府部门履行好职责,全力做好老年人权益保障工作。要建标准,把城镇新建住宅项目的养老服务设施用房纳入社区配套用房建设范围;要托底线,现有政策向失能失智和高龄等需要更多帮助的老年人倾斜,多做"雪中送炭"的事;要强改革,以改革加快发展养老服务业,更好地发挥市场作用;要优服务,加强公共服务设施建设,提高居家养老的智慧信息服务水平;要全覆盖,实现城乡一体统筹考虑,共享成果;要抓宣传,在全社会形成尊老、爱老、养老、护老的良好氛围,推动经济社会和谐发展[1]。从目前的基本生活保障水平来看,目前绝大部分城区老人拥有养老金,即使部分没有养老金的老人,也可以获得杭州市政府给予的每月588元的最低生活保障金[2]。截至2013年底,杭州市参加社会基本医疗保险的人数为822.28万人,基本上每位老人都加入了医疗保险,因此,老人应付一般生活基本没有问题。从养老设施保障来看,尽管杭州市政府花大力气解决城市人口的养老问题,到2013年底已建设各类福利院、敬老院共281所,床位共48644张,收养人员达到18945人,但这个数字与实际需求差距极大,与需要进入养老院养老的老人数相比,依然是杯水车薪。目前,杭州市已建成居家养老服务站2730家、老年食堂951家、农村公益金居家养老服务照料中心530家,在一定程度上为人们居家养老提供了帮助,缓解了养老的矛盾[3]。目

---

[1] 徐埔:《市政府常务会议研究老年人权益保障议题——进一步形成尊老爱老养老护老良好氛围》,《杭州日报》2014年10月15日。

[2] 《杭州市人民政府关于调整城乡居民最低生活保障标准的通知》(杭政函〔2013〕68号),http://www.hangzhou.gov.cn/main/wjgg/ZFGB/201305/szfwj/T443829.shtml。

[3] 《2013年杭州市国民经济和社会发展统计公报》,http://www.hzstats.gov.cn/web/ShowNews.aspx?id=rDIr/ukMq54=。

前,各个城区的民政管理部门在养老方面提出了一系列措施。例如,通过加大财政投入、政府购买服务的方式,为居家养老的老人免费提供智慧关爱手机,为80岁以上的老人免费提供每周4小时的家政服务;激活民间资本建设养老机构,对这些机构给予一定的优惠条件,形成医养结合的发展模式;以社区为核心,建设拥有老年食堂、餐配送点等的综合性居家养老服务照料中心,使人们老有所养。但从根本上看,随着人民生活水平的不断提高,以及医疗条件的日益改善,高龄老人将越来越多,杭州市养老形势依然严峻。

2. 家庭精神养老问题依然突出

从目前来看,杭州市的养老政策主要还是以满足人们物质养老为主,精神养老方面的政策虽然也在制定,但尚未纳入主要工作内容,有关精神养老设施建设等并未纳入政府统计工作中,在《2013年杭州市国民经济和社会发展统计公报》中没有反映老年人精神养老方面的数据统计资料。事实上,为了满足老年人日益增加的文化需求和终身学习的需要,杭州市、区(县)已经做了大量的工作,各级政府、民政机构都建设了部分老年大学供老人消遣和学习。但目前的设施、经费投入还远远满足不了老年人的需要,进入老年大学学习的名额也受到了严格限制。为了丰富老年人的精神生活,杭州市江干区等一些城区建设了老年电大教学点,分春秋两季招生,为有需要的老年人提供教学服务。许多城区街道和社区还帮助老年人成立诸如越剧、民乐、书画、插花等自娱自乐的文化团体,丰富老年人的精神文化生活。除此之外,家人照顾不但可以让老年人生活无虞,还可以从情感上满足精神养老的需要。但是,随着杭州市人均寿命的不断提高,60岁高龄的儿女照顾80岁老年父母的情况也屡见不鲜;有的甚至自己已经是70多岁的老人了,还要照顾90多岁的父母,这已经成为今天城市养老的新问题。确实,从人类的需要来看,除了物质生活养老之外,满足退休老人的精神生活需要也是体现全体市民共享改革开放成果、实现社会和谐非常重要的方面。但是,就满足老年人的精神文化需要而言,面对各种新的问题,杭州市依然任重而道远。

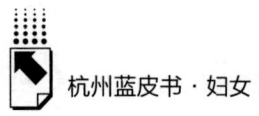

三 杭州市婚姻、家庭、家庭教育和养老发展的对策与建议

（一）树立良好的城市婚姻新风尚

1. 倡导男女平等的城市婚姻文化新风尚

倡导男女平等的婚姻关系，首先要重视城市性别观念的宣传，打破人们头脑中传统的"男尊女卑"的封建观念，有关部门，尤其是妇女组织还应该倡导一种新的婚恋观，对婚后女性的性别角色分工、婚恋观念做正确的舆论引导。我们在调查中发现，目前仍然有大量的女性认同"干得好不如嫁得好""丈夫的发展比妻子的发展更重要""挣钱养家主要是男人的事"的传统性别观念。过度依靠他人的错误观念，无疑会对女性今后的家庭婚姻关系产生影响，因此，应采取相应的措施对目前流行的扭曲的婚恋观念进行正确的引导。同时，在城市婚姻关系中也要重视对男性开展婚恋观念教育，尤其要让那些上门女婿知道婚姻的基础是爱情，并非财富。目前杭州市城郊招赘婚姻中的大部分男性并不是因为爱情而走向婚姻，更多的是为了女方家庭的财产。在这个群体中有"娶一个有钱人家庭的女孩，少奋斗几十年"的错误观念，在这种错误观念指导下的婚姻关系的根基必定是不稳固的。杭州市各级政府部门及妇联应该严格执行国家的有关法律，通过各种措施充分保障女性尤其是农村女性在结婚后继续拥有婚前集体财产和继承家庭财产的权利，以保障她们能够真正获得有爱情的婚姻。

2. 提高女性受教育水平和就业能力以实现家庭婚姻的平等

提高女性的受教育水平无疑是构建男女平等的婚姻关系最有效的途径。由于受教育水平的提高，女性会表现得更为自信、更具有创造力，能够在许多领域发挥与男性相同的作用，更容易被男性尊重。因此，政府和有关部门必须加强普及九年制义务教育，尤其要重视保障农村女孩接受基础教育的权利。杭州市在今后的10年中，应进一步普及九年制义务教育，规范高中教育和高等教育收费标准,让农村困难家庭和外来务工人员的孩子尤其是女孩上得起学、念得起书,这对于杭州市构建男女平等的婚姻关系具有重要的意义。同时,就业平等可以帮助女性实现社会地位的转变,提升她们的家庭地位,从而构建杭州市新的男女平等的婚姻关系。杭州市政府和杭州市人大应该出台关于保障女性在就业中不受歧视的政策法规,并制定相应的细则,保障女性员工工作过程中的基本权益。对企业在任用女员工过程中承担额外的生育成本,杭州市可以借鉴国外的经验,制定地方性法规,由政府以社会福利的形式承担女性生育过程中一定比例的费用,分担用人单位在这方面的支出,从而改善女性的就业环境,提高她们的职业稳定性。有研究发现,女性在中年阶段逐渐卸去了养育子女的负担,正值知识储备、经验积累、心理成熟的最佳状态,这个阶段的女性是最宝贵的人力资源。因此,鼓励对中年女性的任用,将在很大程度上有利于人们性别观念的转变,从而更好地维护家庭婚姻关系的稳定①。除此之外,各级妇女组织应该重视帮助和指导女干部处理好事业与家庭的关系,统筹兼顾,实现双赢。鼓励女干部一方面要把自己的工作当作事业,做好自己的本职工作,让社会正面地看待女干部,用优良的工作业绩影响周围的人;另一方面也要学会协调好家庭矛盾,重视自己的家庭角色,扮演好母亲或妻子的角色。很多女干部虽然学历高、工作能力强,但不知道应该如何去处理孩子的教育、婆媳关系等家庭问题,妇女组织应多组织类似培训,指导、帮助她们解决这方面的困惑,让她们在工作事业和家庭生活方面实现双赢。

3. 进一步重视农村留守妇女的婚姻问题

以往研究表明,当丈夫离家超过 12 个月时,留守妇女的主观满意感会明显下降,这不仅包括丈夫长时间不归导致的生理和心理上的不满意感,还有包含不安全感在内的诸多复杂心理②。因此,如何增加农村留守妇女的生

---

① 肖红:《妇女地位与作用由传统到现代的变化》,《西南民族大学学报》(社会科学版) 2003 年第 9 期。
② 侯公林、陈威江、吕建月:《丈夫外出时间对农村留守妇女主观感受的影响》,《中华女子学院学报》2011 年第 5 期,第 56~60 页。

活安全感变得尤为重要。针对杭州农村留守妇女存在的问题，杭州市应尽快扫除城乡二元结构的障碍，加大对"三农"的投入，倡导农产品深加工，提高农产品的附加值，不断创造就业机会，让农村男性能够就近就业，这样可以兼顾家庭，提高婚姻质量。同时，应该对农村留守妇女进行技能培训，提高她们的自我生存能力和致富能力。例如，成立留守妇女互助小组，在农忙时期互帮互助，在农闲时期发展副业。农村留守妇女因为丈夫不在家，很容易受到性侵犯和性骚扰，各级政府应加大对妇女权益的保障力度。通过加大对《婚姻法》《妇女权益保护法》的宣传力度和执行力度，提高妇女的维权意识。乡一级政府要加大对村庄的治安管理，可以建立治安巡逻队，保障留守妇女的人身安全。农村社区和村镇应组织外出务工人员学习，帮助他们了解夫妻婚姻心理，鼓励他们在农忙的时候回乡帮助妻子，减轻留守妇女的劳动负担，在经济条件允许的情况下，可以给予回家探亲的外出务工人员一定的交通补贴，提高这部分人家庭的稳定性。建立农村社会保障体系，让农村老人在一定程度上老有所依，从而减轻农村留守妇女的精神负担和劳动负担。

（二）进一步推进杭州市和谐家庭建设

1. 重视和谐家庭在城市社会发展中的重大意义

和谐家庭是社会和谐的基石，一个城市的家庭和谐状况不仅影响市民文明素质的提升，同时也极大地影响城市和谐社会建设的进程。只有家庭成员素质的普遍提高和全面发展，才有全社会文明素质的整体提升和全面发展。因此，构建和谐家庭与构建杭州的城市品质具有目标指向上的高度一致性。杭州市应该重视家庭和谐建设，并将其置于社会和谐建设的高度来认识。随着社会环境的急剧变化，再加上城市封闭的家庭居住环境，参与其中的社会成员将终身面临位置转换、角色调整、利益重组等重大选择，其在社会生活中所承受的竞争压力、烦恼焦虑均需在家庭中获得排解，依赖家庭成员获得更多的情感支持。因此，在家庭和谐建设过程中，我们要重视家庭心理健康建设，鼓励市民营造积极向上的家庭氛围，重视对市民进行传统的家庭伦理道德教育，鼓励人们遵纪守法、遵守社会公德。同时，随着物质水平的不断提高，为满足更高层次的生活需求，和谐家庭良好的人际关系容易满足其成员感情生活、心理支持和受到他人尊重的新需求。政府也应积极创造条件，提高杭州城乡家庭居民的生活水平，使他们有安全的生活环境、有收入保障的工作、有基本保障的住房，从而减少人们由生活的不安全感带来的家庭矛盾冲突。政府还应通过各种途径倡导新型的城市文化，让杭州城乡家庭参与城市的社会建设，积极参加各种公益事业，将提升杭州城乡居民家庭的道德修养作为社会治理的重要内容来抓。在和谐家庭建设中，要重视家庭暴力的预防和控制，要重视对家庭中妇女、老人和孩子的保护。2014年11月28日，全国人大常委会副委员长、全国妇联主席沈跃跃在京主持召开反家庭暴力法专题座谈会，就国务院法制办公布的《反家庭暴力法（草案）》（征求意见稿）指出，全社会应进一步达成共识，共同推动《反家庭暴力法》立法进程，为从源头上维护妇女儿童的合法权益、全面推进依法治国贡献力量①。这也要求杭州市各级公检法部门行动起来，开展反对家庭暴力的宣传，对家庭暴力的实施者进行严厉打击，为实现杭州市城乡家庭和谐提供法制上的保障。杭州市应该继续加强对家庭和谐状况的监控，每年对杭州市的家庭和谐状况进行抽样评估，确定不同社会阶层和收入家庭的和谐状况，及时掌握第一手资料，并处理发生的问题，以保障和实现杭州市家庭和谐对社会和谐的贡献。

2. 进一步提高社区在和谐家庭中的作用

提高社区管理水平，对于解决杭州市城区家庭小型化和核心家庭快速发展而产生的家庭和谐问题具有重要意义。通过社区组织的各种文化、文艺活动，可以让各个本处于封闭的不同家庭走到一起。通过改善社区的治安管理、卫生状况和交通条件，为社区居民提供安全、卫生、便捷的生活环境和配套服务，解决住户的实际问题。通过成立义工小组，常年开展社区居民互

---

① 《积极参与反家庭暴力法立法进程 依法维护妇女儿童合法权益 为全面推进依法治国贡献力量》，中国妇女网，2014年11月28日，http://www.women.org.cn/gzdt/xw/816708.shtml。

帮互助活动，可以提升居民的社区和谐感、温馨感，最终影响各个核心家庭的和谐水平，为城区的和谐社会建设和稳定提供有效保障。同时，要重视社区和村一级单位的能力建设，发挥它们在农村和谐家庭建设工作中的重要作用。虽然近年来杭州市农村家庭由经济问题导致的和谐问题比较突出，而目前的社会环境现状和经济发展状况决定了这些方面的问题还无法马上得到解决，但是政府有关部门应重视农村和谐家庭的建设。例如，重视农村人口养老的问题，使老年人老有所养，减轻农村家庭的经济负担，提高其家庭和谐水平。同时，通过完善农村家庭医疗保障体系建设，尤其是帮助农村居民家庭建立大病保险制度，帮助农村人口解决看不起病的问题，减少由患病导致的家庭和谐问题。除此之外，政府应加强社会组织建设，通过政府购买服务的方式，鼓励社会组织与志愿者下乡活动，帮助农村家庭提高家庭教育水平，更好地引导孩子健康成长。尤其要重视做好农村留守儿童的管理问题。各级乡镇政府应将留守儿童的教育问题纳入议事日程，社区也应重视对这部分儿童的成长进行监控，为这些儿童获得健康的心理或行为能力提供帮助。

3. 重视外来民工家庭的和谐状况

随着我国城市化进程的推进，外来务工人员已经成为城市人口的一个重要组成部分。外来务工人员由于生活在城市社会的底层，如果他们的家庭和谐遭到破坏，很容易成为催生犯罪活动、影响社会稳定的温床。因此，提高外来务工人员的家庭和谐感，提高他们在杭州市的生活质量，对于城区的稳定和社会的和谐具有重要意义。政府应严厉打击坑害农民工的黑职业中介，监督企业按时足额支付农民工工资，以保障外来务工人员最基本的权益。鼓励有关机构为外来务工人员提供免费法律咨询服务，帮助他们维护自身的权利，通过开展免费就业技能培训，提高外来务工人员的就业能力，为他们在城市自食其力提供保障。在有条件的社区，尤其是外来务工人员聚集的区域定期开展适宜的文化、娱乐活动，帮助外来人员在工作之余参加适宜的消遣娱乐活动，这样可以使他们不再沉湎于赌博、网吧甚至嫖娼等不良消遣中，通过提高他们的文化修养使其融入城市生活，增进城市社会稳定。令人欣慰的是，外来务工人员的生存现状已经引起了杭州市委、市政府有关部门的高度重视，诸如解决外来务工人员的社会保险问题、基本养老问题、孩子入学就读问题等一系列有利于促进外来务工人员家庭和谐的政策和措施相继出台，为外来务工人员融入杭州市城市生活、维护稳定和谐的家庭关系起到了重要的保障作用。我们认为，政府应将外来务工人员纳入城市社区管理，让他们平等参与活动，让社区管理服务覆盖每一位外来务工人员，帮助外来务工人员家庭更好地融入社会，提高和谐家庭水平。

（三）进一步提高杭州市家庭教育水平

1. 重视市民家庭教育观念的培养

孩子的成长教育应包含学校教育、社会教育和家庭教育三个方面，其中家庭教育是孩子成长教育的关键。事实上，每个家庭都知道家庭教育的重要性，但是许多家长最缺乏的往往就是家庭教育的能力。由于在目前的社会大背景下，一切围绕升学考试这根指挥棒，大部分家长认为家庭教育就是让孩子取得好成绩，他们不了解家庭教育应该教什么和怎么教。社会是各个不同家庭接受新信息和新事物的大环境，社会环境的质量直接影响孩子的发展，因此，社会有责任为下一代的发展做出贡献。杭州市政府应加强对大众传媒的管理，通过大众传媒传播科学的家庭教育理念，培养家长树立合理的家庭教育观念，提高他们的家庭教育水平。应让家长分清学校教育和家庭教育的界限，让他们知道学校教育主要是知识教育，表现为共性化；而各个家庭都有自身的特点，所以家庭教育是个性化的，诸如做饭、洗衣、打扫卫生等基本生活能力教育，艺术文学等文化修养教育，与他人沟通和应对突发事变的社会能力教育等都应由家长通过家庭教育来完成。应通过各种途径培养家长承担家庭教育的责任感，通过各种渠道提高家长实现家庭教育的能力，让家长知道各种课本知识教育是学校的事，不能将家庭教育看作学校教育的延伸。应通过各种方式改善家长的家庭教育方式，很多家长在教养孩子时，过分溺爱、过度保护或是暴力而对，要改变传统的"含在嘴里怕化了，捧在手里怕碎了"或者"不打不成器"等错误的家庭教育观念。通过营造和谐的家庭环境帮助孩子形成健康的心理，帮助孩子建立自尊心、自信心、自我价值感。父母要共同为孩子营造良好的家庭环境,夫妻间、亲子间双向沟通,平等交流,有利于家庭教育的实施。要培养家长平衡家庭收入和教育支出的能力。家庭收入的高低确实让家长在对孩子的培养方面表现出很多的不同,包括让孩子上更好的学校、培养孩子的才艺、给孩子更好的物质资源等。不少条件优越家庭的家长让孩子上好学校,为孩子买很多书籍;但一些收入较低的家庭为孩子读书已倾尽所有,没有能力再去支付孩子除却正规教育以外的费用。其实,对于孩子的教育支出应从实际出发,考虑孩子的真实发展能力和接受能力、真正的才能和兴趣,并结合家庭经济状况,充分利用有利条件,如农村孩子难以接触计算机,但是可以培养他们了解作物和农业生产知识等。

2. 进一步推进杭州市城乡家庭教育一体化建设

随着杭州市城乡之间经济差别的不断缩小,城乡教育一体化将成为缩小城乡教育差距的必然趋势。城乡教育一体化是城乡一体化在教育领域的要求和目标,是随着城乡一体化建设的演进与发展逐步清晰、明确的①。城乡教育一体化就是把城乡教育作为一个整体,统筹谋划、综合考虑,通过体制创新和政策调整,优化配置城乡教育资源,促进其合理流动,最终实现城乡教育均衡、协调、可持续发展。其中,家庭教育的城乡一体化也是城乡教育一体化的重要内容之一。今天的城乡教育一体化中的"城乡"概念,不仅指"城市"和"乡村"两个空间概念,也指共同生活在城市地区的"城市人口"和"乡村人口"两个人口概念。广义的城乡教育一体化不仅要求统筹当地城乡教育发展,缩小城市与乡村的教育差距,也要求统筹城市居民和农民工及其子女的教育问题,缩小城市内部"城里人"与"乡下人"的教育差距②。要做好城乡家庭教育一体化工作,首先需要政府的支持。政府不仅可以通过提供技术支持、减少税收、进行经济补贴等方式帮助农民,提高农

---

① 上海市妇联:《在参与社会管理中拓展家庭教育工作》,《中国妇运》2011 年第 11 期,第 12~13 页。
② 林存银、褚宏启:《城乡教育一体化及其制度保障》,《教育科学研究》2011 年第 5 期,第 5~10 页。

村家庭的经济收入，使农村孩子获得更好的受教育的机会，还可以加大农村教育资源的投入，让农村家长也获得科学养育孩子的知识，提高家庭教育的水平。事实上，当农村家庭的经济条件得到改善时，他们在家庭教育上的投入才会增加，孩子才能更容易获得好的教育机会。其次，建设信息平台，帮助农村家长掌握科学的家庭教育方法。由于农村环境相对简单，信息较为闭塞，因此，多开发一些适合家庭教育的大众传媒，可以起到事半功倍的效果。例如，通过政府购买服务，鼓励一些社会组织和志愿者到农村去为那些有需要的家长提供咨询服务，并通过一些现场课程教学和讲座，帮助农村家长提高自身家庭教育的水平。

3. 重视社区家长学校作用的发挥

要更好地发挥杭州市社区家长学校的作用，就需要重视以下几个方面的问题：第一，提高对社区家长学校重要性的认识。应确定社区家长学校固定的办学和发展模式，并将其常态化，以维护社区家长学校运行的稳定。在管理上应将家长学校的管理权落实到社区，并给予一定的编制，实行职责与权利相统一，并将家长学校的工作纳入社区考核指标体系中。第二，加强宣传，加深家长对家长学校的了解。例如，向家长预告学校活动或课程，内容上要安排合理以符合家长的要求。第三，将教育的对象扩展到更大范围的人群。可根据不同社区自身的环境特色设计相关课程。例如，在一些老社区，老年人相对较多，因此要设计一些与隔代教育有关的课程，以更新老年人的思想，减少矛盾，帮助他们在孩子的教育问题上与时俱进。而在一些新建的社区，大多是年轻的父母，那么培训课程设计的目的更多的是帮助他们了解家庭教育的内容和教育方法。不同社区可以根据自身的特色选择对家长进行培训的方式，如果社区中外来务工人员较多，就应注重加强对他们进行如何融入城市、如何建立现代化的教养方法等方面的培训。第四，努力解决社区家长学校教学资源不足的问题。社区家长学校的教学资源不充足，主要体现在两个方面：一方面是经费、场地不足；另一方面是教师资源不足。在经费方面，主要存在经费局限、场地不够、多媒体等硬件落后等问题。因此，要解决经费问题，除了政府增加投入外，社区家长学校还应重视经费使用的有效性，让有限的经费发挥更大的作用。而在场地方面，则可以与周围的企事业单位或政府部门合作，借用场地以满足需求。第五，鼓励家长学校设立具有共性的课程教学体系。课程内容可以包括帮助家长了解孩子身体健康方面的健康教育类、帮助家长了解孩子在不同时期心理发展特点的心理健康类、帮助家长了解如何重视对孩子进行安全保护的社会教育类，以及帮助家长学习亲子沟通等。第六，构建社区家长学校教师资源库。考虑到家长学校教学内容的广泛性，建议每个领域都设置专业教师库资源。例如，在身体健康方面，需要具有医生、营养师等职业资格的教师；在未成年人身心发展特点方面，需要有心理学类知识、生理方面知识的教师；在安全方面，需要具有不同专业知识的教师，包括提供交通安全知识的交警，提供人身安全及相关政府政策知识的律师，提供饮食安全、卫生急救知识的医生，提供防火防电知识的消防员；在新婚孕妇方面，需要医生、营养师、育婴专家等来分享经验和相关知识；在隔代教育工作的开展方面，需要相应的教育专家；对于实践类活动，如参观，可以由社区志愿者或者工作人员带领；对于生活技能类活动的开展，如如何教孩子快速穿衣等，可以通过社区的家长互相交流经验展开；等等。

（四）构建杭州市养老的新模式

1. 继续提高杭州市养老服务水平

城市老龄化将成为今后影响杭州城市老年人家庭和谐的重要问题之一，解决好城市老年人的生活问题首先要重视老年人群的需要。在"十二五"期间，杭州市政府非常重视老龄化带来的社会问题，出台了一系列政策推进杭州市养老事业的发展。面对即将到来的"十三五"，杭州市政府有关部门要重视对杭州市养老问题的调研，提前全面规划和布局杭州市养老事业的发展，明确杭州市未来养老事业的发展方向。杭州市各级政府该根据本地区老龄化的进程，建设一批养老机构以缓解目前养老难的问题。同时，杭州市各县市区政府应组织资金，重点建设一批集养老、康复、医疗功能于一体的护理型机构，帮助养老机构改善硬件条件，提高为老年人服务的能力。同时，通过优惠措施,鼓励民间资本进入养老业,采取有偿服务的形式,为部分有需要的老年人提供养老服务。由于老龄化社会的快速到来,杭州市目前在养老院建设方面还无法完全满足老年人的需要,老年人的居家养老就成为解决养老问题的重要途径之一。可以通过建设综合性社区居家养老服务中心,整合居家养老服务站、社区老年食堂、托老所等资源,为老年人居家养老提供服务,争取实现居家养老服务全覆盖。近年来,杭州市持续开展了一系列如"统保""助护""健齿""祝福"等深受老年人欢迎的服务项目,并运用现代科技手段,通过正在开展的一个项目、一张网络、一个平台向老年人提供急救服务、生活服务、亲情服务,解决老年人的后顾之忧。这些服务在"十三五"期间应继续得到政府的扶持和帮助,进一步提高杭州市的养老水平,让老年人感受到城市发展带给他们的快乐,真正做到老有所养。

2. 继续提高杭州市老年人精神养老水平

满足精神需要是人类作为社会性高等动物的最基本需要之一,同样,老年人在退休之后,不仅要满足物质生活需要,也要满足自身的精神需要,重视老年人的精神养老问题,对于提高老年人的生活质量、实现老有所乐具有重要意义。杭州市目前为退休老人建设了大量的老年大学、老年电视大学社区教学点,不但丰富了老年人的文化生活,也为老年人带来了诸多精神享受。但从目前的状况来看,随着老年人口的不断增加,需要建设更多类似的教学机构来满足老年人终生学习的需要。目前杭州市许多社区建立了老年人文艺团体,如越剧团、民乐团、合唱团等,满足了一部分老年人的文化生活需要。我们认为,一方面,可以向高校大学生业余社团学习,借鉴社区老年社团的方式,建立诸如集邮、书画、烹饪等社团,让老年人互相交流,切磋技艺,了解沟通,这样不仅可以消除寂寞,还可以提高老年人的生活质量。另一方面,可以与杭州图书馆合作,建立老年人社区借阅点,方便老年人借书还书。除此之外,要通过社会互助和社区邻里互助的方式为老年人提供养老帮助。例如,可以采取建立社区互助体系的方法,通过互助的方式,由老年人帮助核心家庭照顾孩子获得加分,来换取核心家庭父母的帮助;同样,核心家庭的父母也可以通过帮助老年人获得加分,来换取老年人在自己不方便的时候对孩子的照顾。社区还可以与中学或大学合作,通过高中生和大学生志愿者活动,为老年人提供情感支持,社区则可以为参加活动的同学提供相应的证明,供他们在以后升学和就业时使用。

3. 杭州市各级政府要加大对社区的投入

随着居家养老服务工作在杭州市的开展,杭州市各级政府要不断加大对社区的投入。目前杭州市各社区人手少,工作压力大,各个政府部门的工作、大事小事最后都落到社区。真可谓"上面千根线,下面一根针",这"一根针"就是指社区。如果要开展居家养老服务工作,就必须为社区增加经费投入,加强硬件设施建设,并增加社区工作人员的编制。首先,要重视老年活动场所的建设和管理。开展居家养老服务工作,政府应重视社区老年人活动场地的建设,为社区老年人活动提供必要的场所。建成后的场所要有专人管理,以充分发挥其功能。其次,要加强老年活动场所的硬件设施建设,如添置空调、电风扇、桌椅、必要的活动用品等,为老年人的业余活动提供支持。最后,要增加社区护理工作人员编制,尊重护理人员,提高护理人员的收入待遇,让他们感到自己的工作是光荣的,是受到人们尊重的,让他们能更好地为老年人服务。要重视社区从事养老服务工作职工的能力建设,加强对其职业素养和职业能力培训,通过专题培训等方式,不断提高社区护理人员队伍的素质。要对护理人员队伍进行职业道德教育,要求护理人员学会尊老爱老,对于虐待老人和对工作不负责任的护理人员要及时将其清理出护理人员队伍。

四 结束语

进入"十二五"以来,杭州市的社会文化快速发展,家庭和谐建设水平也不断提高。为了倡导和谐的家庭关系,杭州市妇联通过每年举办杭州市"最佳婆媳"推荐和选举等活动推动杭州市家庭和谐的进步。从实践的过程来看,杭州市妇联举行的各类推进家庭和谐的活动正逐渐引导人们形成一种新的家庭社会文化,提高了城市家庭和谐的水平,在很大程度上也保障了社会的和谐。但是，我们也要看到，在杭州市家庭、社会不断发展的同时，也出现了一些以往从未遇到过的新事物、新问题，有待各级政府和妇联去解决。只要杭州市委、市政府高度重视，大家共同参与和努力，一个和谐的、有极高道德水平的、人们安居乐业的、生活品质良好的杭州必定在不久的将来呈现在我们面前。

婚姻篇

Reports on Marriage

B.2
城镇化进程中的杭州近郊村落婚恋模式变迁研究
——基于杭州市四区若干村落的调研

戴冰洁[*]

摘　要： 在杭州城镇化进程中，杭州近郊农村区域正逐步形成独特的村落婚恋文化，主要表现为招（入）赘婚姻、速成婚姻、拼婚以及虚假婚姻等新的婚恋现象。本文以城镇化为背景，结合在杭州市四区典型村庄的田野调研，认为近郊村落集体土地征用补偿的处置、房屋拆迁安置、撤村建居、户籍迁移和转换等一系列公共政策以及政府城镇化行动等直接关系到近

---

[*] 戴冰洁，浙江传媒学院社会科学部副教授，研究方向：基层治理与社会建设、社会学理论及其应用。按学术惯例，文中对人名、地名等做了技术处理。对本文有贡献的有杭州师范大学卢福营教授、杭州电子科技大学吴新慧副教授、杭州市委党校姜方炳讲师、西湖区委组织部过军、下城区统计局孙妍芳以及临安市农办陈嫩华、贾炜琦，在此一并致谢！

郊村落村民切身的经济利益问题,是影响杭州近郊村落居民婚恋观和婚恋行为变化的主要因素。其中,利益驱动是当前杭州近郊村落婚恋模式变迁的直接动力,而城镇化则是其婚恋模式变迁的根本原因。构建健康、积极、理性的近郊村落婚恋文化,无疑是政府、社会和家庭必须面对的重要课题。

关键词: 城镇化　近郊村落　婚恋模式　婚恋行为

一　问题的提出

随着城镇化的快速推进,在大都市边缘区形成了一种城乡土地利用混杂交错、社会经济结构急剧变化的过渡性地域类型,国际学术界称之为"半城市化地区"。具体是指随着城市化、工业化进程的加快,受某些因素驱动,城市与乡村的界限趋于模糊,在城市与乡村之间出现的"非城非乡、半城半乡"的过渡性地域。半城市化地区是对传统的城乡二元的地域划分方式的改进,它不仅涵盖了城市与乡村之间的过渡地带,如城市边缘区、城市郊区、城乡接合部、城乡交错带等,而且还包括"自下而上"的农村城市化的地区。改革开放以来,杭州的经济社会发展在全国处于领先地位,形成了独特的区域特色,尤其是在城镇化过程中创造的"杭州经验",对于"浙江经验"的构成具有一定的典型意义。随着城镇化进程的推进,杭州大量城郊村的土地被征用,村落的社区性质由农村社区变成了城市社区,村民身份由村民变成了市民,与此同时,职业构成、收入来源、居住模式、文化心理等都发生了一系列变化,由此杭州近郊村落的婚恋模式呈现历史性的变迁。我们以处于城市周边的近郊村落为特定的研究对象,对杭州地区典型社区居民婚恋的特点和问题进行探讨,深入分析城镇化进程中城郊村落家庭新的婚恋模式变迁对人们家庭和婚姻的影响,并根据研究获得的资料对问题的现状进行分析,为政府进一步规划和解决城市发展中的社会问题提供依据。

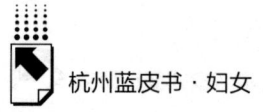

二 研究方法与调查点

1. 研究方法

根据对杭州市婚恋模式调研的地理定位，我们通过立意抽样的方法选择了有代表性的西湖、下城区、江干、临安区的部分典型社区进行了调研。主要采用深入访谈法和观察法，时间为2014年6月~9月。访谈对象包括社区管理人员、社区居民和居住在社区的外来人口等，同时，还对社区居民的生活场所、交往模式等进行观察。通过访谈发现，所调研社区人们的婚姻模式与城镇化进程中的利益分配格局紧密相连。具体操作步骤如下。第一步，确定调查对象的选择标准。本次调查对象所在的村落在地理位置上应处于城镇周边，紧邻城镇建成区；被调查村落要求在地域布局、城镇层级上具有代表性。第二步，选择调查的候选村落标准。先由当地政府部门帮助选择符合标准的近郊村落供筛选，然后由课题组成员对地方政府提供的候选村落进行初步的实地走访，确定是否符合调查村落的要求。第三步，确定调查的典型村落。根据基层政府部门提供的介绍和部分资料及实地走访结果，经与当地政府部门相关领导协商，最后确定了12个典型的调查对象，分别为：杭州经济技术开发区的头格社区、江干区的大塘社区、西湖区的良户社区；临安市天目山镇的闽坞村、肇村、月亮桥村，临安市太湖源镇的青柯村、泥川村、里畈村、白沙村，临安市昌化镇的白牛村，临安市於潜镇的昔口村。以上村落包含了老社区和新社区、普通社区和特色社区、精品社区和问题社区，主要是在对社区婚恋模式的描述上做到普遍性和特殊性相统一。

2. 主要调查点的基本情况

杭州经济技术开发区头格社区。头格社区位于杭州经济技术开发区[①]的

---

① 杭州经济技术开发区是1993年4月经国务院批准设立的国家级开发区，是全国唯一集工业园区、高教园区、出口加工区于一体的国家级开发区，总面积为144.7平方公里（其中下沙区块为104.7平方公里，江东区块为40平方公里），委托管理下沙和白杨两个街道共24个社区，辖区人口约42万人。

西南面，位于下沙街道办事处以东约2公里处。东南与浙江省武警副食品基地、七格社区仅一河（月雅河）之隔，南临钱塘江，西面与九堡镇杨公村、八堡村、九堡村相邻，北面是乔司镇胜嫁村；艮山东路横穿头格社区，北面距德胜快速路约2公里。社区居委会位于社区中心路以北、月雅桥西面。头格社区是杭州下沙经济技术开发区中最大的社区，面积约2平方公里，有886户2717人，共分9个村民小组。

新中国成立前，头格社区所属地段为钱塘江沙滩，因开荒人气逐步聚集，地属杭州第六区禾丰乡二十一堡。1949年4月，设禾丰乡头格村。1950年5月，建余杭县盐区，头格从禾丰乡分出，改为四格乡头格村。1958年，在人民公社制下改为九堡人民公社四格管理区一连；1962年被划归下沙人民公社头格大队，下设21个生产队，后来生产队时有调整。1983年，实行农业家庭承包经营，并建立村委会，下设9个村民小组，为杭州市余杭县下沙乡头格村。1993年成立杭州经济技术开发区后，头格村于1996年被划归杭州市江干区。1998年，改为杭州市江干区下沙镇头格村。2005年12月撤村建居，改为杭州市江干区下沙街道头格社区。

头格社区的土地征用和城镇化始于20世纪90年代初的杭州经济技术开发区建设，当初主要用于道路、污水处理厂等公共设施建设。2000年后特别是2008年5月以来，大量土地被征用，杭州经济技术开发区付给社区50%的土地征用补偿款，预征了头格社区的集体土地。目前，社区仅剩100多亩土地。

从2008年下半年开始，头格社区分两批进行村民住房的整体拆迁，2010年拆迁全部完成。由于村民拆迁安置房尚在建设之中，社区所有村民被政府统一安排居住在过渡房内。为保障村民的房租收益，头格社区在集体留用地上建设"外来人口公寓"。公寓按每户160平方米量化到家，但没有产权，由社区统一经营，集体招租，年底分红。按照当地政府的政策，头格社区多数居民通过个人购买、社区补贴的形式，分批参与了社会养老保险，并通过多方承担的模式参与了社区居民医疗保险。

江干区大塘社区。大塘社区位于杭州市江干区丁桥镇东部。东与三义行政村接壤；南临大农港，与丁桥行政村交界，与广厦天都城大型商信区相邻；西濒丁桥港，与赵家行政村相邻，与杭州私营经济园区相接；北至上塘河，与沿山行政村相望，与皋城旅游区相连。

新中国成立初期，大塘村隶属杭县丁兰乡。1956年被划归杭州市丁桥乡，称大塘农业社。1958年改为笕桥人民公社丁桥管理区大塘生产队。1959年被划归杭州市农企公司丁桥管理区，改称三星大队。1962年改为丁桥人民公社大塘生产队；1964年丁石公社分开后大塘分为三星、大塘两个大队，1981年复称大塘大队。1984年设立村委会，改称丁桥镇大塘村，下辖大塘头、胡家村、北曹等11个自然村。2004年8月，区政府下文，撤村建居，大塘村改为大塘社区。2008年7月，大塘社区按政府规定实施股份制改革，将集体资产按股量化到人，建立大塘股份经济合作社。

全村土地总面积为2515亩，共计475户1826人。历史上，村民以农业经营为主。大塘村的土地征用始于20世纪90年代初，1991年为拓宽临丁公路政府首次在大塘村征地，随后因公共设施建设和商业开发的需要，政府陆续征用大塘村土地共计2100多亩。

村民住房的大规模拆迁安置于2004年开始，属杭州市第三批拆迁安置的村庄。2004年底，在市、区两级政府的推动下，启动了丁桥镇第一个近郊村民住房拆迁安置大型居住区建设项目——大唐苑。大塘社区于2005年3月10日正式开始拆迁工作，2005年完成了232户大唐苑居住区安置户的拆迁工作，2007年得到回迁安置。2008年开始第二期大型居住区——长睦居住区的拆迁工作，到2010年共完成239户的拆迁工作，2013年7月得到回迁安置。由于分批拆迁，大塘社区居民不再被安置在同一居住区。同时，一个拆迁安置户集中居住区（大唐苑、长睦居住区等）也不止安置一个社区的居民。由此形成了一个社区的居民分散于不同居住区、多个社区的居民同住于一个居住区的现象。2004年12月15日，随着撤村建居工作的展开，全社区劳动年龄段共有967人办理了农转非手续，并参加了社会养老保险。村民们陆续参加了不同形式的社会养老和医疗保险。

西湖区良户社区。良户社区位于杭州市西湖区转塘街东南4.6公里处，位于浮山和蜈蚣山南麓，东与浮山和南村相邻，南与回龙村接壤，西至石龙山社区，北至中共杭州市委党校。据《永思堂族谱》记载，大约南宋前后，先祖郑璁、郑琅兄弟从浦江迁此定居，兄弟各在南北建凉屋，从此在这里繁衍生息。后人将此地名简称为"凉屋"，因"凉屋"谐音为"良户"，久而久之，遂变成"良户"①。

新中国成立初期，良户改为杭县回龙乡良户北村，1956年底由建新、勤丰、民生、全心4个初级社合并树塘乡良户高级农业社，1958年改为杭州市上泗公社回龙管理区二联生产队。1961年改为西湖区转塘公社良户大队。1984年，生产大队改为村委会，遂改称转塘良户村。1986年改为转塘镇良户村。2007年10月，转塘镇与龙坞镇等合并为转塘街道，遂改为转塘街道良户村。2008年11月，经批准撤村建居成立社区。社区由良户和许家两个自然村组成，分6个居民小组，总户数为270户，人口为1291人。

良户原有土地面积1205亩。历史上，村民主要从事种养业。随着之江新城的建设，农地陆续被政府征用。除按征地量10%的比例返还给社区集体开发的留用地外，社区已经没有土地。2010年，按政府要求，社区集体经济按股份量化到户，由社区集体经营，统一分红。社区居民得到一定的集体经济补助，陆续参与了社会养老保险和医疗保险。

良户社区居民的住房陆续被拆迁，全社区2/3以上家庭（共计205户）的住房被拆迁。按杭州市的相关规定实行集中安置，回迁安置于大型农户集中居住区——良户家苑。集中居住区打破了原有村或社区界限，良户家苑的回迁安置户不仅包括良户社区拆迁户，还包括浮山村等其他村的社区拆迁户。

临安市昌化镇白牛村。临安市是杭州市辖的一个县级市，市域面积为3126.8平方公里，下辖13个镇、5个街道、298个行政村，人口为52万人（其中农业人口为42万人）。临安"九山半水半分田"，地处太湖和钱塘江两大水系的源头，拥有天目山和清凉峰两个国家级自然保护区，森林覆盖率达到76.6%，是国家级卫生城市、森林城市、环保模范城市、生态市和生态文明试点市②。

---

① 西湖转塘街道编《杭州转塘事典》，浙江人民出版社，2010，第102页。
② 《临安统计年鉴2013》和白牛村电子商务协会工作总结。

2003年，浙江省委、省政府根据党的十六大关于统筹城乡发展的方略，做出了在全省开展"千村示范万村整治"工程建设的重大战略决策。2010年1月12日，临安市委十二届十一次全委会为了贯彻落实浙江省委、省政府的决策部署，做出了依托生态优势、依靠科技创新、打造"绿色家园、富丽山村"的决定，因地制宜组织开展美丽乡村建设，使临安走一条顺应时代发展趋势、具有明显地方特色的新农村建设发展的路子。我们调研的"中国淘宝村"——白牛村就是在这个过程中涌现出来的典型村庄。

白牛村地处浙西交通要冲，生态环境优良，历史积淀深厚，现以村级农业经济和电子商务为主，是临安西部具有代表性的中心村，为昌化镇的一个中心村。根据传说：唐代黄檗禅师开发大明、千顷，驱白牛耕白沙岗成河，白牛渴饮溪中，入水而不复出，后人在此造桥，取名"白牛桥"。村由此而得名。白牛村原属白牛乡，后因行政区划调整，撤乡并镇，被划入昌化镇管辖。

根据2010年的统计资料，白牛村全村农户数为556户，总人口为1528人。村庄分16个村民小组、9个居住点（里沥溪村、外沥溪村、白牛村、高犁前村、高犁后村、后村、寺边村、红墙里村、黄栗树下村），其中最大的居住点为白牛村，居住人口达952人。全村共有耕地1241亩，全年粮食产量为459吨。山林总面积为14649亩，2010年村集体经济可支配收入为27.28万元，农民人均收入为12955元。该村自2007年依托昌化镇丰富的山核桃资源以及聚集的坚果企业取得了村域经济的迅猛发展。

阿里研究中心调查显示，2012年白牛村销售总额为7300万元，2013年为1亿多元，销售产品以昌化镇山核桃为主打产品，约占销售总额的63%。白牛村的电子商务不仅为村民解决了山核桃销售难的问题，为村民创造了就业机会，为250余人解决了就业问题，为村民增加收入近300万元，而且还带动了村民的产业化、规模化、精品化经营，吸引了大量外来务工人员和新兴电子商务人才聚集该村周围。目前全村已拥有电子商务网店30余家，其中2013年销售总额达2000万元以上的有4家。取得如此成绩的同时，白牛村也获得了社会和政府的充分肯定。2012年获得"年度农产品电子商务贡献奖"，被临安市评为"示范村"，2013年被评为"杭州市电子商务进农村试点村"。同时，阿里研究中心、中国社会科学院信息研究中心授予白牛村"中国淘宝村"的荣誉称号。

三 杭州近郊村落的主要婚恋模式

中国传统文化伦理奉行"三纲五常"，"三纲"即君为臣纲、父为子纲、夫为妻纲；对应于婚姻部分，以前的女性必须恪守"三从四德"，"三从"即在家从父、出嫁从夫、夫死从子，因而传统中国家庭在面对儿女的婚姻大事时强调"父母之命，媒妁之言""门当户对"，在选择女婿时尤其强调对人品操守、文化水平、家庭背景等的考察。费孝通在《乡土中国 生育制度》一书中指出："为了生活的需要建立不同的社会关系，社会关系包括感情和行为的内容。家庭是最早也是最基本的生活集团，因之它是社会关系的养成所。家庭生活中所养成的基本关系，在生活向外推广时，被利用到较广的社会场合上去。个人在家庭之外去建立社会关系最方便的路线是利用原有的家庭关系。这是亲属路线。"① 从社会意义上说，婚姻家庭是一种社会设置；就个人意义而言，通过婚姻关系连接的社会关系是个体步入婚姻的基本动因。婚姻不仅承载着结婚双方的终身情感寄托，更是个体乃至家庭社会关系扩大的重要手段。在这个意义上，传统中国人眼中的婚姻是谨慎的、神圣的。婚姻家庭是个人置身于社会关系中的首属群体，历史传承的婚姻文化早已渗入中国人的血脉，成为一种影响和支配人们行为的重要文化因素。

然而，伴随着改革开放，中国人的婚恋观念在20世纪70年代后逐渐受到了市场经济和外来文化的冲击。尤其是杭州市推进城镇化建设以来，近郊村落社区的婚嫁模式衍生出一些新的、不同于传统的模式。在社区中"招（入）赘婚""拼婚""闪婚"现象十分普遍，而在这样的婚姻家庭中又衍生出不同于以往的婚姻家庭地位关系。

---

① 费孝通：《乡土中国 生育制度》，北京大学出版社，1991，第276页。

1. 招（入）赘婚

中国农村存在"嫁娶"和"招（入）赘"两种婚姻模式①。由于中国农村历史上一直严格维持着父系家族制度，而嫁娶婚姻既是保证父系家族完整性和延续性的重要手段，也是父系家族制度的重要内容之一，因此嫁娶婚姻在中国农村占绝对主导地位，而招（入）赘婚姻则非常少见，它只是中国父系家族制度的一种应时性变化，主要发生在没有男孩的家庭②。由于个人成本高、社区歧视以及农村无男孩家庭少，因此在中国农村很少发现在很大的范围内流行招（入）赘婚姻模式③。在调查中发现，杭州近郊村落社区以及周边的其他城郊社区广泛实行招（入）赘婚姻，招（入）赘婚姻比例非常高，远高于无男孩家庭的比例。

调查结果显示，招上门女婿的主要是独生子女家庭（独女）或者是无男孩家庭。这样的家庭往往把女儿留在家中招上门女婿；如果有两个女儿，家长会留其中一个招上门女婿，而另一个则嫁出去，至于留哪个嫁哪个，则要看女儿自己的意愿和父母的决定。针对此类家庭的村集体股份继承和延续问题，当前农村的普遍做法是各村结合本村实际制定"外嫁女""嫁入女""无儿户"等特殊案例的股权分配政策，并通过村规民约的方式加以公布和实行。调查中发现，在村集体经济比较发达的村庄存在明显的"股份制"和"外嫁女"问题，几乎每个村庄都在成文制度和乡规等非正式规范方面对此类问题加以明确。例如，在西湖区转塘街道的良户社区，村庄的"村规民约"明确规定"只有两个女儿而没有儿子的人家，按户分配一个股份继承权，谁来继承则由家庭商议决定"。根据我们的调查，杭州近郊村落社

---

① Wolf, Arthur P., *The Origins and Explanations of Variations in the Chinese Kinship System: Anthropo-logical Studies of the Taiwan Area*, National Taiwan University Press, Taipei, Taiwan, 1989, pp. 241–260.

② Wolf, Arthur P., *The Origins and Explanations of Variations in the Chinese Kinship System: Anthropo-logical Studies of the Taiwan Area*, National Taiwan University Press, Taipei, Taiwan, 1989, pp. 241–260.

③ Wolf, Arthur P., *The Origins and Explanations of Variations in the Chinese Kinship System: Anthropo-logical Studies of the Taiwan Area*, National Taiwan University Press, Taipei, Taiwan, 1989. pp. 241–260.

区招（入）赘婚姻存在的原因以经济性因素和实用性因素为主。城郊社区福利高，是家长不愿意将女儿嫁出的重要原因，而对养老的需求也是家长招上门女婿的重要考虑，至于孩子姓什么，家长有所考虑，但是也有家庭不再将其作为最重要的问题了。

通过调查发现，杭州近郊农村的上门女婿大多来自经济条件较差的省份，经济条件差是很多上门女婿答应上门的重要原因。父母答应儿子做上门女婿是出于对经济的考虑。他们原来的居住地比较贫穷，希望通过上门改变后代的命运，过上更好的生活。对于上门女婿自己的儿子，他则不希望儿子未来也去当上门女婿。在很多农村家庭，如果只有一个男孩一般是不会允许其当上门女婿的，但是如果上门女婿来自农村只有一个男孩的家庭，就会面临诸如男方父母也到女方家与其同住等其他家庭所没有的问题。在传统观念文化中，上门女婿是备受歧视的群体，一般人不是迫不得已是不会当上门女婿的，而在近郊村落社区上门女婿非常普遍，那么，上门女婿的地位如何、近郊村落的上门女婿能否融入村里的生活、是否会受到不一样的待遇等问题也引起了我们的关注。调查发现，由于杭州近郊农村社区中招（入）赘婚现象非常普遍，在村民看来，上门女婿享有和社区居民同样的社区福利待遇，并不存在歧视上门女婿的现象。与其他招（入）赘婚一样，近郊村落社区居民招上门女婿，当谈婚论嫁的时候，女方要给男方彩礼，喜宴的钱也由女方支出，男方落户到女方家。婚后，在经济上，上门女婿不掌握家庭的经济权。

2. 拼婚

随着时间的推移，第一批独生子女到了婚嫁的年龄，与此同时，他们的父母也开始考虑养老问题。而在这个过程中，近郊村落社区出现了一种叫"拼婚"的新的婚姻模式。也就是邻近社区或者同一个社区两个独生子女家庭的子女结婚，男女双方的户口留在原来的社区，通过生育两胎解决家族的延续问题。至于姓氏主要是通过协商解决，或者第一胎跟男方姓、第二胎跟女方姓，或者第一胎跟女方姓、第二胎跟男方姓，以此来实现平衡。调查发现，拼婚的对象往往也是城郊村民，两个社区同样存在社区福利和相似的发展前景。拼婚的模式保持了两个家庭独自的社区福利,减少了不同地域文化差异带来的婚姻中的磨合困难,但是也存在一些问题。

3. 闪婚(速成婚)

"闪婚",即闪电式婚姻,又称为"速成婚"。就是两人在短暂的相识后,未经过一定时间的交往和相互了解而确立婚姻关系的一种婚姻形式。正如媒体描述的,"他们几秒钟就可以爱上一个人,几分钟就能谈一场恋爱,数小时就可以决定终身大事,一周便能踏上红地毯"[1]。在都市青年的"闪婚"中,对于婚姻的决策在很大程度上建立在个性吸引上,"闪"强调的是迅速,这就意味着在择偶过程中,人际网络包括家庭成员的意见并不特别重要,关键性的因素在于个人的判断[2]。但是半城镇化地区的居民"闪婚"则不同,它既非都市的自由婚恋,又非传统的"父母之命,媒妁之言",而更多的是"福利导向、亲友介绍"。我们在访谈中发现,闪婚和招(入)赘婚以及拼婚有一个共同的特点,即择偶途径较为单一。在现代婚姻中,收获爱情成为择偶的首要目的,择偶的主动权回归当事者本人,择偶的自主性增大、途径多样化,"媒人"也由原来的亲戚、朋友等熟人圈子,向婚介所、报纸、杂志、电视、网络等媒介扩展[3]。但是在杭州城郊农村,不论是闪婚、招(入)赘婚还是拼婚,择偶途径均较为单一,大多数以亲戚、朋友介绍为主,而很少向婚介所、报纸、杂志、电视、网络等媒介扩展。对介绍人人品的信任是建立恋爱关系的重要条件。

四 杭州市近郊村落婚恋模式新变化的特点

根据对杭州近郊村落社区的调查,城镇化进程中近郊村落婚恋模式和婚

---

[1] 吴新慧:《传统与现代之间——新生代农民工的恋爱与婚姻》,《中国青年研究》2011 年第 1 期,第 17 页。
[2] 张杰:《"闪婚"与"啃老"——"80 后"理性行为背后的文化逻辑》,《青年研究》2008 年第 6 期,第 34~37 页。
[3] 吴新慧:《传统与现代之间——新生代农民工的恋爱与婚姻》,《中国青年研究》2011 年第 1 期,第 16 页。

恋文化的新变化呈现以下特点。

1. 新型的招（入）赘婚姻正成为一种较普遍的婚姻模式

从一定意义上说，在过去特定的社会空间中，招（入）赘婚姻模式只是个例现象。然而，我们在调查中发现，近年来招（入）赘正成为杭州近郊村落一种较为普遍的婚姻现象，而且呈现一些新的特征。

在传统的男权社会，婚姻生活明显地表现为"男强女弱型"，嫁娶是婚姻的主流模式，招（入）赘型婚姻是男性不得已而为之的一种非主流婚姻模式。在招（入）赘婚姻中，通常女方的婚姻物质基础在结婚前就明显优于男方，婚后夫妻双方的权利义务关系以及男方的家庭地位等方面的平等程度明显不如正常嫁娶家庭的夫妻关系，招（入）赘婚姻家庭往往在整个社会风气和民俗的舆论背景中处于劣势，男女双方都必须承受较大的社会压力。在很多农村人的观念中，"男的没本事没本钱""女的嫁不出去只能倒贴"等才会导致"倒插门"，即招（入）赘婚姻的出现。招（入）赘婚姻只是中国父系家族制度的一种应时性变化，主要发生在没有男孩的家庭中。男方家庭条件较差，无力承担婚嫁等费用；而女方家庭经济条件相对优裕，且家中无男孩。在此情况下，基于男女双方家庭的意愿，有可能选择招（入）赘婚姻方式。然而，在调查中我们发现，近年来杭州一些近郊村落较为流行的一种婚姻方式，即有两个女儿的"无儿户"，往往选择一个女儿出嫁、一个女儿招（入）赘，且被招（入）赘的女婿一般为外地人。这种情况显然与传统的招（入）赘婚姻有很大区别。事实上，由于城镇经济发展的空间需求，城镇周边近郊村落陆续被纳入城镇规划范围，集体土地逐渐被政府征用开发，村集体按地方政府规定获取了相应的现金补偿。根据相关政策，集体的征地补偿虽然在不同村落有所差异，但大多奉行"按户赔偿"与"按家庭人口数赔偿"相结合的方式。这种貌似公允的补偿方式存在明显的利益关照盲区，直接催生了"无儿户"等类型家庭基于保护和扩大家庭利益而产生的招（入）赘婚姻需求，即通过变女儿出嫁为女儿招（入）赘来组建新的家庭，以便增加"户数"和"人口数"，将婚姻作为寻找扩大自身利益的直接且有效的手段。

2. 速成婚姻成为一种流行的婚姻现象

伴随杭州近郊村落土地征用和拆迁安置等城镇化行动的陆续推进，婚姻时间也成为嵌入当下近郊村落婚姻生活的一个新变量。由于近郊村落在集体土地征用补偿发放、村民房屋拆迁安置政策的落实等行动过程中总是需要确定某个特定时间为结算时点，因此，同样是结婚，选择在恰当的时间或非恰当的时间可能会导致重大的经济差异。如果近郊村民在结算时点前结婚并迁入户口，就可以在土地补偿款发放和房屋拆迁安置中享受村民待遇，并计算户数和人口数。反之，如果超过结算时点才结婚，就会因"过时"而不能享受这些待遇。从经济利益上计算，两者相差可能上万元或者数十万元甚至上百万元。调查时，村民们常常讲到一个原则，就是在土地补偿款的分配中，"有户口才享受，没户口不享受"；在房屋拆迁安置中，"（年轻人）结婚才有安置，（配偶及时）迁户口才有房子"。正是在这种特殊的政策背景和经济利益诱惑下，相当一部分近郊村落的适龄青年及其家庭选择了速成的婚姻形式。从一定意义上说，速成婚姻甚至成为近郊村落的一种流行现象。近郊村民的速成婚姻集中发生在征地补偿、房屋拆迁安置等城镇化政策实施之际，而且呈现"扎堆"结婚的状况。访谈中发现，在拆迁时，有很多到了结婚年龄的年轻人都结婚了，主要是为了拆迁多分到房子，因为一旦错过这个时间就没有机会了。

从形式上看，速成婚有"闪婚"的特点，男女双方在短暂的相识后迅速地确立了婚姻关系，并办理婚姻手续和完成相关婚姻程序。大部分年轻人结婚都是经人介绍，如果合适，相处两三个月就结婚，尤其是在分房子之前结婚的人更多，速度更快，这成为当下近郊村落速成婚的特点。一般来说，都市青年的"闪婚"主要建立在个性吸引上，因此，在择偶过程中，人际网络包括家庭成员的意见并不特别重要，关键性的因素在于个人的判断[①]。但近郊村民的速成婚，并非基于双方气质或个性的相互吸引，主要出于对利

[①] 张杰：《"闪婚"与"啃老"——"80后"理性行为背后的文化逻辑》，《青年研究》2008年第6期，第34~37页。

益的考量，人际网络包括家庭成员的意见发挥着重要作用。

3."拼婚"方式成为一种新的婚姻选择

调查中发现，杭州近郊村落出现了一种新的婚姻模式，村民们称之为"拼婚"。在这种婚姻模式下，夫妻双方处在相邻或相同社区，结婚后夫妻双方的户口均留在原村落或社区原家庭，既不迁入对方社区落户，也不迁出组成新的家庭户。小夫妻拼伙构成小家庭，在男女双方家庭中均有他们独立的住房，可以轮流居住和生活。一来"大家拼一拼，两边住一住，两边的老人都可以照顾"；二来小夫妻婚后所生的两个孩子（近郊村落按照国家政策一般可以生两个孩子，即便政策不允许，依然可以在可承受的罚款范围内生二胎乃至三胎）可以通过抓阄或协商的方式决定其中一个跟男方姓，另一个跟女方姓。此种"拼婚"的做法在浙江省杭嘉湖地区又被称为"不嫁不娶"。女不嫁，男不娶，搭伙过日子的"拼婚"模式主要是基于对双方家庭利益的维护。访谈中，有村民说："婚姻双方都是当地人的话，两户人家就可以"拼"一下。"拼"就不叫"上门"了。比如说，两户人家都是独子独女，可以生两个孩子。一个姓男方的姓，一个姓女方的姓。至于婚房，男方也有，女方也有。可以这边住一住，那边住一住。""拼婚"夫妻大多基于某种意义上的"门当户对"，发生在经济状况和社区福利状况等相当的两个近郊独生子女家庭之间，没有发现近郊独生子女家庭与城市独生子女家庭之间"拼婚"的现象。

可见，现行杭州近郊村落城镇化的过程已经并正在引发近郊村落婚姻模式和婚恋文化的重大变化。近郊村落的婚恋文化不仅受到了现代城镇婚恋文化的影响，而且深受乡村经济社会结构和文化因子的制约，更重要的是土地征用补偿和房屋拆迁安置等与村民利益息息相关的城镇化政策行动，直接深化了杭州近郊村民婚恋文化的功利取向，导致了多种特殊的具有过渡性质的婚姻方式和婚恋现象。正是在上述多重因素共同作用的情况下，杭州近郊村落社会中形成了独特的婚恋文化形态。

4.虚假婚姻成为一种特殊的婚姻行为

虚假婚姻，包括假结婚和假离婚两种情况。所谓假结婚，就是出于某种特殊的利益考量，婚姻双方履行了法定的婚姻手续，但事实上没有真实的婚姻关系；或者事先达成协议，在利益达成后即终止婚姻关系，办理相关离婚手续。所谓假离婚，就是出于某种特殊的利益考量，婚姻双方履行了法定的离婚手续，但事实上保持着婚姻关系；或者双方约定，暂时终止婚姻关系，当利益达成后即复婚。这些虚假婚姻主要是杭州市近郊村落居民针对特殊的近郊村落城镇化政策而采取的应对策略，类似的虚假婚姻在实施特殊的城镇居民分房、购房、缴纳房产税等过程中时有发生。据此，人们也称之为"政策性婚姻"。当下杭州市近郊村落中出现的虚假婚姻现象，主要是在房屋拆迁安置政策实施过程中出现的一种独特社会现象。在近郊村落房屋拆迁安置过程中，不是按村民原有建筑面积，大多根据农村住宅建设"一户一宅"的政策，或者以户为基础，再适当考虑人口数量计算房屋安置套数和面积，或者分配相应的宅基地。拆迁安置房按略高于建筑成本价计算，远低于现行商品房的市场价。在这样的政策背景下，多获得安置房或宅基地意味着多获取经济利益。于是，一些近郊村落居民选择了虚假婚姻的行为策略，试图借此扩大其个人利益，主要出于经济利益考虑，违心地办理了虚假的结婚或离婚手续。不过，我们这里所说的虚假婚姻并非法定意义上的婚姻虚假，而是指双方婚姻意愿或事实上的虚假。

五 杭州市近郊村落婚恋模式变迁的主要影响因素

（一）利益驱动：婚恋模式变迁的表层原因

根据对以上调查结果的分析，我们可认为近郊村落婚恋模式的变迁不是简单的文化现象，而是深深扎根于城镇化急剧推进的经济社会现实，利益因素依然是影响杭州城郊农村居民婚恋生活的一个非常重要的因素。一方面，政府在城镇化政策执行中有集体土地补偿征用、房屋拆迁安置、撤村建居、户籍迁移和转换等一系列公共政策，这些公共政策直接关系着近郊村落村民切身的经济利益，并会对近郊村落村民的婚恋观和婚恋行为产生影响；另一方面，处于城市化过程中即过渡阶段、边缘化状态下的近郊村落社区集体福利制度、养老模式等也对近郊村落婚恋行为产生了相应的经济引导作用。根据我们的调查，杭州市近郊村落社区和全国大多数农村社区一样，对于集体经济的分配和集体资产股权的认定权由各村级权力行使。换句话说，各村对于"外嫁女""无儿户"等特殊情况的村民待遇有各自的规定。因而，招（入）赘婚、拼婚、闪婚以及虚假婚姻，实际上是村民基于保持甚至扩大经济利益的行动选择。归根到底，来自政府和村落社区两方面的经济驱动力是近郊村落婚恋模式变迁的外部动因。

1. 新型婚恋模式是村民保持乃至扩大社区福利的有效途径

和许多城郊社区一样，在村庄向社区的演变过程中，社区第三产业的发展给村民带来了一系列福利，而这些福利是直接与村籍相挂钩的，无村籍者无法享有村民所能享有的福利，为了更好地分配社区福利，社区的乡规民约对村民的婚姻模式做了一些规定。规定只能留一个女儿在家中招上门女婿，如果两个女儿都招上门女婿，则只允许一家享受社区的福利和分配。出于对村庄利益的考虑，有些村民突击结婚，其结果是给婚姻的稳定性带来很大隐患。从调查来看，社区福利的保持和获得是招（入）赘婚现象普遍的最重要原因。以杭州市城郊头格社区为例。该社区的社区经济主要有两部分，一部分是发展建设外来人口公寓，另一部分是临江公寓建设。其中"外来人口公寓"是解决房屋拆迁后居民收入问题的一个安置模式。在房屋拆迁后，头格社区在留用地上建设的"外来人口公寓"，每户有80平方米，没有产权，计划由村集体统一招租，年底统一分红。于是，租房收入由家庭收入转变成社区产业收入来源的重要内容，而社区居民则通过分红获得社区福利。另外，社区正在建设临江大厦，待大厦建成后，大厦底层商铺规社区集体所有，而上面的住宅属于小产权房，由集资者使用，商铺租赁获得的租金给村民发福利。这些福利和待遇虽然在杭州市郊的村庄中只能说"一般"，但一旦"无儿户"将女儿嫁出去，同时也意味着利益的重大受损。另外，笔者调查发现，能够形成拼婚的两个家庭，其家庭特征十分相似，双方都是城郊村民，两个社区的社区福利和发展前景相似，而这样的"门当户对"也是形成拼婚的重要条件。由此可见，正是基于近郊村落城镇化进程中的特殊政策行动，招（入）赘婚姻逐渐成为近郊村落村民应对村落变迁、维护和扩大自身经济利益的重要选择。在这里，招（入）赘婚姻不仅不再是"不入主流"，也不再遭受社区歧视，而且转变为一种流行行为，一种"会变通""有本事"的策略选择。

2. 新型婚恋模式符合外来人口获取社区福利、改善生活条件的经济理性和心理预期

杭州近郊村落婚恋变迁的主要特征是通婚圈的明显扩大。所谓通婚圈，就是择偶半径地域范围的大小。长期以来，农村社区受特有的生产方式、生活方式及其与之相联系的交往方式、文化传统和社会心理的影响，广大农村青年的择偶行为以及通婚圈不仅主要发生在农村青年之间，还局限在一定的地域范围内①。杭州作为外来人口流入大市，外来人口在供应劳动力、参与地方经济建设的同时也推动了杭州近郊村落通婚圈的迅速扩大。他们中间的很多人成为杭州近郊村落"外来媳妇""上门女婿"的主要来源。我们的调查显示，社区中的上门女婿大多来自经济条件较差的省份或者省内其他地区。经济条件差，希望通过婚嫁改变生活状态是很多上门女婿上门的重要原因。

（二）城镇化：婚恋模式变迁的根本原因

如果说外部的利益驱动仅仅是近郊村落婚恋模式变迁的表层原因，那么变迁的根本原因应该在城镇化的特殊路径和方式中寻找。当下中国城郊村落婚恋模式的变迁是多种因素共同作用的结果。

1. 历史延续的城乡二元结构以及城乡分隔的公共服务体系和社会政策

中国的城乡二元结构产生于现代化进程中。"城市化改变了城市和农村的结构关系，重构了城乡生活的利益格局，重新安排了'身份 - 权利 - 待遇'体系。可以看到相互交织的两条脉络：一条是城乡关系的发展脉络，

---

① 风笑天：《农村外出打工青年的婚姻与家庭：一个值得重视的研究领域》，《人口研究》2006年第1期，第17页。

经历了从最初城乡一体合治到近现代城乡二元分立再到当代城乡一体化的进程；另一条是'身份－权利－待遇'体系的演变脉络，展现了城乡同构体系到城乡差别体系再到同城差别体系的转变。"[1] 相较于现代化进程开始之前城乡行政一体化、文化一致性以及无差别公共服务的城乡一体化社会，城乡二元结构意味着城乡在身份、权利和待遇等方面存在巨大差异。1949年新中国成立以来，我国迅猛推进的工业化、城市化是以广大农村对城市的无条件资源支撑和牺牲为代价的，伴随城市的繁荣、富裕，我们看到的是农村的日渐衰败和荒芜。特别是20世纪90年代以来以"土地城镇化"为导向、"只见地不见人"的旧式城镇化做法，极大地形塑了今天农村城镇化的现实格局，也在经济、文化、政治方面为新型城镇化进程中的个体婚恋行为设定好了时代背景。现代城镇在经济发展水平、卫生环境、公共服务、文化生活、居民权利、身份福利等方面具有相较于农村的明显优势，因而出身于农村、经济条件落后、社会福利待遇相对较差的农村人口或者从经济欠发达地区流入杭州近郊村落的外来人口，希望与城镇人口或者近郊村落人口通婚就成为较为流行的婚恋取向。由此带来的后果一方面是带有明确经济改善目的和强烈婚恋意向的外来人口大量进入城镇，另一方面是近郊村落在城镇化进程中由经济状况的好转而导致的"速成婚""政策婚"越来越多。概言之，传统城乡分隔的二元体制和在此过程中历史地形成的农村对城镇的向往成为当下近郊村落婚恋模式变迁的历史文化基础。

2. 现阶段中国城镇化发展面临的客观环境和城郊村的具体经济实际

自改革开放以来，国家先后出台了一系列允许和鼓励农村非农经济、个体私营经济发展的政策，杭州近郊村落受国家政策激励和利益驱动逐渐出现了非农经济，有的是集体兴办的企业，更多的则是村民个人和家庭兴办或经营的企业，开始推动近郊村域产业结构的转变。然而，尽管杭州近郊村域经济结构发生了新的变化，但近郊村落产业的非农化进程并非得益

---

[1] 郑杭生、杨敏：《走向包容、公平、共享的新型城镇化——城乡社会变迁视野下中国城镇化道路的现实考量》，《宜春学院学报》2013年第10期，第1页。

于工业化的发展，而主要是伴随着政府土地征用启动的。此前，这些村落的村民和村组织尚未做好发展非农经济的准备，只是在迅速而猛烈的城镇化行动中被卷入村域经济非农化的发展大潮。农民面对失去的土地、获得的土地补偿款以及政府返还的留置地，显得一筹莫展。尽管以往各村原有经济基础不一，产业结构也存在一定差异，但在城镇化进程中似乎又都站在了同一起跑线上。在无法继续以农业为生的背景下，为了充分利用手中的土地补偿款和留置地进行有效的非农经济开发和经营，实现经济利益最大化，几乎所有近郊村落的村民选择了出租房屋作为维持生活的手段。目前，杭州近郊村落村民获得收入的来源分别是集体股权分红和家庭多余房屋出租收入。由于杭州近郊村落通常与产业园区相连，村组织抓住其独特的区位优势和城镇化发展的需求，不同程度地利用集体拥有的留置地、固定资产和土地补偿款等进行物业开发和经营。一方面，通过直接出租土地，建设并出租标准厂房、综合楼、店面、农民工公寓等方式，以楼宇建设和出租经营的方式获得收益。另一方面，在杭州市城镇化过程中，房屋拆迁等使近郊村民享受到了"一户一宅"的农村住房建设政策，并利用集体分配的土地补偿款和家庭积蓄自建或购置了私有住宅。在这一过程中，许多家庭拥有了多套住宅。村民们于是利用多余的私有住宅等房产开展物业经营。大多出租给外来人员居住，有的出租开办商店或工厂，以获取经济收益。这样一来，村集体经济的股权与房屋的获取便和农村家庭的经济收入息息相关，无疑会影响和改变村民婚恋嫁娶的形式。具体而言，日趋多元壮大的村集体经济使得村民在进行各种社会交往时依赖并看重其在村集体的股权。由此引发的婚恋行为是：凡是能扩大股权的婚恋行为，如"娶入媳妇"和"招（入）赘女婿"等都是有益于增加家庭经济收益的，因而得到普遍认可和效仿；凡是会削减股权的婚恋行为，如"外嫁女"等都是会直接减少家庭经济收益的，则成为民众极力规避的"傻事"。在此种利弊权衡之下，"拼婚"形式自然成为两个条件相当的家庭基于维护现有经济利益的共同选择。换句话说，城镇化引发的近郊村落以物业股份制为主要特征的经济形态和村民经济收入的集体来源特征，正成为推动杭州近郊村落婚恋模式变迁的根本动因。

3. 城镇化带来人口快速流动的现实使近郊村落通婚圈迅速扩大、日趋复杂

社会成员结构是社会结构的重要构成部分，其变迁总是与经济社会发展紧密相连的。社会成员结构变迁既是社会发展的结果，又是社会发展的表现。传统中国社会的婚恋文化和择偶取向呈现鲜明的家族利益导向性。为了满足自给自足的小农经济合作生产的需要，人们的通婚圈主要以地缘、血缘、亲缘等为媒介进行扩散。一家的子女到了婚配年龄，自然有亲朋好友帮忙留意和物色在经济条件和人品方面都合适的对象。固着于土地的生产方式保证了传统的社会网络对婚恋行为的支撑。

伴随着城镇化的推进，杭州市近郊村落的成员结构发生了一系列的变化。一方面，传统农村社会的成员结构具有高度的同质性、封闭性，村落是一个基本由本村籍人口构成的单纯性社区。因此，村落成员彼此之间相识相知，是一个典型的"熟人社会"。城镇社会则不同，其成员构成相对复杂，开放度高、异质性强，城镇社区是一个由不同单位、不同职业、不同籍贯，甚至不同民族、不同国家的人口构成的复杂性社区。正因为这样，其成员相对多元，彼此之间未必相识相知，是一个典型的异质性社会。另一方面，近郊村落的城镇化客观地推动着村籍人口的多元性流动，以及在此基础上的分化与重组。改革开放以来，随着限制农村人口流动政策的逐步放开和城乡关系的松动，以及市场机制被引入农村，受利益驱动，农村人口的社会流动在不同经济单位之间、产业之间、社区之间全面展开①。城市近郊村落作为城镇化的前沿地，其成员自然而然地参与了这一流动过程，由此导致了成员的分化与重组，引发村籍成员的结构性变迁。由于近郊村落靠近城市，交通便利，特殊的地理区位还吸引了大量的外来流动人口，使近郊村落的社会成员结构更加复杂。这些都为近郊村落

---

① 卢福营:《群山格局：社会分化视野下的农村社会成员结构》，《学术月刊》2007年第11期，第26页。

的婚恋男女提供了客观多元的婚恋选择，也成为杭州近郊村落婚恋行为多样性和复杂性的现实原因。

4. 杭州近郊村落村籍成员非农化过程中的异质化、多样化使婚恋通婚圈迅速扩大

近郊村民在非农化过程中，不仅在职业上实现了由农业劳动者向非农业劳动者的转变，而且导致了职业的多元化。村民不再统一从事农业生产，而是根据自身条件和客观环境转向经商，有的办厂、有的经营物业、有的进企业务工、有的到商店当营业员。甚至有的村民只是户籍在村里，而工作单位在国有企业或外资企业、个体私营企业。在某种意义上说，近郊村落户籍人口的异质化打破了原有村落社会成员的均质性格局。由此，社会成员业缘、趣缘的交往越来越多，基于血缘和地缘关系的社会交往网络日趋衰落，传统婚恋行为的就地特色也日渐弱化，年轻一代的婚恋行为从经济协作等家庭利益的传统理性考量中突围出来，更多地考量情感要素和需求互补、合作和利益要素共赢，从而使近郊村落人口的通婚圈在城镇化进程中经历了迅速扩大的过程。杭州近郊村落城镇化过程中的异构化不可避免地造成近郊村落婚恋模式的日趋复杂。例如，不同地方政府推动近郊村落城镇化的政策和行动差异，导致近郊村落成员结构的异构化，由此出现了一个社区的居民分散于不同居住区、多个社区的居民同住于一个居住区的现象、打破了原有的村或社区的概念。这种基层管理无序化的事实也在一定程度上影响了当地居民的婚恋观念，让城郊村落的婚恋模式呈现多元化、碎片化的格局。

5. 城乡社会文化的历史差异与现实交融

以往研究认为，形成招（入）赘婚姻的原因主要有保存性或实用性两种。保存性的招（入）赘婚姻主要发生在没有儿子的夫妇身上。为了保证家族的连续性，没有儿子的夫妇往往会招一个上门女婿，而上门女婿的姓氏或者改成这个家族的姓氏，或者其子女之一将使用本家族的姓氏来确保家族的连续性。实用性的招（入）赘婚姻主要发生在男性劳动力缺乏的家庭中，招上门女婿是作为增加家庭男性劳动力的一种手段；或者发生在比较贫穷的家庭中，因为招（入）赘婚姻费用对各方来说都比较低①。在传统中国农村，男尊女卑、女嫁男娶、男主外女主内等性别分工模式的背后是中国男权社会主流观念在民众中的普遍认同。在相当长一段时间内，家族对于嫁娶的期待是与女性延续香火的生育功能和操持家务的经济协作功能紧密联系在一起的。与男性在婚恋中的主导地位不同，女性的地位是附带从属的。唯其如此，所以偶有发生的招（入）赘婚姻总会受到外界舆论的议论和轻视，"倒插门"的称呼就含有不应颠倒男女尊卑的价值选择和舆论导向。但是这种传统的观念和行为模式随着城镇化推进过程中城乡思想的交融和人们思想观念的开放已然发生转变。近年来，女性受教育程度普遍提高，其社会地位、经济收入以及素质能力有了极大的提高，在相当程度上改变了传统"男尊女卑"的观念。人们对婚恋关系中门当户对的认识也在发生变化，男女间的嫁娶更趋向于平等，杭州近郊农村出现的"男女平等""不嫁不娶"的拼婚形式正是这种平等婚恋观的生动体现。因此，目前杭州近郊村落结亲双方家庭出于维护自身家庭经济权益和提高女性地位的考虑，以及基于"男女平等"内在诉求的现实，他们对婚姻更为理解和宽容。在某种意义上，杭州近郊村落婚恋文化的变迁得益于城乡文化的历史差异和现实交融。此外，家族传承、延续香火的传统观念也在近郊村落发生着变化。解决养老需求成为城郊村落家长招上门女婿的重要考虑，至于以后的孩子姓什么、对自己如何称呼，有的家长有所考虑，但是也有家长不再将其作为最重要的问题。笔者在调查中发现，有些社区里的小孩对"外公""外婆"这两个称呼少有概念，因为他们对父母双方的老人都称为"爷爷""奶奶"。

六 杭州市近郊村落婚恋模式变迁对家庭的意义

家庭是社会的细胞。近郊村民的婚恋模式变迁必然体现为现代近郊村

---

① 李树苗、朱楚珠：《略阳县上门女婿户的典型个案分析》，《人口与经济》1999年第S1期，第55页。

落家庭的和谐稳定,并直接对社会的安定团结造成影响。因此,充分认识杭州近郊村落村民婚恋模式变迁所造成的社会影响,尤其是对积极和消极两个方面的意义做清晰的评估,将有助于杭州市各级政府对社会发展政策的制定。

(一)从社会和谐角度而言,近郊村落由利益驱动的婚恋模式催生不稳定家庭,容易造成社会特定时期内的不和谐、不安定

综合对近郊村落新型婚恋行为的考察,我们不难发现杭州近郊村落的婚恋模式存在经济利益驱动的功利化特征。无论是为了保护或扩大村庄集体经济股份收益而采取的招(入)赘婚姻形式还是应对城镇化撤村建居、户籍改革相关可能的利益变动而选择的闪婚以及"门当户对、各家都不损失"的拼婚形式,都存在影响家庭稳定性的不利因素,进而引发社会的不和谐与不安定。首先,就闪婚等现象而言,由利益驱动的闪婚缺乏相互之间的深入了解和情感基础,一旦利益达成,婚姻则失去存在的基础。为了维护和扩大村庄集体经济股权利益,有些村民突击结婚。这种在短时间里完成婚姻的村民,在婚后生活中由于缺乏对彼此的深入了解和情感基础,往往存在诸多不稳定、不和谐的隐患。访谈中,不少社区居民表示,闪婚的人肯定会存在问题,只是目前由于拆迁安置房子还没有正式分下来,问题尚处于潜伏期。即便男方对作为上门女婿的前途有过深思熟虑的综合考量,主观愿意接受结婚后面临的社会压力,也不能避免中国传统文化中"男尊女卑""男主外女主内"等观念对其潜移默化的影响,一旦遭遇不甚讲理或斤斤计较不给颜面的亲家,被压抑的"男权"就会爆发,后果堪忧。其次,就拼婚现象而言,"拼生活""拼拼过"的生活状态难以培养起小家庭自身的归宿感和凝聚力。相较于"男尊女卑""男娶女嫁"的传统思维,"小两口拼拼过"的做法无疑是新潮而缺乏生命力的。一旦拼婚小夫妻产生矛盾,"各回各家、各找各妈"互不谅解的家庭闹剧必定上演。由此,小两口的矛盾极易演变为两个家庭的矛盾和冲突。在我们的调研中就遇到过因双方家庭的势均力敌、

互不相让而使已经订婚并拍好婚纱照的小两口解除婚约的纠纷。由此可见，即便是新潮的、标榜男女平等的拼婚形式在现实生活中也遭遇到了传统习俗和生活文化的阻力，无论婚前有多少理性的协商，都会在婚后面临诸多因为背离传统而产生的压力。此外，在拼婚家庭中，下一代的姓氏从属问题也成为一个显要的话题：第一个孩子生出来归谁姓往往事关家庭地位和颜面，但是性别问题又是另一个重要的考量因素。尽管在调查中大多数受访者告诉我们，村民对待"拼婚""招（入）赘婚"的态度是宽容和开明，但是不可否认，在面子和子孙的姓氏归属问题上，当事父母和子女们都在不同程度上反映出对生育传统和男权文化的重视和回归。如此种种，拼婚家庭因其形式的特殊必然要经历更多的考验。

（二）从社会发展角度而言，拼婚、闪婚、政策婚的流行引发乡土思想解放，成为农村社会现代性变迁的先行者

1. 男女平等的现代意识不断被强化

人类社会从传统走向现代，紧密伴随这个过程的是个体化的自由、平等、民主、公正、理性等精神气质的蔓延和社会文化的发展。从这个意义上而言，个体的婚恋行为与随之而来的家庭生活是基层社会现代性最具体且鲜明的考察单位。无论是基于理性功利算计的"招（入）赘婚""闪婚""政策婚"，还是强调"男女平等、不嫁不娶"的"拼婚"形式，都在一定程度上引领着近郊村落村民婚姻价值观念由传统走向现代，成为性别平等意义上现代性变迁的重要表现。在传统观念文化中，上门女婿是备受歧视的群体，一般人迫不得已不会当上门女婿，而在杭州市江干区的头格社区等近郊农村，上门女婿非常普遍，在村民看来，上门女婿享有和社区居民同样的社区福利待遇，并不存在歧视现象。

2. 现代流动性和融合的意义从语言的交融开始，推进了乡村社会由封闭同质走向开放多元

随着近郊村落"通婚圈"在城镇化进程中的不断扩大，现代性对于流动和融合的话题首先在杭州近郊村落的语言多样性和互构方面有了生动的呈

现。如前所述，随着城镇化进程的推进，近郊村落逐渐被纳入城镇范围，并吸纳了大量的外来人口。一方面，一批批企业和单位携带着大量的受雇员工进驻近郊村落，成为近郊村落社会的新成员；另一方面，近郊村落村民在从事租房业务过程中引入了来自五湖四海的大批房租客。近郊村落因此从一个相对封闭的"熟人社会"迅速向开放的"半熟人社会""陌生人社会"转变。正是基于这种经济和社会的结构性变迁，特别是人口结构的巨大变化，近郊村落成员的"通婚圈"才有了迅速扩大和日趋复杂的变化，其中之一就是村落语言环境的根本性改变。在传统的村落社会中，人们之间的日常交往以当地方言为交流工具，语言文化呈现典型的地方性、单一性。随着外来人口的大量进入，特别是"外来女婿"和"外来媳妇"的融入，不同语言文化在近郊村落的交往场域中汇聚、交融，构成了极其复杂、极为独特的语言文化形态。近郊村落中人们的日常交流用语逐渐从单一的地方方言向以普通话为主、多种地方方言共存并用的格局转变。在调查时我们发现，在近郊村落，人们基本能用本地方言和普通话进行交流。不同日常使用语言的混用以及相互尊重和认同就成为原本单一语言形态的村庄由封闭走向开放的第一步，呈现近郊村落本地方言、普通话、多种外地方言相互交融、并存互补的语言环境，逐渐趋同于开放性的城镇陌生人社会。由城镇化进程的推进和婚恋通婚圈的扩大带来的语言文化的交融和多元成为近郊村落由封闭性乡村走向开放性城镇社会的转折点。

3. 社会习俗的文明化、简单化

社会习俗是在长期生活中积累而成的，表现在村落社会生活的各个方面。一方面，随着城镇化的推进和近郊村落婚恋模式的变迁，近郊村落社会习俗也发生了多样性的变化，日益呈现城乡结合的特点。如婚姻嫁娶礼仪。在中国农村的传统礼仪中，往往以铺张作为显示家庭地位的重要表达方式。例如，在迎亲礼仪中，往往会设计一个礼仪环节，要在出门迎亲、新娘进门、婚礼吉时等重要时刻鸣放礼炮，礼炮规格越高、声音越响，婚礼越铺张，越说明喜事办得体面、有派头。当村民家有喜事时，一般村中邻里、亲友都会纷纷前来帮忙，且不需要等待当事村民的邀请。在浙江农村的一个普遍共识是：婚礼办得越隆重、场面越大，越能体现家庭的气派和地位，并由此被乡里舆论风评。这种风评在熟人社会的任何一个村庄都是关乎家族脸面的大事情。在近郊村落，由于城镇文明的影响，不再在家大操大办婚事，转而到酒店办几桌酒席邀请亲友一起庆贺。有的年轻人则选择了旅行结婚等新潮的婚礼形式。另一方面，由于土地被征用和房屋被拆迁，村落的公共空间较以往严重地被压缩。在现有的近郊村落建设规划中，往往难觅适合大操大办的公共场地，这种公共空间的挤压，也在一定程度上促进了村落礼仪的变化。

4. 传统的民风民德教化功能减弱

在传统乡村生活中，各种节庆特别是婚礼喜事等活动都具有潜在的教育功能。例如，新婚夫妇一定要到叔叔、伯伯、舅舅家里"拜头年"，即教育人们要尊老、重视亲情友情；初一拜祖宗，强调尊老、行孝；一家有喜事，同宗、同族以及邻居出钱、出力，齐心协力；一家有事、邻里相助，体现了团结、互助、亲情、友情等传统儒家的伦理文化。通过村民们言传身教的行为教育方式，传统伦理、乡土情谊得以代代传承、生生不息。但随着城镇化的推进和城镇现代婚恋观念的流行，这些民风民德有的被功利化，有的被简单化，只是或多或少地保留着传统的乡村风俗习惯。

（三）从社会结构角度而言，近郊村落婚恋模式的变迁造成了家庭结构、权利结构的重构

建立在农耕社会基础之上的乡土中国家庭伦理观念，深受"三纲五常""三从四德""孝悌谨信"等儒家思想的影响。分别体现了对个体承担的家庭角色的一整套权利义务的规定以及相应的角色期待，形成了特殊的家庭文化体系。随着城镇化的推进，近郊村落的家庭文化发生了显著变化，显呈现出自身的独特之处，突出地表现为家庭结构中男女经济协作地位的变化和对男女家庭权利结构的重构。

1. 妇女在家庭中的地位逐渐抬升

受自身生理条件和体能的限制，在传统的以体力为主要能力的农耕生产

中，妇女始终处于劣势。加之传统家庭伦理的建构，妇女在农村家庭中处于依赖男性的附属地位，缺乏必要的独立性和平等权利。长久以来，家庭和社会对农村妇女的角色期待主要是传宗接代、相夫教子，做好家庭服务工作，即定位于家庭主妇，并不指望女性做出重要的经济贡献。虽然妇女在家操持家务、饲养家畜等劳动具有特定的经济价值，但由于其并未进入生产、分配、交换、消费的商品流动链条，未能以货币形式直接评估，因而其经济贡献基本被忽略。伴随着近郊村落婚恋模式的变迁，男女平等、经济合作共赢的理念在"拼婚""闪婚""政策婚"等婚姻形式中得到认可。这种理念随着城镇化非农经济的发展得到了进一步深化，由此直接带来近郊村落妇女在农耕劳动背景下的家庭经济弱势地位日益改变。特别是在我们调研的临安地区，电商经济尤为发达，妇女在就业和工作中显现出了独特的职业技能优势，诸如网络销售、发货、客服、会计以及家政服务等非农职业岗位更适合心灵手巧和耐心细致的女性。于是，一大批经济独立的职业女性在近郊村落崛起，她们所获取的劳动收入在家庭收入中发挥着日益重要的作用。经济地位日益凸显，由此改变了家庭对妇女的角色期待。杭州市服装行业发达，个体私营电商经济活跃，女性就业空间较大、收入较高。然而，男性的职业优势相对不足。于是，出现了妻子外出工作，充当家庭经济主角，丈夫在家做家务、带小孩的现象。特别是在近郊村落，由于失地后缺乏非农技能，大批近郊村落的中老年男性村民没有就业竞争力，只有赋闲在家，家庭角色发生了根本性的转换，许多妇女在一些近郊村落家庭中不仅具有平等地位，而且成了当家人。这种变化或许是由区域经济发展的特殊性所致，但不可否认城镇化非农化的作用。

2. 父母对子女角色期待的改变

在传统社会中，家庭对子女的角色期待莫过于"望子成龙、望女成凤""养儿防老""多子多福"，父母希望子女能守在身旁，即"父母在，不远游"的文化主张深入人心。恪守孝道、尊老敬老是家庭生活的重要面向。通常，成年后的子女需要共同承担赡养父辈及祖辈的义务，但主要是基本满足父母和祖辈的物质生活需要。在自给自足的小农经济背景下,赡养长辈成为农村子孙的重大负担之一。也正是在此特殊社会背景下,"门当户对""媒妁之言""多子多福"等传统婚恋观念便有了其内在的合理性。虽然在赡养过程中,受多种因素影响,存在数量多少和能力大小的问题,但赡养供给的基本流动方向是不变的,即由晚辈向长辈流动。

与传统家庭养老模式不同的是,现代近郊村落的养老模式出现了大逆转。城镇化使得原本仅限于城镇居民享受的社会保障政策逐渐向近郊村落扩展,近郊村落的老年人开始有了一定的社会养老保险。同时,近郊村落集体在城镇化过程中不同程度地积累了一定的财富,基于对村民失地后的生活考虑,一般均采取一些有针对性的措施,向老年村民发放一定的福利。此外,在城镇化过程中,老年村民按相关规定获得了相当的征地和房屋拆迁补偿款,分配给了宅基地或安置房,他们通过房屋出租可以获取较为稳定的租金收入。在有些集体经济发展较好的近郊村落,老年村民还享有按年分红的股份。从招(入)赘婚、拼婚等婚恋模式来看,往往都是独生子女家庭从核心家庭又变成了联合家庭,家庭规模扩大。与此同时,由于拆迁带来的大量补偿款都是由家中长辈尤其是父亲掌握的,因此在村庄中出现父权的重新回归现象。调查发现,很多家庭中的经济大权都掌握在老一辈手中,在家庭事务、社区事务上老一辈的话语权明显提升。但是和传统的状况不同,如果是祖孙三代同堂,掌握大权的则是第二代,祖父一辈往往只是掌握属于自己那一部分的财政自由权。

在城镇化过程中,老年村民拥有了相当的经济财富,不再需要子女承担物质上的赡养义务,相反具有资助子女的能力,父母和子女之间的角色期待就发生了变化。成年子女在婚恋问题上大多都能得到父辈从经济物质到生活照料方方面面的支持,他们面对的问题主要是个体的沟通共处,家庭经济状况成为优化婚恋一方或双方未来家庭地位的主要因素。无论是"拼婚""闪婚"还是"政策婚",近郊村落的父母借由较为雄厚的经济实力对子女的期待已由经济性依赖转向情感性依赖。调查中发现,近郊村落中形成了独特的"啃老族"现象。所谓"啃老族",也叫"吃老族"或"傍老族",主要是指那些年龄为 20~40 岁,自身具有谋生能力,但靠父母供养的年轻人。他们并非找不到工作,而是在经济上不同程度地依赖父辈:或者虽能正常劳动获得收入,并且能按时缴纳生活费,但要依靠父母出钱供其买房、买车或者其他奢侈品;有些年轻的村民虽然接受了高等教育,但眼高手低,放弃了就业的机会,赋闲在家,衣食住行全靠父母;或者虽能正常劳动获得收入,但不交给父母生活费,甚至连其妻儿也跟着吃喝父母的;或者靠父母投资经商却一事无成。如此种种,反映出家庭物质供给的基本流动方向发生了根本性改变,即由晚辈流向长辈转变为由长辈流向晚辈。在此背景下,村民倾其一生抚养、培育下一代,已不再以养儿防老为动力和目的,而是改变为延续生命、助力下一代实现人生价值。子女的幸福、快乐成为家庭生活的重要追求。

(四)在社区整合和发展方面,近郊村落的婚恋模式变迁推动了社会关系网络的多元化、开放化发展

中国社会的传统村落是一个相对封闭的"熟人社会"。村民们"生于斯,长于斯,终老是乡"[①],彼此间低头不见抬头见,由此才有了"远亲不如近邻"的说法。具体到婚姻大事,一般通行"父母之命,媒妁之言"。无论物色对象、托媒讲亲还是婚后生活,村民群众主要依赖独特的农村人际社会关系网络获得社会支持。就近而居的父母、兄弟姐妹、叔伯亲戚、邻里朋友、舅姑表亲以及各类远亲是个人社会关系的有力支撑,无论谁家有合适的姑娘或小伙,招呼一声,必然是"七大姑八大姨轮番考察介绍"。乡土社会的亲情传统对缔结姻亲、发展社会网络发挥了不可忽视的重要作用。然而,伴随着城镇化进程的推进,近郊村民纷纷转向非农领域,外出务工经商。同时,大量外来人口进入近郊村落,由此导致了两方面的转变。一方面,原有的乡村人际关系格局由高度同质性的"熟人社会"向异质性不断增强的"半熟人社会"乃至"陌生人社会"转变,人际社会关系逐渐从原来的地

---

① 费孝通:《乡土中国 生育制度》,北京大学出版社,1998,第9页。

缘、血缘关系向业缘、趣缘关系扩展。村民的外出和外来人口的进入，形成了一系列超越地缘和血缘关系，主要以业缘和趣缘为纽带相联结的新的社会关系。一些村民在村落内与外地人结为朋友，另一些村民则在村落外（工作的城镇或异地）结交了外地朋友，促使近郊村落社会关系日趋多元、开放。由此，近郊村落招（入）赘婚等新的婚恋模式应运而生。很多家庭中的新媳妇、新女婿都来自外村甚至外省。另一方面，随着城镇化的发展，新型社会关系网络逐渐取代原有以血缘、地缘为基础的社会关系网络，并进一步对近郊村落文化观念、乡土情结、生活方式、伦理习俗等产生深刻影响。一些外出创业的近郊村民选择了在当地安家落户，体现了传统意义上"乡土情结"的式微，随之兴起的是更为开放、多元的社会关系，功利性交往逐渐渗透于近郊村落的社会生活。由于社会变迁日新月异，个人的利益、趣味势必发生变化，那些建立在功利基础上的人际关系也有可能因此而发生变化甚至终结。故此，不同于传统农村社会关系的万古不变，近郊村落的新社会关系势必表现出一定程度的不确定性。

此外，我们也不能忽视，原本基于血缘、地缘的社会关系网络的支持、互助、约束等功能虽然日渐式微，但属于情感性交往，亲情、友情、乡情以及乡规民约等传统基础牢不可破，因而始终是不可忽视的影响要素。当下近郊村落的社会关系变迁依然没有完全脱离其保守性、封闭性。村民群众依然存在明显的"歧视排外"情绪，形成了近郊村民与外来人口之间的关系阻隔。流入近郊村落的外来人口数量大、构成复杂、良莠不齐。部分素质低下的外来人口客观地存在"偷鸡摸狗""顺手牵羊"等不良的行为习惯；一些外来人员远离了所属熟人圈子的社会监督，面对尚未建立起归属感的全新环境，缺乏基本的责任意识和公德意识，存在随便丢弃生活垃圾、乱涂乱画、大声喧哗、不爱护村内公共设施、生活不自制等陋习；还有些人虽老实本分但缺乏人际交往的主动性及沟通能力，性格内向孤僻，行为乖张封闭，给人"不安全、不正派"的感觉；甚至出现个别负案在身的外逃罪犯。如此种种，容易导致外来人口被集体"污名化"，近郊村民基于对外来人口的不良印象，时常无理由地把各种不满发泄到"外来媳妇（女婿）"身上。更有甚者，近郊村民还会错误地将"外地人"概念化，不分彼此地将所有外来人口都视为不可信任的对象。

与知根知底的本村村民相比，流动的外来人口如同"空降"人员，村民群众要对其了解、接纳、认可必然需要时日。加之不同地域在文化习俗、行为模式、生活方式、价值观念等方面均客观地存在一定的差异，甚至是极其明显的不同。而根据心理分析，每个人均具有"个体本位"和"文化中心主义"心理，人们都自觉不自觉地认同自身的文化习惯、行为模式和生活方式，并认为自己持有的是最好的。因此，无论是外部的"污名化""概念化"原因，还是村民自我文化本位的内在原因，都给当前社会的综合治理造成了相当的压力，并殃及近郊村落的"外来媳妇（女婿）"。近郊村民往往容易对外来人口产生整体歧视，甚至形成排外情绪，以各种方式拒绝外来人口进入自己的社会关系网络。在调查中我们也注意到，近郊村落婚恋的变迁在给社会发展带来积极的推进效应的同时，也带来了诸多社区整合的新问题，对社会治理和服务提出了诸多新的要求。一个典型的问题就是"拼婚"背景下户籍不在本村的非本村家庭成员的社会整合问题。调查中发现，上门女婿在社区管理和活动参与上还是存在一些问题的，他们更多地与同是上门女婿的人交往，或者与同事交往，在社区管理者选举的过程中，由于其"外来者"的身份而难以为社区其他成员所认同。

传统的熟人社会有着独特的行为约束机制，人情面子是人际互动的重要考量，当熟人社会向半熟人社会乃至陌生人社会转变时，人们身处其中的时间越久就越能体会人际互动机制变迁带来的令人痛苦的张力。这种张力首先体现为社会进步、生活水平提高背景下人们相互间亲密感的丧失以及信任度的直线下降。"众人自扫门前雪，不管他人瓦上霜"。人际关系走向冷漠，深陷其中的人们深知其痛苦却在日常的行为中不知如何或无力改变这种现状，结果不断重复乃至加剧了这种痛苦。特别是外来人群和近郊村民之间不合作、不信任情绪的日益积累，有可能加剧双方情感的分离与对立，甚至出现外来人口绑架、勒索近郊村民等恶性犯罪事件，构成威胁近郊村落婚姻幸福、家庭和谐、社会稳定的重大隐患。或许，这正是当下城镇化进程中近郊村落婚恋模式经历变迁之后面临的一个重大问题。

七 对策和建议：形成理性和谐的婚恋风气，推进近郊村落婚恋文化健康发展

综上分析，城镇化进程中的近郊村落婚恋文化已经发生了并正在发生着多方面的深刻变化，逐渐形成了一种具有丰富特点的特殊文化形态。在这种文化形态中，城镇文化与乡村文化包融、现代文化与传统文化混合、工业文明与农业文明共存，既有封闭、传统、落后的一面，也有开放、现代、进步的一面，呈现典型的二元结构特征。故此，唯有把城镇化变量引入分析框架，才能明晰杭州近郊村落婚恋文化的"前世""今生""未来"，动态地把握其行为模式的变迁过程，认清其文化面貌，科学把握其变迁的社会依据。

总体而言，城郊村落婚恋模式变迁是在中国城镇化进程中出现的一种过渡性社会形态，也是一个在相当长时期内无法彻底消除的社会现象。但是，从发展的趋向上看，城郊村落的婚恋文化是随着城镇化的推进逐渐融入城市婚恋文化，还是销声匿迹、消隐于社会发展洪流，尚不得而知。但是针对当前城郊村落的婚恋文化现状，围绕城镇化历史进程的模式特点，笔者认为从以下几方面着手，或许会有助于构建理性和谐的婚恋风气，推进近郊村落婚恋文化健康发展。

（一）政府政策制定、制度设计等方面

1. 要消除体制障碍，推进城乡"身份－权利－待遇"的同城化

近郊村落婚恋模式由传统走向现代，呈现利益型取向的"招（入）赘婚""速成婚""政策婚"等婚姻类型，与传统城乡二元分割的体制障碍有着直接的关联。城镇与乡村之间的差距，不仅停留于户籍，更有依附于户籍之上的社区成员福利差距、公共服务待遇差距以及公民权利差距，正是这些差距背后显要

的经济要素推动了近郊村落婚恋模式的变迁。因此,改革户籍制度,推进城乡"身份-权利-待遇"的同城化①迫在眉睫。特别是在转型变革的过渡期,政策明确与否、科学合理与否、公平公开与否都会在很大程度上影响居民的婚恋心理,在政策上给予保障、在体制上形成保护是确保城郊村落婚恋文化朝着合理、健康方向发展的重要基础,在这方面我们确实还要继续努力。

2. 要优化制度设计,减少利益婚姻的现实基础

在实践中发现,杭州近郊村落的"招(人)赘婚""速成婚""政策婚"等婚姻类型大都是应对城镇化政策和制度对个人和家庭既得经济利益的挑战而产生的应激反应。城镇化进程中的集体土地征用补偿处置、房屋拆迁安置、撤村建居、户籍迁移和转换等一系列公共政策和政府城镇化行动,直接关系着近郊村落村民切身的经济利益。这对近郊村落村民的婚恋观和婚恋行为的影响是显著的、根本性的。因此,优化城镇化的制度设计,在政策的源头环节减少乃至杜绝利益型婚姻的现实基础和政策空间,是推进近郊村落构建理性健康的婚恋文化的根本所指,也是营造近郊村落婚恋和谐、社会稳定的根本出路。

(二)组织基层管理、资源配置方面

1. 要发挥基层管理组织的"复合"优势,跨越"对立",充分发挥政府、社会和个人的合力优势

一个社会从传统、封闭和单一的价值取向走向现代、开放、多元的时代特色,必然要付出人力、物力、财力以及进行精神力量的巨大投入。这种投入只有发挥政府主导、社会主体、个人积极认同和参与的"复合"主体优势,方能在全社会范围内推进男女平等、移风易俗、民主法治、公平友善等社会主义核心价值观的实现,构建起健康理性的近郊村落婚恋文化。作为与

---

① 郑杭生、杨敏:《走向包容、公平、共享的新型城镇化——城乡社会变迁视野下中国城镇化道路的现实考量》,《宜春学院学报》2013年第10期,第2页。文章指出,"未来的两大趋势:一是城乡一体化;二是同城化"。所谓同城化,即消除"身份-权利-待遇"体系的同城差别,不断推动三元化利益结构的柔化、弱化和同化趋势,最终打破三个世界的封闭、隔离、排斥,构建开放、包容、共享的"身份-权利-待遇"体系。同城化是实现城乡一体化的根本途径。

社区居民有着联系的直接接触者，基层管理者要站在更高的历史平台，以更宏大的视野看待政府政策、制度制定的前瞻性与拓展性。同时，也要用多重手段、多重方式将政策、制度的科学合理性发挥到最大限度，把最正面的声音、最有温度的政策传递给最基层的居民，为健康理性的婚恋观念和氛围的形成打下坚实的基础。

2. 要积极搭建交流平台，增进本地人口和外来人口的交流与互信

杭州近郊村落的兴盛离不开外来人口的积极贡献。但是本地人口对外来人口存在的"污名化""概念化"的不良倾向也非常不利于近郊村落中跨地域婚恋关系的健康发展。要避免以偏概全、以点盖面的偏见，就必须打造外来人口的治理和服务平台，积极开展有效的交流活动，增进价值认同和社会共识，充分利用集体活动、政策宣传、网络教育等多种载体建设最顺畅的通道平台，从而更好地推进本地人口和外来人口的交流互信。

3. 要定期开展专题活动，为近郊村落提供婚恋咨询和服务

近郊村落婚恋模式中呈现的"女权兴盛、男权式微"新现象、"男主内、女主外"的性别角色新逆转、家庭新型矛盾以及"啃老"等问题，有其产生的独特时代背景和现实基础。因为是事关婚恋幸福与家庭和谐的"前所未见"的新现象，亟须妇联、学界以系统、长效、常态的方式在近郊村落进行相关问题的指导和咨询。作为基层管理组织，要及时认识到这种底层需求与现状，可以采取宣传教育、上户访谈、集体座谈、定期回访、经验介绍等多种形式的指导，特别是可以结合新时期网络媒体兴盛发展的有效性，通过网站、QQ群、微信、微博等新媒体终端，帮助社区居民更好地了解政府政策、制度知识，针对一些特殊的案例及问题进行专题分析并指导解决问题。

（三）加强社会宣传、舆论引导方面

1. 要加大科学合理的婚恋观宣传力度，加强社会主流舆论的引导

近郊村落的人员结构和层次分布决定了婚恋观念的分散状态，在客观上统一思想观念和意识存在一定困难，不同的学历层次和地缘结构对婚恋模式及文化的影响显而易见。从传统婚恋观向现代婚恋观过渡的过程亟须社会进行正面的宣传引导，把适应新时期政治、经济发展水平的婚恋思想扩大到舆论正能量的宣传引导中。这是构建符合现实的、科学合理的近郊村落婚恋模式的思想基础。

2. 要充分重视并发挥互联网的作用，多途径、多渠道促进婚恋模式中个体意识的觉醒

伴随着新媒体在知识经济社会的迅猛发展，手机、互联网等移动终端在信息通信技术中体现的价值越来越被人们所重视，全媒体、自媒体的时代似乎在婚恋关系的确认中发挥着越来越重要的作用。不同的个体在交互中会产生巨大的能量，网络舆论的引导作用是绝不能忽视的。受传统观念、物质基础等现实条件的限制，近郊村落的婚恋文化还不能形成合理、科学的发展模式和观念总集，但是利用网络正面宣传引导新时期的婚恋观念，或许是需要整个社会进行深入思考的。以科学、理性的婚恋观念为主流引导，重点发挥网络的强大作用，也是今后文化研究中面临的重要课题。

3. 要着力于执行和落实，培育健康、积极、向上的婚恋行为与文化

在具体的执行过程中，要帮助他们树立正确的恋爱观念和培养积极的态度。甚至可以组织各种形式的恋爱培训，解决"质"的问题，改变陈腐的恋爱观念和态度；在创新的过程中，可以进一步延伸产业链，从婚恋服务向产业链下端的婚姻家庭咨询等进行扩展。同时，积极完善婚介网络渠道，使其更加可靠与人性化，在宣传引导的具体过程中，把婚恋文化与婚介网站的发展结合起来，让婚介网站所拥有的品牌、管理、技术、客户等方面的优势与传统婚介所拥有的地域性服务相结合，为婚恋文化模式朝着合理、科学的方向发展奠定基础。

参考文献

[1] 费孝通：《乡土中国 生育制度》，北京大学出版社，1998。

[2] 李银河：《女性权利的崛起》，文化艺术出版社，2003。

［3］郑杭生、杨敏：《走向包容、公平、共享的新型城镇化——城乡社会变迁视野下中国城镇化道路的现实考量》，《宜春学院学报》2013年第10期。

［4］郑杭生：《现代的成长与传统的发明》，《天津社会科学》2008年第3期。

［5］郑杭生：《社会公平正义与和谐社区建设——对社区建设的一种社会学分析》，《中国特色社会主义研究》2007年第6期。

［6］郑杭生、杨敏：《当代中国社会转型的实质：新型社会主义的成长》，《中国社会科学》（内刊）2007年第2期。

［7］杨敏：《"活着的过去"和"未来的过去"——民俗制度变迁与新农村建设的社会学视野》，《学习与实践》2007年第11期。

［8］卢福营：《群山格局：社会分化视野下的农村社会成员结构》，《学术月刊》2007年第11期。

［9］吴新慧：《传统与现代之间——新生代农民工的恋爱与婚姻》，《中国青年研究》2011年第1期。

［10］李树茁、朱楚珠：《略阳县上门女婿户的典型个案分析》，《人口与经济》1999年第S1期。

［11］张杰：《"闪婚"与"啃老"——"80后"理性行为背后的文化逻辑》，《青年研究》2008年第6期。

［12］王开泳等：《半城市化地区城乡一体化协调发展模式研究——以成都市双流县为例》，《地理科学》2008年第2期。

［13］黄宁等：《城市化过程中半城市化地区社区人居环境特征研究——以厦门市集美区为例》，《地理科学进展》2012年第6期。

［14］刘江等：《半城市化地区住区形态及空间分布特征——以厦门市集美区为例》，《地理科学进展》2010年第5期。

［15］〔德〕尤尔根·哈贝马斯：《交往行为理论》，洪佩郁等译，重庆出版社，1994。

［16］〔美〕道格拉斯·诺斯：《制度变迁理论纲要》，《改革》1995年第3期。

［17］〔德〕尤尔根·哈贝马斯：《公共领域的结构转型》，曹卫东译，学林出版社，1999。

［18］〔英〕安东尼·吉登斯：《社会理论与现代社会学》，赵勇等译，社会科学文献出版社，2003。

［19］〔英〕安东尼·吉登斯：《民族-国家与暴力》，胡宗泽等译，生活·读书·新知三联书店，1998。

［20］Wolf, Arthur P., *The Origins and Explanations of Variations in the Chinese Kinship System: Anthropo-logical Studies of the Taiwan Area*, National Taiwan University Press, Taipei, Taiwan, 1989.

B.3
都市知识女性婚恋观、生育观现状探究
——基于杭州市的实证调研

邹蕾*

摘 要： 本文以杭州市教育系统、卫生系统、行政机关、科研院所、传媒等行业的本科及以上学历女性为主要研究对象，采用问卷调查、个案访谈等研究方法对知识女性婚恋观、生育观的现状和特点进行实证研究。调查显示，知识女性的婚恋观具有完美主义倾向，在经济上较为独立自主；在择偶时比男性更看重经济条件。少数知识女性的婚姻配偶权益弱化，为了孩子而维系婚姻，忽略了家庭中的夫妻关系，而更重视亲子关系。知识女性对婚前性行为和婚外性行为的宽容程度比男性低。婆媳矛盾较翁婿矛盾更为普遍。心理咨询作为婚恋纠纷的求助方式尚未被普遍接受。知识女性的生育意愿低于男性，高龄产妇比例约占1/3。约两成的知识女性有生育二胎的意愿，二胎生育目的主要是"增加手足情""降低失独风险"。部分知识女性缺乏家庭育儿支持，对社会化育儿服务有需求。

关键词： 知识女性 婚恋观 生育观

---

* 邹蕾，硕士，浙江外国语学院学生处讲师。全球职业规划师、国家高级职业指导师、杭州市大学生创业导师。主要研究方向：人力资源管理、创业就业理论与实践。

一 背景

随着中国社会转型期高等教育的大众化和平等化,女性管理人员、女性知识分子的队伍逐步壮大,知识女性群体大量涌现。然而在"男尊女卑"的传统思想影响下,知识女性在事业和家庭中的角色并没有得到与男性同等水平的理解与认可,与之相对的却是社会给知识女性贴上了"孤僻清高""思想强悍""行为霸道"等形象扭曲的标签,使她们成为婚恋市场上的"弱势群体",高学历变成了她们的婚恋障碍。如果这种偏见得不到扭转,必然会加剧"学得好不如嫁得好"的社会刻板印象,不利于男女平等关系的建立与女性自我社会价值的实现。

与此同时,二胎政策的启动,使得生育又成为一个广受人们关注的热点问题。近年来,由于人口年龄结构快速老化、劳动力资源萎缩、出生性别比例失调、独生子女身心健康成长问题等,不少学者从不同角度指出继续实行独生子女政策的弊端,并呼吁调整生育政策。随着第一代城市独生子女进入婚育期,"双独""单独"夫妻比例呈上升趋势,不少家庭将拥有生育两个孩子的机会。态度与观点往往可以预测行为。那么,有关影响知识女性生育二胎意愿的研究则非常有必要。

在这样的背景下,我们以杭州市教育系统、卫生系统、行政机关、科研院所、传媒等行业的本科及以上学历女性为主要研究对象,采用问卷调查、个案访谈等研究方法,在定性与定量分析相结合的基础上,对知识女性婚恋观、生育观的现状和特点进行实证分析研究。

二 目前国内女性婚恋观、生育观现状

社会转型直接影响着延续了几千年的社会性别制度,改变着传统的两性关系,妇女在婚姻家庭中地位的提升,是近代女性与传统女性相区别的标志[①]。当

[①] 杜芳琴、王政主编《中国历史中的妇女与性别》,天津人民出版社,2004。

今社会把对人的关注提到了重要位置,人的存在、人的权利受到尊重,"男尊女卑"的不平等制度受到严峻挑战。女性角色从单一性向多元化发展,女性权利部分得到社会认可,女性的生存状态得到改善,女性在婚姻家庭中的地位得到提升,家庭关系发生了逆向转化。人们的择偶标准已由门第的高低、财产的多少等外部条件逐步转变为彼此的感情、学识等内在素质。同时,传统的"女子无才便是德"的观念也逐渐被抛弃。随着女性解放思潮的兴起,男女在职业上的竞争日益激烈,英、法等西方国家独身之风日盛。进入21世纪以来,中国的许多年轻女性受这种思潮的影响,独身人数也逐年增加,并明显多于男性,其中大部分是高学历的知识女性。女性独身者认为,做人并非专为生育,人的一生应该以事业为重,与其留子女,不如留事业。

在婚姻问题上,知识女性也出现了失婚,但其失婚的原因完全不同于男性。传统择偶模式使身处社会金字塔中上层的知识女性在婚恋中处于不利的谈判地位,加之知识女性对自身、婚恋对象以及两者之间的关系存在认知偏差,使其婚恋选择空间缩小,加大了婚恋成功的难度。男性在择偶时大都希望选择那些在学历、政治地位、经济地位上比自己低的女性,而知识女性身处社会金字塔的中上层,这就使得部分知识女性处于结构性剩余的境地。再加上社会环境及男性传统的择偶观念,使知识女性在婚恋选择中处于尴尬的境地。更为严重的障碍则来自知识女性自身在婚恋问题上的社会认知偏差,如对爱情、婚姻的理想主义与完美主义。

与婚恋观密切相关的是性观念。在西方性自由观念、家庭教育缺失、社会的宽容程度、传媒的负面影响、生活条件等因素诱发下,青年婚前性行为的社会接纳度越来越高,这已经成为诱发婚后外遇的主要社会问题。有研究发现,月消费是影响大学男生婚前性行为态度的主要因素[①]。影响大学男生婚前性行为的因素还有父母文化程度、家庭关系、对婚前性行为的态度和对多性伴的态度。多数大学男生对婚前性行为持支持态度。家

---

① 龙润忠:《青少年婚前性行为现状及对策》,《广西青年干部学院学报》2003年第2期。

庭、学校、社会应加强对大学生的性健康教育和积极引导。有研究指出，目前大学生婚前性行为虽然还不普遍，但性态度已开始发生变化，应及时给予正确的引导、教育①。调查显示，对于男人是否发生婚前性行为发挥作用最显著的是他们的职业等级，职业等级越高的男人就越开放、自由；阶层越低，婚前性行为就越少②。中国体力劳动阶层的男人更多地遵守所谓"婚前贞操"的性道德，而不是根据自己的生活需要来决定什么时候开始性生活以及跟什么样的女性进行性生活。在中国传统中，所谓"婚前贞操"更多的是针对女性。每长大一岁，仍然能够坚守"婚前贞操"的女性就减少14%。发挥作用显著程度居第二位的是女性的受教育程度。学历越高的女性，发生婚前性行为的可能性越小。

相关研究认为，在生育观方面，中国目前的生育水平在临界值1.5以上，尚未陷入"低生育陷阱"③。多项研究表明，中国目前的意愿生育水平维持在1.8以上，有60%以上的人在政策调整后有生育二胎的意愿。经济学机制的强化作用表明，年轻人对未来经济前景的不安全感使他们推迟生育年龄、减少生育数量。有研究发现，生育对我国女性工资率有显著的负面影响，每生育一个子女会造成女性工资率下降7个百分点，且这一负面影响随着生育子女数量的增加而变大。生育代价在不同女性群体之间存在差别。研究发现，生育对工资率的影响对在高等教育机构工作、从事管理职业技术工作和在国有部门工作的三类女性群体更为显著④。上海社会科学院家庭研究中心张亮认为，理想子女数是一种动态的、复杂的生育期望，受个体层面因素的影响，是在家庭影响和社会约束的过程中形成的。实行了30多年的独生子女政策对人们的二胎生育意愿的抑制作用明显，独生子女政策实施后，城市居民更多地认为一个孩子就很好，强调实现自我人生价值者不太赞同生育二胎。同时，城市居民二胎意愿的影响因素存在明显的地区差异。在发达

---

① 金喜：《大学男生婚前性行为和态度及其影响因素分析》，《中国学校卫生》2013年第6期。
② 江剑平等：《大学生婚前性行为和性态度现状分析》，《中国学校卫生》2001年第1期。
③ 靳永爱：《低生育率陷阱：理论、事实与启示》，《人口研究》2014年第1期。
④ 於佳、谢宇：《生育对我国女性工资率的影响》，《人口研究》2014年第1期。

城市，家庭收入水平较高者更希望生育两个孩子；而在经济较为落后的地方，有男孩偏好者往往认为两个孩子更理想①。父母的生育意愿和生育行为对子女的理想子女数有很强的正向影响，父母对子女生育数量的期待与子女的理想子女数也呈正相关，初婚年龄推迟会减少期望子女数，而现有子女数越多者理想子女数也越多。有研究指出，我国独生子女政策的效果是多重的②：一方面，减少了女性为生育和育儿所花费的时间，把女性从繁重的育儿事务中解放出来，使女性在事业上和休闲上有更多自由支配的时间；另一方面，因为只能生育一个孩子，所以具有男性偏好的家庭将生育一个男孩作为考核女性是否具有家庭地位的隐性指标。的确如此，因为只能生育一个子女，父母倾向于将对孩子的培养作为事关颜面与家庭幸福的重要事务，焦虑、攀比随之而来。当子女抚育与职业冲突时，她们会毫不含糊地选择照顾子女，而不是在职业中争取性别平等。

若要探究都市知识女性理想子女数的影响因素，应将其放在特定的制度背景和社会状况中。因此，我们既要借鉴西方的分析框架及研究原则，又要注意到国情不同带来的差异，这些差异的存在使得西方的一些研究结论不能直接用来解释中国的现象。即使生育政策允许一部分夫妇生育两个孩子，但出于对自己生活质量的重视以及抚育费、子女成长环境等的考虑，知识女性生育二孩的意愿也在一定程度上受到了抑制。由于知识女性受教育的年限较长，更希望在工作中有所作为，当在生育与职业发生冲突时，生育二胎的意愿会明显降低。

鉴于以上原因，我们在立足中国现实的基础上，通过实证的方法对杭州城市知识女性的婚恋观和生育观问题展开了研究。我们认为，关注知识女性的婚恋观和生育观问题，对一个城市的人口发展和人口素质的提高具有重要意义。同时，研究成果还可以为城市知识女性在形成正确的婚恋观和生育观方面提供帮助。

---

① 李银河：《妇女家庭与生育》，《江苏社会科学》2001年第6期。
② 周颜玲、凯文陈：《全球视角：妇女家庭和公共政策》，社会科学出版社，2004。

三 研究思路与方法

（一）研究设计

本文主要针对影响杭州市知识女性婚恋观、生育观的主要因素（并转化为一系列变量）进行深入分析讨论。结合已有的相关研究，本文的研究内容主要涉及以下几个方面。

（1）年龄、职业、学历、生育情况、经济收入、婚姻状况、工作单位等人口统计变量对知识女性婚恋、生育的影响。

（2）恋爱观、恋爱方式、恋爱目的、对待失恋的态度、择偶标准、婚恋纠纷处理方式等。

（3）职业与生育的关系。知识女性多为职业女性，她们的生育行为和职业发展有相当大的关系。

（4）家庭支持与生育的关系。生育不是个人的行为，是整个大家庭的决策。育儿是一个系统工程，需要多方面的支持。

（5）二胎生育政策下知识女性生育二胎的目的与二胎生育意愿影响因素。

（二）研究方法

本文拟从定性和定量两个角度展开研究。在杭州市主城区选取知识女性样本。采用文献法、访谈法、问卷法等方法展开研究，分析外在客观因素和内在主观因素对妇女婚恋观、生育观的影响。

1. 文献法

查阅国内外有关知识女性生育、婚恋的研究进展。分析近年来影响知识女性婚恋、生育的主客观因素，从多角度考察知识女性婚恋观、生育观的现状。

2. 访谈法

首先，自编访问大纲，主要包括一些封闭式问题：①婚姻满意度或恋爱满意度自我评价；②与恋人或配偶相处中印象最深刻的事；③养育子女中印象最深刻的事；④家庭纠纷中印象最深刻的事；⑤对社会育儿支持的评价。

其次，自行编制有关知识女性人口变量的问题。调查知识女性的家庭经济收入、年龄、婚姻状况、生育情况、受教育程度、职业类型。选取未婚未育、已婚未育、已婚已育、异地恋、周末夫妻、离异、单亲母亲等多种类型的知识女性进行个案访谈。

3. 问卷法

问卷采用匿名调查，共包括五部分：第一部分，个人基本情况；第二部分，恋爱观；第三部分，婚姻家庭观；第四部分，职业与家庭的关系；第五部分，生育观；第六部分，开放题。连续变量采用李克特5点记分法，1分表示非常不赞同，5分表示非常赞同。其中，恋爱观包括恋爱态度、择偶标准、恋爱方式、性观念等共18个题项；婚姻家庭观包括婚姻观、家庭观、家庭成员关系等共25个题项；生育观包括生育目的、生育偏好、育儿观、二胎生育意愿等19个题项。

问卷变量的 α 值均满足不小于0.70的要求，样本的信度通过内部一致性检验，适合进行线性回归分析。采用 Cronbach α 系数来分析项目的内部一致性。KMO 值均大于0.700，巴特莱特球体检验统计值的显著性检验 $p < 0.001$，数据也具有相关性，适合做因子分析。取特征值大于1的主成分作为因子。

（三）研究对象的确定与样本基本情况

1. 研究对象的确定与样本数据的收集

本文以杭州市本科及以上学历的20~45岁都市知识女性为主要研究对象。为了增加数据的对比性，选取了一定数量的杭州市本科及以上学历的20~45岁都市知识男性作为对比参照。样本来自三部分：第一部分来自浙江外国语学院、浙江大学、浙江大学城市学院、杭州师范大学、浙江财经大学、浙江工商大学、杭州市星洲小学、杭州市大关中学的教职员工；第二部分来自杭州市红十字医院、杭州市第二人民医院、杭州市第一人民医院的医护人员；第三部分来自笔者的同学、同事、亲朋中在杭州的本科及以上学历的女性。为了增加问卷的有效回收率，先以电话或邮件、QQ、微信等方式联络被调查者说明调查内容与目的，征得其同意后，以邮寄、电子邮件及专人送达等多种方式发放与回收问卷。

2. 都市知识女性的定义与样本的选择

对于"都市知识女性"样本的筛选包括两个方面：第一，基于学历的筛选，要求被试者具有全日制普通高校本科及以上的学历；第二，基于职业的筛选，被试者的职业主要为高校教师、研发人员、工程师、经济管理人员、医护人员。

3. 总体样本统计描述分析

此次调查共发放问卷1003份，回收831份，有效问卷828份（女性535份、男性293份），有效回收率为82.55%。将有效问卷依回函日期排序，前1/4为早期回函者，后1/4为晚期回函者。比较两分群在年龄、学历、岗位等方面的差异，结果显示，早、晚期回函者间并无任何显著差异，有效问卷具有适度的代表性。女性样本描述特征见表1。

表1　女性样本的描述性统计特征（N=535）

变量	项目	类别	人数(频数)	人数(百分比)
人口变量	婚姻状况	未婚	178	33.27
		已婚	341	63.74
		离异	16	2.99
	学历	本科	178	33.27
		硕士	326	60.93
		博士	31	5.79
	期望子女数量	0	10	1.87
		1个	175	32.71
		2个	330	61.68
		3个	12	2.24
		≥4个	8	1.50

续表

变量	项目	类别	人数(频数)	人数(百分比)
人口变量	生育情况	未育	236	44.11
		怀孕中	20	3.74
		生育1个孩子	252	47.10
		生育2个及以上孩子	27	5.05
	年龄	20~25岁	82	15.33
		26~30岁	268	50.09
		31~35岁	123	22.99
		36~40岁	54	10.09
		41~45岁	8	1.50
职业变量	父母生育子女数量	1个	247	46.17
		2个	198	37.01
		3个	66	12.34
		4个	12	2.24
		≥5个	12	2.24
	岗位	行政人员	146	27.29
		技术人员	47	8.79
		营销人员	50	9.35
		教育工作者	171	31.96
		医护人员	35	6.54
		管理人员	70	13.08
		家庭主妇	4	0.75
		创业者	8	1.50
		其他	4	0.75
	年收入	≤5万元	136	25.42
		6万~10万元	302	56.45
		11万~15万元	62	11.59
		16万~20万元	23	4.30
		≥21万元	12	2.24

样本中,已婚者居多;期望子女数量主要集中在1个或2个;年龄集中在26~35岁;年收入为6万~10万元者居多;职业集中在教育工作者、行政人员、管理人员等。

四 杭州市知识女性婚恋观、生育观调查结果

（一）婚恋观现状

1. 知识女性恋爱观具有完美主义倾向

知识女性有着较强的完美主义倾向，这不仅体现在职业追求、学术追求上，还影响着她们的恋爱观。她们眼中的美好爱情要有双方志向上的统一、精神上的默契、价值观念的一致，还要有高品位、有内涵、有情调的生活。简言之，在她们看来，情感的交融和心理的相容才是真爱。大部分人对"美好的爱情可以永恒""先有物质后成家""失恋使人成长""不在网络中找恋人"持比较赞同的态度；对"为了爱情可以放弃事业""爱情不一定以结婚为目的""恋人分手后可以做朋友"持比较不赞同的态度。大部分人对爱情抱有美好的信念，比较赞同"美好的爱情可以永恒"。面对失恋，大部分人认为失恋是成长的一部分，但是昔日恋人不适合成为朋友。在恋爱渠道上，大部分人对相亲和网上寻找恋人不是很赞同，更倾向于在工作、学习、社交中认识恋爱对象。相关分析数据见表2。

表2 知识女性恋爱观的描述性统计（N=535）

恋爱观	最大值	平均值	最小值	标准差
美好的爱情可以永恒	5.00	3.58	1.00	1.183
先有物质后成家	5.00	4.01	1.00	1.067
为了爱情可以放弃事业	5.00	2.29	1.00	1.005
爱情不一定以结婚为目的	5.00	2.54	1.00	1.246
失恋使人成长	5.00	3.91	1.00	1.057
恋人分手后可以做朋友	5.00	2.60	1.00	1.249
不在网络中找恋人	5.00	3.08	1.00	1.201
相亲效率高	5.00	2.77	1.00	1.061

2. 知识女性在择偶时比男性更看重经济

在择偶时,男性比女性更看重外貌,且存在均值 t 检验显著差异 ($t = -3.160$, $p = 0.002$)。女性比男性更看重经济,但均值上不存在 t 检验显著差异。人品是男性与女性均关注的择偶条件。分析数据见表3。

表3 分类样本择偶标准的描述性分析(N=828)

性别	项目	最大值	均值	最小值	标准差
女	经济	5.00	3.43	1.00	1.02
	外貌	5.00	2.91	1.00	1.12
	家庭	5.00	3.63	1.00	0.96
	学历	5.00	3.21	1.00	1.08
	人品	5.00	4.74	1.00	0.65
	职业	5.00	3.38	1.00	1.09
男	经济	5.00	3.34	1.00	1.15
	外貌	5.00	3.54	1.00	1.07
	家庭	5.00	3.63	1.00	1.08
	学历	5.00	3.13	1.00	1.19
	人品	5.00	4.64	3.00	0.53
	职业	5.00	3.19	1.00	1.14

3. 知识女性"婚姻满意度"的影响因素分析

影响婚姻满意度的最主要因素是夫妻感情。良好的夫妻关系是婚姻满意度的核心,婚姻是情感的归宿。婚外性行为对婚姻满意度的负面影响显著,这说明知识女性对婚姻忠贞较为重视。对婚姻满意的家庭多讲究男女平等,分工合作,"男主外、女主内"不再是知识女性眼中最理想的家庭模式,她们倾向于与丈夫共同承担家庭内外的事务,"赚钱养家"也不再仅仅是丈夫的责任。她们对孩子的性别没有特别的偏好,可能更喜欢女孩多一些。

由表4可知,婚姻满意度的正向影响因素依次是"与配偶关系亲密"

"婚姻是情感的归宿""美好的爱情可以永恒",负向影响因素依次是"婚外性行为""男主外、女主内""婚内财产分别所有制""更喜欢生育男孩"。

进一步进行数据相关性分析显示,"婚姻满意度"与"情感归属"呈显著正相关关系($r=0.866^{**}$,$p<0.001$)。良好的感情基础是满意婚姻所必需的。在家庭中获得情感慰藉、精神交流者往往对婚姻的满意度较高。"婚姻满意度"与"与配偶关系亲密"呈显著正相关关系($r=0.647^{**}$,$p<0.001$)。与配偶关系亲密者往往对婚姻满意度评价高。可见,婚姻的本质是夫妻关系的缔结。进一步分析发现,"婚姻满意度"与"亲子关系"($r=0.645^{**}$,$p<0.001$)、"夫妻关系"($r=0.647^{**}$,$p<0.001$)、"工作满意度"($r=0282^{*}$,$p=0.011$)均存在正相关关系。"先成家后立业"的古训在现代也得到了诠释:家庭和睦是事业发展的坚实后盾。基于婚姻的情感归属既有夫妻间的爱情、亲情,也有亲子之间的天伦之乐。但是比较分析显示,在婚姻中,女性比男性更看重亲子关系。较之夫妻关系,女性更趋向于将孩子视为家庭婚姻中最重要的组成部分。"婚姻满意度"与"生育情况"呈显著正相关关系($r=0.245^{*}$,$p=0.027$)。已经生育的人婚姻满意度较未生育者高。

表4 知识女性婚姻满意度回归分析系数

模型	非标化系数		标化系数		
	回归系数 B	标准误	β	t	显著性
(常量)	2.825	0.591	—	4.784	0.000
婚外性行为	-0.304	0.068	-0.338	-4.475	0.000
与配偶关系亲密	0.486	0.098	0.353	4.962	0.000
婚姻是情感的归宿	0.186	0.056	0.231	3.285	0.002
美好的爱情可以永恒	0.155	0.044	0.227	3.517	0.001
男主外、女主内	-0.190	0.044	-0.285	-4.336	0.000
更喜欢生育男孩	-0.127	0.041	-0.203	-3.093	0.004
婚内财产分别所有制	-0.155	0.051	-0.200	-3.020	0.004

4. 少数知识女性为了孩子而维系婚姻

调查发现，4.8%的知识女性表示与配偶关系"不亲密"或"比较不亲密"。而这些人的亲子关系多为"亲密"或"比较亲密"。访谈发现存在一小部分知识女性，她们与丈夫的关系较为疏远（存在家庭冷暴力或夫妻感情危机），但是亲子关系比较亲密。进一步进行数据相关性分析显示，"为了孩子维持婚姻"与"亲子关系更重要"存在显著正相关关系（$r = 0.629^{**}$，$p = 0.001$）。"为了孩子维持婚姻"与"遇到家庭纠纷时向配偶求助"呈负相关关系（$r = -0.212^{**}$，$p = 0.001$），这说明为了孩子而维持婚姻者往往对配偶的接纳与开放程度不高，遇到困难时不常向配偶倾诉。她们在家庭中更看重孩子，即使对婚姻不满意甚至存在家庭暴力或冷暴力，但为了孩子她们仍然愿意维持婚姻。

5. 知识女性比男性更抵触婚前性行为和婚外性行为

在婚前性行为的接纳程度上，男女均值分别为3.77、3.48，t检验无显著差异。随着社会的发展，婚前性行为和试婚行为被越来越多的年轻人接受。关于此话题的讨论也很激烈。有的人持赞同态度，认为试婚可以更全面地了解恋人，进一步确定对方是否适合与自己结婚。反方则认为试婚是对两性关系轻率的表现，会带来诸如堕胎等不良后果，反而会对之后的婚姻造成困扰。

女性对婚外性行为、性爱分离的接纳程度很低，均值分别为1.46、2.11。男性对应的均值稍高于女性，分别是2.13、2.72。男女在婚外性行为的接纳程度上，t检验存在显著差异（$t = -4.156$，$p < 0.001$）；男女在性爱分离的接纳程度上，t检验存在显著差异（$t = -2.857$，$p = 0.005$）。在婚外性行为的接纳程度上，男女均值分别为2.13、1.46，t检验存在显著差异（$t = -4.156$，$p < 0.001$）；在性爱分离的接纳程度上，男女均值分别为2.72、2.11，t检验存在显著差异（$t = -4.156$，$p < 0.001$）。对于婚前性行为和婚外性行为，男性比女性更为宽容。相关数据见表5。

表5 分类样本对性观念的描述性分析（N=828）

性别	项目	最大值	均值	最小值	方差
女	接纳婚前性行为	5.00	3.48	1.00	1.12
	接纳婚外性行为	5.00	1.46	1.00	0.80
	接纳性爱分离	5.00	2.11	1.00	1.22
男	接纳婚前性行为	5.00	3.77	1.00	1.05
	接纳婚外性行为	5.00	2.13	1.00	1.07
	接纳性爱分离	5.00	2.72	1.00	1.14

6. 婆媳矛盾较翁婿矛盾更为普遍

调查显示，45.32%的女性赞同或比较赞同"存在婆媳矛盾"，19.01%的女性赞同或比较赞同"存在翁婿矛盾"。进一步分析发现，婆媳关系不好的家庭往往翁婿关系也不佳（$r=0.445^*$，$p=0.021$）。这可能说明家庭成员之间的矛盾具有传递性。婆媳矛盾会在其他家庭成员之间传递扩散，引发其他矛盾。家庭成员的负面情绪具有传染性。女性样本中"存在婆媳矛盾"的均值是3.88，"存在翁婿矛盾"的均值是2.66，即知识女性家庭中婆媳矛盾普遍存在。相较于婆媳矛盾，翁婿矛盾较为缓和。但是"婆媳矛盾"与"婚姻满意度"无显著相关关系（$r=0.110$，$p=0.936$），"翁婿矛盾"与"婚姻满意度"亦无显著相关关系（$r=-0.044$，$p=0.763$）。这说明即使有婆媳矛盾、翁婿矛盾，只要夫妻互相理解包容，并不一定会导致夫妻矛盾。

7. 心理咨询作为婚恋纠纷求助方式尚未被普遍接受

遇到婚恋纠纷时，知识女性寻求帮助的模式——"求助心理咨询机构""求助亲友""求助爱人"的均值分别是2.89、3.37、4.44。这说明在发生家庭纠纷时，女性更倾向于从家庭内部解决问题，而不是向外（亲友、心理咨询机构）寻求力量。向内求助（求助爱人）是被调查组选择最多的方式，男女存在 t 检验差异（$t=2.796$，$p=0.006$）。女性更倾向于向爱人倾诉求助（均值为4.44），而男性向妻子倾诉求助的均值是4.07。在"求助亲友"的选项上男女 t 检验无显著差异；在"求助心理咨询机构"的选项上男性高于女性，但仍然是三种方式中最少被选择的。相关数据见表6。

表6 分类样本婚恋纠纷处理方式的描述性分析（N=828）

性别	项目	最大值	均值	最小值	方差
女	求助心理咨询机构	5.00	2.89	1.00	1.08
	求助亲友	5.00	3.37	1.00	1.20
	求助爱人	5.00	4.44	3.00	0.67
男	求助心理咨询机构	5.00	2.91	1.00	1.02
	求助亲友	5.00	3.17	1.00	1.06
	求助爱人	5.00	4.07	1.00	0.88

8. 知识女性在经济上较为独立自主

在"男方承担恋爱开销"上，男女均值分别为3.19、2.30，t检验存在显著差异（$t=-4.156$，$p<0.001$），即男性比较赞同承担恋爱开销，女性倾向于认为应该共同承担。关于"婚前财产公证"，男女均值分别为3.11、3.22，倾向于赞同；关于"婚内财产分别所有制"，男女均值分别为2.72、2.58，倾向于不赞同。男性和女性均不太赞同"裸婚"，均值分别为2.85、2.66。男性（均值为3.04）较之女性（均值为2.60）更赞同"赚取物质财富是丈夫的责任"。知识女性更认同夫妻双方都肩负赚钱养家的责任。相关数据见表7。

表7 分类样本对婚恋中经济问题观点的描述性分析（N=828）

性别	项目	最大值	均值	最小值	方差
女	男方承担恋爱开销	5.00	2.30	1.00	1.10
	裸婚	5.00	2.66	1.00	1.16
	婚前财产公证	5.00	3.22	1.00	1.16
	婚内财产分别所有制	5.00	2.58	1.00	1.08
	赚取物质财富是丈夫的责任	5.00	2.60	1.00	1.30
男	男方承担恋爱开销	5.00	3.19	1.00	1.12
	裸婚	5.00	2.85	1.00	1.14
	婚前财产公证	5.00	3.11	1.00	1.03
	婚内财产分别所有制	5.00	2.72	1.00	1.10
	赚取物质财富是丈夫的责任	5.00	3.04	1.00	1.32

进一步分析发现，"赚取物质财富是丈夫的责任"与"婆媳矛盾"存在正相关关系（$r=0.213^*$, $p=0.036$）。某些家庭婆媳矛盾的起因之一或许是妻子不积极赚钱，将养家的责任寄希望于丈夫。婆婆则心疼儿子辛苦，嫌弃媳妇不勤快。因此，知识女性在经济上独立、有稳定收入来源、拥有理想的工作，有利于分担丈夫的压力，也有利于减少婆媳矛盾。

（二）生育观现状

1. "理想子女数量"与"父母生育子女数量"有关

"父母生育子女数量"与"理想子女数量"之间呈显著正相关关系（$r=0.176^*$, $p=0.040$），这说明原生家庭兄弟姐妹数量多的人倾向于多生育子女。此外，"父母生育子女数量"与"工作与育儿冲突时选择离职"呈显著正相关关系（$r=0.245^{**}$, $p=0.001$），这说明原生家庭兄弟姐妹数量多的人倾向于在工作与家庭发生冲突时，为了育儿而离职。这可能是原生家庭向子代传递的价值观，如"孩子比工作重要""多子多福""人是最主要的资源""家庭子女是最主要的，个人事业可以暂缓"。

2. 知识女性中高龄产妇比例约为1/3

调查发现，35岁及以上的未育知识女性占总人数的33.11%。也就是说，样本中约1/3的知识女性将成为不育者或高龄产妇。访谈中知识女性回答推迟生育年龄的主要原因是"没有合适的结婚对象"和"刚毕业的前几年应该拼事业"。

3. 知识女性的生育意愿低于男性

按性别分类，对样本的生育情况作t检验。数据显示，男性期望的生育数量比女性多，t检验无显著差异。男性更偏好生育男孩，t检验有显著差异（$t=-3.015$, $p=0.003$）。整体而言，被调查者生育男性的意愿不强烈。关于二胎生育意愿，t检验有显著差异（$t=-2.070$, $p=0.040$），男性更倾向于生育二胎。关于男女在"生育是否会影响事业"上的观点，t检验有显著差异（$t=2.679$, $p=0.008$）。女性比较赞同生育会对事业造成影响，而男性则不太赞同。不论婚姻状况如何，男性的期望生育数量都高于女性。离异者的生育期望数量最大为2，即希望生育两个子女。这说明离异者倾向于再婚，再生育子女以巩固新的婚姻。有的被调查者选择期望生育的子女数量为0，即他们希望成为丁克家庭成员。相关数据见表8。

表8 分类样本生育偏好及相关情况描述性分析（N=828）

性别	项目	未婚				已婚				离异			
		最大值	均值	最小值	方差	最大值	均值	最小值	方差	最大值	均值	最小值	方差
女	期望生育数量	2.00	1.62	1.00	0.50	3.00	1.62	0.00	0.55	2.00	2.00	2.00	0.00
	偏好生育男孩	5.00	2.44	1.00	1.36	5.00	2.02	1.00	1.24	4.00	3.10	2.00	1.41
	生育二胎的意愿	5.00	3.00	1.00	1.36	5.00	2.85	1.00	1.42	4.00	3.50	3.00	0.71
	家庭支持生二胎	5.00	3.38	1.00	1.10	5.00	3.39	1.00	1.39	4.00	3.52	3.00	0.71
	生育会影响事业	5.00	3.32	1.00	0.90	5.00	3.44	1.00	1.28	4.00	2.51	1.00	2.12
男	期望生育数量	4.00	1.70	0.00	0.80	4.00	1.84	1.00	0.75	3.00	2.02	1.00	1.41
	偏好生育男孩	5.00	3.10	1.00	1.29	5.00	2.68	1.00	1.25	4.00	2.53	1.00	2.12
	生育二胎的意愿	5.00	3.35	1.00	1.23	5.00	3.52	2.00	1.12	4.00	2.51	1.00	2.12
	家庭支持生二胎	5.00	3.05	1.00	0.89	5.00	3.96	2.00	0.89	3.00	2.01	1.00	1.41
	生育会影响事业	5.00	2.90	1.00	0.85	5.00	2.75	1.00	1.29	3.00	3.11	3.00	0.07

相比较而言，知识女性生育二胎的意愿低于男性。男性感知到的家庭对其生育二胎的支持力度更大，也更倾向于生育二胎。女性生育二胎的意愿均值是2.91，男性是3.40。假如生育二胎，女性感到的压力依次来自休闲减损、精力透支、经济压力、事业受挫。男性感到的生育二胎的压力则依次来自休闲减损、经济压力、精力透支、事业受挫。

在"假如生育二胎，您的职业发展将受挫吗"这一问题上，男性与女性的均值存在 t 检验显著差异（$t=-2.187$，$p=0.030$）。男性感知到的因生育二胎带来的事业受挫的均值是2.85，即男性不太赞同生育二胎会对其造成很大的事业发展障碍。女性在此题的均值是3.34，就是说女性对生育二胎会造成事业受挫表示较为赞同。在"假如生育二胎，您将减损很多个人休闲吗"这一问题上，男性与女性的均值存在 t 检验显著差异（$t=3.480$，$p=0.001$）。女性因生育二胎而造成的休闲减损均值为4.05，较男性的均值3.35高出很多。在"假如生育二胎，将消耗您很多个人精力吗"

这一问题上,男性(均值为3.07)与女性(均值为3.76)存在 t 检验显著差异($t=3.844$,$p<0.001$)。综上,生育孩子折损的主要是女性的精力、休闲、事业发展,男性则主要在经济上给予支持。相关数据见表9。

表9 分类样本对生育二胎观点的描述性分析(N=828)

性别	项目	最大值	均值	最小值	标准差
女	生育二胎的意愿	5.00	2.91	1.00	1.39
	家庭支持生育二胎	5.00	3.39	1.00	1.29
	事业受挫	5.00	3.34	1.00	1.22
	休闲减损	5.00	4.05	1.00	0.98
	经济压力	5.00	3.59	1.00	1.23
	精力消耗	5.00	3.76	1.00	0.99
男	生育二胎的意愿	5.00	3.40	1.00	1.19
	家庭支持生育二胎	5.00	3.49	1.00	1.04
	事业受挫	5.00	2.85	1.00	1.23
	休闲减损	5.00	3.35	1.00	1.30
	经济压力	5.00	3.24	1.00	1.06
	精力消耗	5.00	3.07	1.00	1.00

4. 约两成的知识女性具有生育二胎的意愿

研究结果显示,知识女性期望子女数量为1.68,与中国的生育期望值没有突破1.5的低生育率临界点的文献数据相吻合。这表示较多的人有生育二胎的意愿。但是调查中发现,有76.12%的已婚女性符合生育二胎的条件(夫妻"单独"或"双独"),但只有21.01%的人愿意生育二胎。符合二胎生育条件的知识女性"生育二胎的意愿"的均值是1.69(5表示赞同生育二胎,4表示比较赞同生育二胎,3表示不确定是否会生育二胎,2表示比较不赞同生育二胎,1表示不赞同生育二胎),即大部分人不打算生育二胎,这可能是因为生育二胎对自身会造成影响以及缺少育儿的支持。缺少育儿的支持一般包括两方面:一方面来自职业与生育的冲突;另一方面来自缺乏家庭育儿支持。约四成的人比较赞同或赞同"觉得二胎好,但选择只生育一胎",38.41%的人仍在犹豫是否生育二胎;只有两成的被调查者"觉得二胎好",并且赞同或比较赞同生育二胎。相关数据见表10。

表10 知识女性生育偏好的描述性统计（N=535）

项目	期望子女数量	生育男孩的偏好	生育二胎的意愿	觉得二胎好,但选择只生育一胎
平均值	1.68	2.39	1.69	3.32
最小值	0.00	1.00	1.00	1.00
最大值	4.00	5.00	5.00	5.00
标准差	0.68	1.32	0.63	1.23

注：①"期望子女数量"选项为0~4，分别代表希望生育0个子女、1个子女、2个子女、3个子女、4个及以上子女。②"生育男孩的偏好"选项为5~1，分别代表对"我希望生育男孩"赞同、比较赞同、不确定、不太赞同、不赞同。③"生育二胎的意愿"选项为5~1，分别代表对"我打算生育二胎"赞同、比较赞同、不确定、不太赞同、不赞同。④"觉得二胎好，但选择只生育一胎"选项为5~1，分别代表对"觉得二胎好，但选择只生育一胎"赞同、比较赞同、不确定、不太赞同、不赞同。

34.58%的人认为"假如生育二胎，事业将受挫"，42.06%的人表示对此不确定。"生育会影响职业发展"的均值是3.20，说明大部分知识女性的确存在忧虑，认为生育在一定程度上会影响事业。"工作、育儿冲突，选择离职"的选项中有42.80%的女性表示不确定，选择离职和选择不离职的各占近三成。赞同离职的近三成被调查者也许是因为更重视家庭而愿意牺牲事业，也许是缺少家庭的支持而不得不暂时中断工作，因为生育孩子的前三年的确是母子依恋程度相当高的时期。相关数据见表11。

表11 知识女性生育意愿及相关信息统计（N=535）

内容	选项	人数(频数)	人数(百分比)
觉得二胎好，但选择只生育一胎	1=不赞同	54	10.09
	2=比较不赞同	55	10.28
	3=不确定	205	38.32
	4=比较赞同	93	17.38
	5=赞同	128	23.93
父母生育子女数量	1=1个	260	48.60
	2=2个	198	37.01
	3=3个	66	12.34
	4=4个	10	1.87
	5=5个及以上	1	0.19

续表

内容	选项	人数(频数)	人数(百分比)
假如生育二胎，事业将受挫	1 = 不赞同	62	11.59
	2 = 比较不赞同	63	11.78
	3 = 不确定	225	42.06
	4 = 比较赞同	54	10.09
	5 = 赞同	131	24.49
生育会影响职业发展	1 = 不赞同	63	11.78
	2 = 比较不赞同	66	12.34
	3 = 不确定	178	33.27
	4 = 比较赞同	147	27.48
	5 = 赞同	81	15.14
工作、育儿冲突，选择离职	1 = 不赞同	54	10.09
	2 = 比较不赞同	93	17.38
	3 = 不确定	229	42.80
	4 = 比较赞同	97	18.13
	5 = 赞同	62	11.59
父母愿意帮助带孩子	1 = 不赞同	4	0.75
	2 = 比较不赞同	12	2.24
	3 = 不确定	50	9.35
	4 = 比较赞同	229	42.80
	5 = 赞同	240	44.86

5. 知识女性生育二胎的目的主要是"增加手足情""降低失独风险"

大部分人赞同生育二胎可以"降低失独风险"（赞同和比较赞同的人占55.3%）、生育二胎可以"增加手足情"（赞同和比较赞同的人占77.5%），但是只有少部分人赞同生育二胎可以"增进夫妻感情"（赞同和比较赞同的人占27.6%）。不论是否打算生育二胎，大家都比较认同生育二胎可以"降低失独风险"和"增加手足情"的观点。

男女都较为认同生育二胎可以"降低失独风险"和"增加手足情"。但是在生育二胎能否增进夫妻感情的问题上，已婚男性倾向于认为可以增进感情（均值为3.16），但是已婚女性并不这样认为（均值为2.67）。相关数据见表12。

表12 分类样本生育二胎目的描述性分析（N=828）

性别	项目	未婚				已婚				离异			
		最大值	均值	最小值	方差	最大值	均值	最小值	方差	最大值	均值	最小值	方差
女	增进夫妻感情	5.00	2.96	1.00	1.25	5.00	2.67	1.00	1.08	3.00	3.00	3.00	0.00
	降低失独风险	5.00	3.36	1.00	1.11	5.00	3.74	1.00	1.21	5.00	3.00	1.00	2.83
	增加手足情	5.00	3.84	1.00	1.03	5.00	4.26	1.00	1.03	2.00	2.00	2.00	0.00
男	增进夫妻感情	5.00	2.90	1.00	1.25	5.00	3.16	1.00	1.31	4.00	2.50	1.00	2.12
	降低失独风险	5.00	3.20	1.00	1.28	5.00	3.71	1.00	1.16	4.00	2.50	1.00	2.12
	增加手足情	5.00	3.65	1.00	1.09	5.00	4.25	1.00	0.99	4.00	2.50	1.00	2.12

6. 知识女性"二胎生育意愿"影响因素分析

数据分析显示，"二胎生育意愿"的影响因素分别是"家人支持生育二胎"（$r=0.558^{**}$，$p=0.001$）、"理想子女生育数量"（$r=0.555^{*}$，$p=0.055$）、"生育男孩的偏好"（$r=0.276^{*}$，$p=0.040$）、"需要父母帮助育儿"（$r=0.219^{*}$，$p=0.011$）。也就是说，家人是否支持生育二胎是影响知识女性"二胎生育意愿"最大的因素。此外，认为多子多福者、偏好生育男孩者倾向于生育二胎。

7. 约一成知识女性认为缺乏家庭育儿支持

大部分人对父母愿意帮助带孩子表示赞同，但是也有10.32%的女性表示不能从父母处获得育儿支持或者不能明确感受到父母愿意照顾孩子。若得不到家人的支持，夫妻生育二胎的意愿会显著降低。相关数据见表13。研究结果显示，很多知识女性不想生育二胎，或者犹豫是否生育二胎，主要是因为她们不确定家人是否支持生育二胎，这个家人可能是配偶，也可能是父母。调查结果显示，"家人支持生育二胎"与"希望父母帮助带孩子"呈显著正相关系（$r=0.244^{**}$，$p=0.005$）。这里的"家人支持生育二胎"很重要的一层意思是祖父母或外祖父母愿意分担照顾孩子的重任。反之，"家人不支持生育二胎"，也表明家人不倾向于给予较多的育儿支持。甚至可能家人根本就不觉得有生育二胎的必要。因为生育不是一个人的行为，是夫妻共同的意愿，也离不开父母的支持。假如夫妻双方愿意生育二胎，但是父母不予以支持,则意味着育儿责任主要由夫妻承担,将无法更好地从长辈处得到经济或人力的支持。

表13 知识女性生育意愿及相关信息的描述性统计(N=535)

项目	觉得二胎好,但选择只生育一胎	假如生育二胎,事业将受挫	生育会影响职业发展	工作、育儿冲突,选择离职	父母愿意帮助带孩子
平均值	3.32	3.32	3.20	3.04	4.28
最小值	1.00	1.00	1.00	1.00	1.00
最大值	5.00	5.00	5.00	5.00	5.00
标准差	1.23	2.27	1.19	1.22	0.75

8. 知识女性对丈夫承担育儿责任和社会化育儿有要求

"子女关系亲密"与"育儿是妻子的责任"呈显著负相关关系($r = -0.378^{**}$, $p < 0.001$)。与子女关系亲密者的女性并不认为育儿是妻子的责任,说明她们呼唤丈夫对家庭、孩子予以更多的照顾。由前文可知,生育孩子影响的主要是女性的精力、休闲、事业发展,男性则主要在经济上给予支持。在某种程度上,这可以看成母亲在育儿中对父亲角色缺位的不满。

问卷对社会育儿机构的服务质量与价格进行了调查。29.60%的被调查者曾雇用月嫂或育儿嫂照顾子女。39.19%的被调查者表示社会育儿服务的价格很高;56.85%的被调查者表示价格较高。40.00%的被调查者觉得服务质量一般;29.11%的被调查者觉得服务质量较差或差;10.89%的被调查者觉得服务质量好或较好。月嫂公司(34.21%)和网络(26.3%)是被调查者寻找社会育儿支持的主要途径。

五 杭州市知识女性婚恋、生育中存在的问题与分析

(一)部分知识女性对爱情、婚姻抱有完美主义倾向,存在认知偏差

调查显示,部分知识女性的婚恋观具有完美主义倾向。由于工作、学习

等原因,部分知识女性可能错过了最佳婚恋时机,按照社会的一般看法,她们已经或正在成为大龄女性。中国传统婚恋观念中的"男强女弱""男大女小"等观念仍根深蒂固。中国社会的人口性别比问题及现存的择偶模式也使知识女性在婚恋中处于不利的地位。男性在择偶时大都希望选择那些在学历、政治地位、经济地位上比自己低的女性。知识女性自身在婚恋问题上存在三方面的认知偏差[1]。

1. 知识女性对爱情的认知偏差

知识女性往往对爱情持理想主义态度。她们眼中的美好爱情是男女双方精神上的默契、价值观念上的一致。对爱情的过高期望演化为在实际恋爱中持久的宁缺毋滥,不易向世俗的婚姻让步。这种对爱情的认知会导致知识女性在择偶时过分挑剔,对精神生活的过分追求使其游离于世俗婚姻大潮之外,被婚姻家庭隔离。

2. 知识女性对自我的认知偏差

知识女性的教育经历使她们更强调自我的发展,更看重与男性同等的地位。对上一辈来说,个人成长的中心问题是婚恋关系、亲情和教育。但对那些成长在女权主义影响时代的女性来说,个人的价值、体面的工作、社会的肯定更为重要。知识女性较高的成就动机必然使其在学习、工作中有较多的付出,投入婚恋中的时间不得不被再三挤压。但是在中国社会里,男性在择偶时更偏爱容貌姣好、温柔贤惠的异性,更看重女性自身的某些先天条件,如年龄、身高、相貌等;而女性较看重男性后天努力获得的成就,如职业、教育程度等。对知识女性来说,在"知识"与"女性"之间存在着一个矛盾:知识意味着较高的成就动机和较多的时间付出,而社会又对女性提出照顾家庭的要求。如果知识女性不能很好地协调这个矛盾,那么她们做出的任何一种选择都会是有代价的。

3. 知识女性对其婚恋对象的认知偏差

尽管女权主义的影响日益扩大,女性在越来越多的社会领域获得了与男

---

[1] 李艳红:《高知女性婚恋中的认知偏差》,《南京人口管理干部学院学报》2007年第1期。

性平起平坐的权利,我们不得不承认,无论是东方社会还是西方社会,都是男性主导的社会。男性最看重的是女性持家与生育的条件,比如勤俭、孝敬老人、美貌、健康。反之,后天努力获得的高学历与出色工作能力并不是婚姻的必需,有时反而是打击男性自尊或是减少照顾家庭时间的"不利条件"。认识到这一点是非常重要的,不要在婚恋中过分强调自身的成就与学识因素,因为在很多男性眼中,事业有成、学识渊博并不是好妻子的必要条件。而"男高女低"的择偶模式往往使优秀男性供不应求。相较于知识女性,德才兼备的优秀男士在婚恋市场上更为稀缺。

(二)传统贞操观念受到挑战,特别是男性对于婚前性行为和婚外性行为过于宽容

《婚姻法》(修正案)明确规定的"一夫一妻""男女平等""禁止重婚""禁止有配偶者与他人同居""禁止家庭暴力"等内容,都是对爱情的忠实性、专一性、排他性以及婚姻家庭关系的平等性等伦理道德原则在法律上的体现。调查显示,54.11%的知识女性可以接受或比较可以接受"婚前性行为",3.41%的知识女性可以接受或比较可以接受"婚外性行为",而男性对应的比例高达75.21%和18.01%。男女对婚前、婚外性行为的态度差别较大,值得引起关注。不少男性既赞同婚前性行为,又有处女情结,希望自己的妻子未发生过婚前性行为;他们既希望妻子忠贞于自己,又对婚外性行为如此宽容。曾有调查显示,处于社会上层的男性发生婚外性行为的概率大于社会底层男性。知识女性的配偶一般都处于社会中高层,他们性态度的暧昧与过度宽容是否隐藏着对其妻子——知识女性的潜在伤害?随之而来的社会问题,诸如家庭解体、家庭教育职能丧失、单亲母亲增多、青少年和成年人犯罪率上升等,不能不引起我们的注意。目前,杭州市婚前性行为、婚外性行为有逐渐增多的趋势。这与西方性自由观念、学校性教育缺失、社会的宽容程度、传媒的负面影响有密切的关系。

1. 西方性自由观念的影响

改革开放后,西方性自由观念通过电影、电视和文学作品等渠道进入中

国，使中国人原有的性观念逐渐发生变化。有些人认为性与爱情、婚姻可以有关系，也可以没有关系。这些变化首先表现为对性欲望禁锢的一种反叛，具有一定的合理性，但在很大程度上是对传统道德规范的挑战。不少人错误地认为性自由是社会的进步，是潮流，他们通常忘却了道德的规范。婚前有性行为者在婚后易发生外遇，生理易出现创伤，心理易出现伤痛。非法同居、婚外情、包二奶等现象更是为社会道德所不齿。因此，需要在道德建设、性健康教育、社会风气治理、传媒社会责任等方面多管齐下，积极控制婚前性行为的发生概率。

2. 基础教育中婚恋教育、性别教育、性教育的缺失

受传统"谈性色变"思想的影响，我国基础教育中的婚恋教育、性别教育以及性教育严重缺失，使处于青春期的少年对"性"充满好奇。部分错误的信息会导致其产生错误的性别观念和性观念，甚至导致"失范"的婚姻行为。我国基础教育中应加大对学生的婚恋教育、性别教育和性教育，使他们能够通过正确的途径了解性知识，树立健康的婚恋观念、性别观念和性观念。

3. 大众传媒的负面影响

有些媒体为了吸引受众，传播一些粗俗、低劣的思想，对大众产生了错误的导向。尤其是互联网对人们的影响日益增大，有些年轻人受此影响产生了一些错误的婚恋观念。网恋、换妻、租女友、一夜情等错误行为致使性心理的扭曲和性犯罪的发生，使得人们的价值评判标准变得模棱两可，价值判断无所适从，道德对人们行为的内在约束力降低。

据相关调查，在我国沿海发达地区，因第三者而离婚的比率占到所有离婚案件的70%左右[①]。不少女性都不同程度地忍受着丈夫的婚外恋，生活在痛苦之中。与此同时，婚外性行为带来的消极影响亦不可忽视。第一，破坏幸福、和谐的婚姻生活。与一般的朋友关系不同，婚姻关系是神圣的，它的缔结需要男女坚实的感情积淀和法律的有效认可。婚外情以及婚外性行为作

---

① 张敏、熊循庆：《当代婚外恋现象伦理透视》，《中华女子学院学报》2005年第2期。

为家庭和谐的头号杀手，对维护良好的婚姻道德与和谐的社会秩序极为不利。第二，侵害夫妻的贞操请求权益。我国《婚姻法》明确规定夫妻之间应当相互忠实。尽管如此，婚外性行为依然存在，男性婚外性行为远多于女性婚外性行为。这不仅弱化了有关法律与伦理道德的约束效力，而且将导致法律尊严和良好风尚的下滑。第三，易引发情感纠葛和犯罪案件。学者杨遂全指出，配偶不忠，对婚姻的打击堪比配偶的死亡。

（三）知识女性的生育与职业发展存在冲突

知识女性作为受过高等教育的职业女性，她们对自身的职业具有较高的追求。调查中约两成的知识女性有"生育二胎的意愿"。约四成的人比较赞同或赞同"觉得二胎好，但现在只生育一胎"；38.41%的人仍在犹豫。大部分知识女性的确存在忧虑：生育在一定程度上会影响事业。34.66%的人认为"假如生育二胎，事业将受挫"。在"工作、育儿冲突，选择离职"选项中，42.75%的女性表示不确定，选择离职和选择不离职的各占三成左右。知识女性虽然通常是职场精英、业务骨干，但是她们中大部分人仍然认为照顾家庭和子女是她们的天职。当家庭与工作发生冲突时，她们面临双重压力。

然而，有偿劳动的世界是按照全日制工作的男性的标准来预设的。现行的很多政策保护妇女的生育期权益，如带薪休假、哺乳假等。这表面上是维护女性权益、倡导男女平等的，但同时也强化了妇女作为另类工作者的身份，因为经常性地因育儿等家庭事务而请假是难以被雇主接受的。职业女性的职业发展常常因请假带孩子而被终止或隐性终止（失去晋升、被重用的机会），因为微观组织（雇主）是优先考虑经济利益的，宏观组织（地区或国家）保护妇女就业权益的政策在雇主眼中往往就是雇用成本的增加。女性因此更缺乏与男性平等竞争的可能。妇女作为家庭生活主要组织者的身份限制了她们的经济独立，束缚了她们的职业发展。社会为帮助妇女就业、支持家庭生活而出台的法律条文加强了对妇女的保护，强化了妇女的独立，但是恰恰是那些保障妇女经济独立、参与就业、增加性别平等的措施，把妇女锁进了经济结构中性别隔离、较低层次、较少发展前途的工作中，因为现行社会的经济结构本来就是以没有家庭负担的男性为中心而设置的。改革中呼声最高的是男性，他们主导着社会经济的发展，却忽略了改革中的性别结构。所以，支持妇女高就业率、支持妇女就业的强大社会体系与男性统治、男性主导并存。

1. 职场发展机会的性别不平等

调查显示，91.22%的人认为男性比女性更有职场竞争优势。不少在职场中有发展潜力的女性原本可以得到培养，担任重要领导职务或获得出国深造的机会，却因为生育短暂退出工作而错过了职业发展的黄金时段。她们可能会得到"事业家庭兼顾"的安慰奖，但是这仍然不能抵消生育给她们带来的职场损失。甚至有的单位招聘专挑已婚已育的女研究生，避免大龄女研究生一入职就带薪休假生儿育女的现象。有的单位为了避免生育对工作的影响，晋升时优先选择受家庭事务影响较小的男性。这在很大程度上是对女性的就业歧视，阻断了知识女性在社会分工中承担重要责任、做出重大贡献的道路。男性通过将妇女排除在某些公共领域之外、控制在家庭领域之中进一步加强了社会与家庭中的性别隔离。周颜玲等（2004）的研究显示，中国的独生子女政策强化了家庭以孩子为中心的观念，从而增加了妇女在喂养、照料孩子上的责任，减少了妇女对社会活动的充分参与，由此在某种程度上加大了而不是削减了社会性别的不平等。

2. 因为事业而错过黄金生育年龄

调查显示，35岁及以上的未育知识女性占总人数的33.11%，也就是说，样本中约1/3的知识女性将成为不育者或高龄产妇。随着城市化进程的深入，以及社会变革和社会发展节奏的加快，出现了女性生育期普遍延后的现象，尤其是都市知识女性，育龄年龄常常推迟到35岁以后，错过了黄金孕育时机。在日益激烈的社会竞争下，女性面临的就业风险远远高于男性，女性可能因为怀孕而错过职业发展机会，甚至会面临失业的风险。高素质的知识女性人群推迟或放弃孕育下一代，无疑会影响未来的人口质量、社会福利、民族发展等，将产生一系列严重的后续问题。

（四）部分知识女性缺乏育儿支持

家庭支持力度是知识女性二胎生育意愿的重要影响因素。大部分人表示赞同亲戚、父母帮助其带孩子，但是也有一成左右的人表示不能从亲戚、父母处获得育儿支持或者不能明确感受到亲戚、父母愿意照顾孩子。也许这些不能得到充足家庭育儿支持的女性正身心疲惫，处在生育、家庭、事业的痛苦纠缠期，产后忧郁、育儿的辛劳、家庭矛盾、事业瓶颈期正围攻着她，需要给予特别的关注与帮助。

1. 缺乏来自父母的育儿支持

作为职业女性的知识女性，生育后若不能得到来自父母的育儿支持，则意味着孩子出生之后的育儿责任主要由夫妻承担。这可能是客观原因造成的，比如祖辈与父母居住地相距较远或者家中有事走不开，也可能是观念上的变迁。以往的祖辈认为"养儿防老""多子多福""养育孙辈是天伦之乐"，因而乐于承担抚育孙辈的任务。但是随着社会养老制度的完善，不少有退休工资的老人自主养老，对儿孙的依赖程度降低，更多地追求晚年生活的休闲愉悦。持这种观点的祖父母往往认为自己已经完成了抚育子女的责任，对于孙辈则不再具有抚育的义务，因为这种育儿照顾意味着他们需要牺牲轻松休闲的晚年生活，取而代之的是养育孙辈过程中与尿布、奶瓶、闹夜、吐奶打交道的枯燥和劳累。而且随着孙辈的出生，夫妻、婆媳、翁婿之间因为各种生活琐事容易引发矛盾，所以不少祖辈为了不陷入育儿矛盾，选择有保留地付出：愿意偶尔与孙辈逗玩，但是不给予长期、近距离的陪伴与照料。这种祖辈与孙辈的关系有合理的一面，但是也存在很多隐患。首先是夫妻双方将直接面临工作与家庭的冲突，特别是知识女性一般都是职业女性，产假结束后将不能在家照顾孩子。此时若不能"向内"从家庭内部（祖辈处）获得育儿支持，则意味着只能"向外"（社会育儿机构）获取支持，但是社会育儿人员总不及亲戚照顾孩子让人放心。除此之外，亲家之间的矛盾也是一个方面。祖父母认为外祖父母照顾孙辈更合适，可以减少婆媳矛盾；外祖父母则认为祖父母带孙子是中国的传统风俗，天经地义，责任不可推卸。尤其是其中一方已经照顾了第一个孩子，往往不愿意再照顾二胎。这给知识女性生育二胎带来了巨大的现实难题，也在很大程度上减弱了女性生育二胎的意愿。

2. 呼唤丈夫给予更多的育儿支持

调查显示，假如生育二胎，女性感到的压力依次来自休闲减损、精力透支、经济压力、事业受挫；男性的二胎生育压力则依次来自休闲减损、经济压力、精力透支、事业受挫。男性不太赞同生育二胎对其会造成很大的事业发展障碍，女性对生育二胎会造成事业受挫表示较为赞同。这说明生育孩子折损的主要是女性的精力、休闲、事业发展，男性则主要在经济上给予支持。对于"假如生育二胎，您将减损很多个人休闲吗"这一问题，女性因生育二胎而造成的休闲减损均值为4.05，较男性的均值3.35高出很多。调查中夫妻都认为他们平等地分摊了家务劳动与育儿责任，而事实上家务与育儿的主要劳动者是女性。调查中部分知识女性表示，当育儿与职业发生冲突时，会考虑离职。尤其是二胎生育政策出台后，某些缺乏家庭育儿支持的女性有再次退回家庭的新趋势，这种新趋势将强加于传统的家庭性别分工模式，强化父权制家庭。知识女性虽然乐于承担育儿责任，但是她们并不认为育儿是妻子的责任，她们呼唤丈夫对家庭、孩子予以更多照顾。在某种程度上，这可以看成母亲在育儿中对父亲角色缺位的谴责与抗议。

3. 社会育儿机构参差不齐，收费较高，服务较差

近1/3的被调查者曾雇用月嫂或育儿嫂照顾子女。大部分调查者表示价格较高，服务质量一般。目前国内较为缺乏0～3岁婴幼儿的社会化抚育机构，一般的幼儿园只招收3周岁以上的幼儿。0～3岁婴幼儿的抚育工作主要通过三种途径：一是全职妈妈育儿；二是家中亲戚或老人育儿；三是雇用保姆照顾孩子。但是保姆素质参差不齐而且收费高。曾有新闻报道保姆给孩子服安眠药、体罚婴幼儿。月嫂公司和网络是被调查者寻找社会育儿支持的主要途径。目前的育儿市场参差不齐，主要存在以下几个问题。一是对保姆的身份信息审核不严格。求职者只要出示身份证，简单登记一下就可以成为中介所的阿姨。中介机构对身份证的真伪、健康证的有无把关不严。二是对保姆的培训流于形式。几百人集中上课两小时就算完成了理论的授课,抱着洋娃娃摸几下就算学会了婴儿洗澡抚触的技能。三是根据顾客的服装打扮看人报价,没有明码标价,存在价格歧视。四是以次充好。有些中介推荐的所谓金牌阿姨、资深月嫂纯属捏造,不少宣称有十多年育儿经验的金牌阿姨其实刚刚完成理论培训,缺乏实践经验;有的育儿嫂只是农闲时间出来赚钱的普通农妇;有的是普通家政阿姨为了获得高薪而冒充育儿嫂。

(五)部分知识女性配偶权益弱化

访谈中有类似这样的言语,"婚姻就这样,两夫妻没什么话说,即使说了也都是关于孩子的。我主要想的是把孩子带好。下班时间大都在陪孩子","现代社会太开放了。优秀的已婚男性和女性都会有潜在的爱慕者,长长的婚姻里发生婚外情的概率还是不小的"。这反映了部分知识女性正身处婚姻困境,其配偶权益正在弱化:或深陷家庭"冷暴力",或夫妻关系紧张,或默许了夫妻间的不忠等。女性配偶权益是指女性在婚姻中所享有的、规定和隐含在法律规范中的基本的身份权利,以及尚未被法律所承认和保障的、合乎规范和法律的基本的身份利益。女性配偶权益应由女性专属支配,其他人员有不得侵犯的义务。女性配偶权益应包括住所决定权益、同居权益、贞操权益、日常家事代理权益、协助权益和生育权益等内容。很多家庭教育存在性别偏见,针对男孩和女孩有着两套不同的教育方式:儿子变得独立和富有挑战性;女儿变得有依赖性并且不能自立。经过这样的早期教育,女孩子则被教会如何温柔、隐忍、善解人意地操持家务、支持未来的丈夫和哺育下一代。存在性别偏见的家庭教育使得女性在就业市场的占有方面不能与男性相抗衡。经济地位的不平衡往往是婚姻中权益失衡的重要根源。由于在就业和经济收入上处于劣势,女性在家庭生活中往往处于被支配地位,婚后不久便面临生育。当婚姻的甜蜜褪去之后,一些有了经济实力的丈夫便会挑剔、冷落妻子,使其处于多种家庭困境。

1. 遭受家庭"冷暴力"

发生在夫妻之间的冷淡、轻视与疏远,被学界定义为家庭"冷暴力",

也有学者将其喻为"家庭和谐的隐形杀手"。夫妻间"冷暴力"的表现形式主要包括漠不关心对方、停止性生活、减少语言交流等。夫妻间的"冷暴力"在我国婚姻家庭中并不少见,且多为丈夫向妻子实施"冷暴力"。中国法学会对家庭"冷暴力"的调查表明,当夫妻发生分歧时,有88.77%的家庭会出现相互不理睬的现象。其中以丈夫不理睬妻子居多,这一比例高达60.90%。随着人们知识水平的普遍提高,相当一部分知识分子家庭正上演着丈夫对妻子的"冷暴力"。这种精神层面的暴力严重摧残了女性的身心健康,甚至危害了女性的同居权益。若长期遭受家庭"冷暴力"的侵害,女性的自信心会因此受到打击,常常伴随自卑、孤独、心理扭曲、精神障碍等问题。面对丈夫对同居义务的违背,个别女性不能及时地缓解精神压力,消极、不满的情绪日积月累,积怨成疾,甚至因此产生报复心理。家庭"冷暴力"的普遍存在,严重威胁着女性同居权益,制约婚姻秩序的良性运行,给社会和谐与下一代的健康成长带来消极影响。

2. 婚姻不忠损害女性贞操权益

受西方性自由思潮的影响,我国的性观念达到了前所未有的开放程度。与此同时,人们的婚恋观也经历着深刻的变革。在婚姻家庭领域,这些变革一方面带来平等、和谐的家庭理念;另一方面也为一些腐朽、消极的现象提供了藏身之所。近年来,随着男性婚外恋、包二奶等不良现象的增多,女性贞操权益也面临越来越多的挑战。

3. 夫妻关系淡漠,把亲子关系当成家庭的核心

本研究表明,婚姻的本质是夫妻关系的缔结。基于婚姻的情感归属既有夫妻间的爱情、亲情,也有亲子之间的天伦之乐。访谈中有人说,"我丈夫上班很忙,下班就在沙发上目不转睛地看手机,我一个人忙得像陀螺一样。有时候孩子不听话,我忍不住大吼大叫,情绪失控。缺位的父亲、焦虑的母亲、失控的孩子就是我们家的写照"。在婚姻中,女性比男性更看重亲子关系。较之夫妻关系,女性更趋向于将孩子视为家庭婚姻中最重要的组成部分。为了孩子维持婚姻者对配偶的感情一般,对配偶的接纳与开放程度不佳,遇到困难时不常向配偶倾诉;在家庭中更看重孩子,即使婚姻不满意,

但为了孩子她们也仍然愿意维持婚姻。这些处于婚姻困境中的女性为了孩子维持婚姻，把育儿当成精神支柱，与配偶关系不佳，把对配偶的期望与关注转移到孩子的身上。独生子女家庭中这种现象尤其明显，孩子的成败关系到家庭的幸福与否。所以，父母尤其是母亲常常把培养孩子当成实现家庭理想的手段，殚精竭虑，从而忽视了夫妻关系。夫妻关系的淡化更加剧了母亲与孩子的紧密连接。

4. 抱"家丑不可外扬"心理，不愿求助心理咨询与法律援助机构

遇到家庭纠纷时，知识女性更倾向于从家庭内部解决问题，而不是向外（亲友、心理咨询机构）寻求力量。剩女愁嫁、婆媳矛盾、家庭暴力、婚外情、离异女性等，其实很多知识女性都在婚恋中遇到过或正在经历各种各样的困难，她们无处倾诉，也得不到有效的救助。知识女性在职场上也许独当一面，精通业务，但是在经营恋爱婚姻中她们未必是高手。心理咨询和婚姻咨询可以帮助她们从更多的角度解读面临的难题，帮助她们提升经营幸福的能力。遗憾的是心理咨询、婚姻家庭咨询还未被广大市民所接受，即使是受教育程度较高、较为开明的知识女性，遇到婚恋纠纷仍然不倾向于求助咨询师。我国"男尊女卑"的封建思想根深蒂固。在传统思想的束缚下，女性本着"家丑不可外扬"的想法，对男性的婚内强迫性行为、婚外情、"冷暴力"等现象加以掩饰，听之任之，不运用法律武器保护自己，女性配偶权益弱化的现状进一步加剧。因此，消除经济与文化等领域对女性的社会排挤、完善女性配偶权益势在必行。

六 意见和建议

（一）纠正对知识女性婚恋认知的偏差

虽然部分知识女性的婚恋观具有完美主义倾向，但是并非所有知识女性都是剩女。知识女性中不乏兼顾事业和家庭的成功者、温柔美丽的贤妻良母。因此，对知识女性婚恋认知的偏差纠正基于两方面：一是纠正知识女性不正确的婚恋观;二是纠正社会对知识女性婚恋的晕轮效应。

首先是纠正知识女性对婚恋的认知偏差。知识女性对婚姻和爱情抱有美好的理想信念是值得肯定的,但应该建立在了解婚恋市场对女性衡量标准的常识之上,客观地评价自身的优缺点,理性地选择可以与自身匹配的异性人选。此外,适当在"知识"与"女性"之间寻找平衡点,兼顾家庭与事业。知识女性作为女性中的一个特殊群体,在面对婚恋问题时遇到了一些不利因素。但知识本身并不是过错,而恰恰是人类的一种进步,关键在于知识女性对于自身观念与社会期望的不一致能否在一定程度上做出调适。因此,纠正婚恋中的认知偏差、克服认知过程中的刻板印象、适当降低对爱情的期望、理性认识自我和他人,是知识女性获得认知平衡、成功把握自己婚姻的必要条件。

与此同时,外界也要客观地评价知识女性中存在剩女的社会现象。剩女一般被认为是被婚恋市场淘汰的、错过最佳婚嫁年纪的女性。这种固定思维的前提假设是女性应该在年轻貌美的某段黄金时间婚嫁。假如社会大众可以首先修正自身对爱情的看法,认识到真正的爱情可以不受年龄的限制,不以婚姻为检验爱情是否完满的标志,那么他们对知识女性晚婚或不婚便可以产生深刻的同情心。而且,知识女性是有更高追求的职业女性,她们曾经刻苦学习,如今努力工作、积极进取的姿态应该得到社会的肯定而非歧视或被贴上"高傲孤僻""强势霸道"的标签,否则婚恋市场就会存在另一种价值观,一味崇尚年轻貌美的女性,歧视努力上进的知识女性。外在的美会随时光的流逝而贬值,内在的知识与智慧随着岁月的沉淀越发会在处理家务、教育子女、经营婚姻中体现出不可估量的价值。

(二)改进客观工作条件,协助女性兼顾工作与育儿

尽管人们一般认为主观态度决定职业女性照顾孩子的时间安排,但研究显示,客观的工作条件而不是主观工作取向影响照顾孩子的时间安排。随着双职工家庭的增多,未来的政策制定必须全面改善工作途径,以下有关改进工作条件的三个措施应该被重视。

1. 如果有了第二个孩子，允许夫妻中的任何一方休长假

增加生育休假，包括母育假（产假）、父育假（母亲产假期间的父亲育儿假）和育儿假（母亲产假后父母双亲任何一方的育儿休假）。这样，抚育子女的责任就由以"母亲为主"到"父母分担"的理想状态。有关生产、育儿的假期不仅针对女性，而且可以针对男性。针对母亲而言，可以将三个月的哺乳假与三个月（或三个半月）的产假捆绑，一共给予六个月（或六个半月）的生产哺乳假。现行每天合计一小时的哺乳假并不能很好地解决实际需要。杭州市地域较大，许多女性的住所与单位相隔较远，花费在单程路上的时间就不止一小时，更不要说往返，所以很多女性成为"背奶妈妈"。职业女性的喂奶时间大大短于非职业女性。在家庭发展这一关键时刻将假期时间延长（最好是夫妻双方都有），能使父母有更多时间照顾孩子，弱化"男主外、女主内"的传统性别隔离。激发父亲的育儿责任意识，培养亲子关系，特别是父亲与孩子的感情，从而改变"母亲－孩子"这一具有中国传统理念的家庭关系为和谐的"夫妻－亲子"关系。不论在育儿还是其他家庭事务的处理过程中，夫妻共同做出贡献，促进家庭关系从重视亲子关系转向重视夫妻关系。实行较长时间的不分性别的生育假是走向更大范围的婚姻平等的关键性一步。

2. 在工作场所附近建立日托中心

有年龄很小的孩子的母亲需要很多支持才能兼顾育儿与工作。发达国家的经验证明，育儿场所邻近父母工作地点是实施高质量育儿的重要条件。如果在家长工作场所附近建立质量可信、保育员进行过专门培训的育儿中心，不仅对父母的育儿安排产生影响，而且会对父母的职业选择产生影响。这种不针对女性而是针对全社会的育儿支持不会显性地增加女性员工的雇用成本，因而促进了男女在求职时的竞争公平性。随着以三口之家为主的核心家庭越来越多，大家庭的资源会相应减少（知识女性缺乏帮其带孩子的亲戚人选），导致对非亲属照顾孩子方式需求的增加。有条件的单位应该成立照顾3周岁以下婴幼儿的托儿所，便于女职工兼顾工作与婴幼儿的保育。政府积极给予育儿项目建设经济与人员上的支持，有利于哺乳期妇女喂养子女，

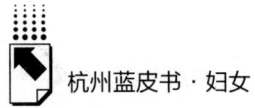

也有利于无老人照顾孙辈的家庭。显然,育儿照顾对个人、家庭乃至经济和社会级别而言都是一个重要的议题。多提供接近工作场所的日托项目,会使不同的政策制度相互之间建立和谐关系。

3. 鼓励推广弹性工作时间,有助于父母承担照顾孩子的责任

受工作限制较大的父母对孩子上下幼儿园的接送照顾不够。大部分幼儿园和小学上学时间是上午8点到下午4点,父母的上班时间是上午8点到下午5点。假如幼儿园或小学可以将上学时间提前、放学时间延后,则可以产生时间差便于父母接送孩子。但是这样就增加了学校的负担。假如可以采取"护学"弹性工作时间,则可以更好地解决孩子的接送问题。杭州有很多新杭州人,他们的父母远在家乡,未能随子女在杭州生活,也就不能帮助他们接送孙辈上学。针对家中有子女上幼儿园、小学的职工,单位应该予以照顾,给予每天一小时的弹性工作时间,推迟或提前上下班时间,便于其接送子女上学。另外,政策制定者也需要考虑假如孩子生病了,允许父母回家照顾孩子或是参加学校举办的亲子活动。这些政策在瑞典都已经开始实践。

许多知识女性或富有管理才能,或潜心科研,或在部门独当一面。若因为她们生育暂时离开职场而关闭她们职业发展的大门,是对女性的不公,更是用人单位的损失。因此,建议有关部门把"若无特殊原因,七年内不得辞退生育子女的女职工"写入劳动保障相关条例中。在保障知识女性维持就业的基础上,还需要考虑如何减少因为生育而给女性晋升发展带来的阻碍。在进行相关晋升考核时,对女性应予以倾斜照顾。

(三)重视家庭暴力的社会干预

婚姻家庭中的暴力行为的原因是多元的:一是新组建家庭后,在夫妻情感、婆媳关系、脱离原生家庭等方面处理不当;二是孩子出生后的养育、父母和祖辈角色的建立以及如何处理和缓解产后抑郁问题等所造成的[①]。针对家庭暴力,建议尽快建立反家庭暴力的法律法规,发挥社会工作优势在家庭

---

① 复旦大学社会工作学系高建秀在沪上青年学者研讨会上的观点。

暴力受虐妇女干预中的应用。从社区层面，加强对家庭暴力相关知识和观念的宣传推广，促进家庭暴力受虐妇女自我意识觉醒，提升家庭内部成员良性互动，防止家庭氛围恶化升级为家庭暴力。从团体层面，运用身心健康模式辅导受虐妇女小组，尝试用身体健康、情绪健康、精神（社会）健康的方法来帮助受虐妇女重新建立她们的自信、自强和面对现实的勇敢之心。同时，要实施夫妻共同治疗，让夫妻双方了解正在发生的暴力行为的危害性，学习和改变夫妻交流方式。从个人层面，向受虐妇女个体提供一对一服务，鼓励受虐妇女在家庭暴力发生时求助于司法机构、社会服务机构、社会网络等，以保护自身的安全。虽然要尊重家庭中夫妻权利模式的多样性以及个体选择的自主性，但在家庭暴力的社会干预中让女性了解社会性别的相关知识及理念至关重要。

（四）建议出台"无子老人保障计划"并明确专门管理机构

研究显示，预防失独是知识女性生育二胎的重要目的之一。虽然生育二胎降低了失独风险，但是并不能完全预防因中年或晚年丧子而成为无子老人的情况出现。有学者认为，因制度而产生的问题，自然需要用制度来加以解决①。目前，全国对于失独家庭的扶助并没有一套专门的制度，地方政府的扶助也基本只限于一定的经济补助。事实上，经济困难仅仅是这些失独家庭特殊困难中的一个方面，应出台对无再生育可能的失独家庭的全方位的扶助制度，从经济、生活、精神、养老等方面对这些家庭予以扶助，以解决他们的实际困难。笔者认为，受助对象应该从"失独老人"拓展到"晚年丧子无子女赡养的老人"为妥，统称为"无子孤老"。

应对"无子孤老"总量进行排摸统计，充分掌握"无子孤老"的实际情况，作为研究制定或完善相关政策的依据。"对'无子孤老'给予一次性经济补助，并规定最低生活补助标准、养老护理津贴标准和住院护理津贴标准及发放办法，由地方政府根据当地生活情况按月发放，且不低于专项制度

---

① 全国人大代表张苹英在2014年全国两会上建议出台"失独家庭"扶助专项制度。

规定的标准。"应明确当地福利院、敬老院、托老所、老年公寓等机构,优先为"无子孤老"提供养老服务,有条件的地方可开办专门的养老机构,提供针对性服务;明确医院、康复、保健、卫生院等机构,优先为"无子孤老"提供医疗卫生服务。社区等基层组织也应对其履行监护义务,提供必要的生活帮助和精神抚慰。此外,社会力量和志愿者也可为"无子孤老"提供日常照顾、上门义诊、上门医疗护理、保健、助老陪聊、临终关怀等多元服务。在此基础上,还应明确专门的管理机构和服务部门,负责各项扶助制度的落实。

七 结语

知识女性作为女性中的精英群体,其婚恋观、生育观不仅影响个人,而且影响社会的价值观,折射出现代化发展的程度,在某种程度上可以预测相当一段时间内中国女性的恋爱和婚姻状况,从侧面反映出不同时期婚姻家庭模式的变迁。知识女性不但在社会各行各业做出了杰出的贡献,也为人类的繁衍做出了巨大的牺牲。但是她们的婚恋也遇到了一些不利因素:婚前被贴上大龄女性的标签;婚后承担着比男性更大的照顾家庭与生育后代的压力;职场上努力工作却被赋予较小的职业发展机会。知识女性独立自主、追求进步、拼搏奋发,本身并不是过错,恰恰是人类的一种进步。促进知识女性婚恋和谐、提升家庭幸福的关键在于两方面:一方面,知识女性应对自身观念与社会期望在一定程度上做出调适,纠正婚恋中的认知偏差,理性认识自我和他人,成功把握自己的恋爱、婚姻、职业发展;另一方面,全社会在相关政策法律上应为知识女性提供更加有力的帮扶,疏导她们在婚恋中的负面情绪,保障她们在婚姻家庭、生产育儿、职业竞争中的合法权益,给予她们更多柔性关怀与刚性保障。政策制定者特别要注意到对妇女权益的保障不应仅仅针对女性,否则貌似保护女性生育权益的条款(如生育假期、津贴)在雇主眼中是额外增加的雇用成本,会进一步削弱女性在职场上的竞争优势,加剧社会的性别隔离。保护妇女儿童的政策制定应该站在延续人类繁衍、育儿责任不分性别的高度。知识女性身上闪烁着的人性光芒，将一直照耀中国女性解放的道路，激励女性为追求个人理想、实现自身价值而不懈努力。

参考文献

[1] 杜芳琴、王政主编《中国历史中的妇女与性别》，天津人民出版社，2004。

[2] 龙润忠：《青少年婚前性行为现状及对策》，《广西青年干部学院学报》2003年第2期。

[3] 金喜：《大学男生婚前性行为和态度及其影响因素分析》，《中国学校卫生》2013年第6期。

[4] 江剑平等：《大学生婚前性行为和性态度现状分析》，《中国学校卫生》2001年第1期。

[5] 靳永爱：《低生育率陷阱：理论、事实与启示》，《人口研究》2014年第1期。

[6] 於佳、谢宇：《生育对我国女性工资率的影响》，《人口研究》2014年第1期。

[7] 李银河：《妇女家庭与生育》，《江苏社会科学》2001年第6期。

[8] 周颜玲、凯文陈：《全球视角：妇女家庭和公共政策》，社会科学出版社，2004。

[9] 李艳红：《高知女性婚恋中的认知偏差》，《南京人口管理干部学院学报》2007年第1期。

[10] 张敏、熊循庆：《当代婚外恋现象伦理透视》，《中华女子学院学报》2005年第2期。

[11] 中国家庭研究网，http：//www.sass.org.cn/familystudy/articleshow.jsp? dinji = 628& artid = 62802。

[12] 《张苹英代表建议：出台"失独家庭"扶助专项制度》，网易新闻中心，http：//news.163.com/14/0304/13/9MGEQAKN00014AEE.html。

[13] 尹文耀：《关于21世纪中国人口与计划生育政策的八点思考》，《人口与经济》1998年第4期。

[14] 陈师闯、徐丽雅：《浙江省已婚育龄群众婚育观变化调查报告》，《人口与经济》2002年第1期。

[15] 尹文耀：《浙江省生育意愿、生育水平调查结果评析》，《中国人口科学》2000年第5期。

[16] 周艳丽：《论影响城市知识女性生育意愿的社会因素》，《安阳师范学院学报》2011年第12期。

［17］李银河：《家庭结构与家庭关系的变迁》,《甘肃社会科学》2011年第11期。

［18］徐安琪：《孩子的经济成本：转型期的结构变化和优化》,《青年研究》2004年第12期。

［19］Morgan, S. P. and R. B. King, "Why have Children in the 21st Century? Biological Predisposition, Social Coercion, Rational Choice", *European Journal of Population*, 2001, 17.

［20］Nie, Y. L., Wyman, R. J., "The One-child Policy in Shanghai: Acceptance and Internalization", *Population and Development Review*, 2005, 31.

B.4 杭州女大学生婚恋观的现状调查与趋势分析

张 宏*

摘　要： 婚恋观是家庭道德和社会公德的重要内容,对社会的稳定和发展具有重要的影响。女大学生是未来家庭和社会发展的主体,并且正处于婚恋观逐渐建立和成熟的时期,其对婚姻和恋爱的观念与观点在很大程度上影响着她们对未来婚姻、家庭及社会责任和义务的承担,预示着整个社会未来婚姻家庭的发展趋势,也将影响国民的基本素质和社会的稳定、和谐与发展。本文通过对杭州女大学生婚恋观现状的研究发现,女大学生的婚恋观较传统婚恋观呈现新的特点和发展趋势,在恋爱观、婚姻观、两性观上呈现保守与开放并存、感性与理性同在的特点。在女大学生健康婚恋观的基础上,也有不少值得关注的不良倾向。本文在实证调研的基础上,提出了引导杭州女大学生健康婚恋观的对策建议。

关键词： 杭州　女大学生　婚恋观　调查　影响要素

一　研究背景

婚恋即婚姻和恋爱,是人类永恒的主题,与每一个人都息息相关。婚恋

---

* 张宏,博士后,浙江理工大学副教授、硕士研究生导师。

观是指人们对恋爱、婚姻及性的基本看法,是价值观在婚姻、恋爱问题上的体现,属于家庭道德和社会公德的重要内容。当代女大学生处在一个多元文化并存、价值冲突彰显的全球化时代,在传统观念被解构、新的观念尚在构建的社会转型时期,许多不合理、不科学的观念乘虚而入,带来了许多无法预料的新问题,产生了一些不健康的婚恋观,从而影响未来家庭和社会的发展。因此,树立正确的婚恋观对女大学生和年轻女性未来家庭的幸福以及全社会的发展都起着重要的作用。由此可见,对女大学生婚恋观现状和发展趋势的研究具有重要的意义和价值。

在我国几千年的封建社会中,父母就是婚恋中的权威,媒人是婚恋中的合法渠道。1950年,新婚姻法第一次以法律的形式对封建社会的婚姻观予以彻底否定,自由恋爱、自由婚姻开始流行。改革开放以来,我国高校对在校大学生恋爱结婚的管理发生了较大变化。第一阶段,1990年以前属于严格管理,"在校学生严禁谈恋爱,违者退学"。第二阶段,1990年,教育部颁布了《普通高等学校学生管理规定》,取消了"禁止在校恋爱"的明文限制,但第三十条规定,"在校学习期间擅自结婚而未办退学手续的学生,作退学处理"。第三阶段,2001年,教育部对高考考生的年龄及婚姻状况放宽了条件,一些高校也开始相应放松对在校生的婚姻限制。第四阶段,2005年3月29日,教育部发布了新的《普通高等学校学生管理规定》和《高等学校学生行为准则》,取消了"在校大学生不可以结婚"的强制性规定,新规定从当年9月1日起正式施行。此后,大学校园关于婚恋的话题不再是大学生该不该谈恋爱,而是应该有什么样的婚恋观。正是由于对两性关系采取开放的态度,相比于初中和高中时期学习的压力、情感的不成熟,很多女大学生将恋爱列为大学生活的"必要"组成部分。女大学生谈恋爱现象已经非常普遍,婚恋也不再是禁忌话题,女大学生的婚恋观在大学期间逐渐建立和成熟。

总体上,当今社会婚恋价值取向发生变化,各种新潮婚恋观念不断涌现,当代女大学生婚恋观呈现多元化趋势,尤其是随着"80后""90后"成为择偶大军的主流,"高富帅""高知分子"成为婚恋舞台上的新宠,个人社会地位、财富、外貌等不同程度地影响着人们的择偶意向。老夫少妻、老妇少夫、姐弟恋等，都反映出人们的择偶观念更加开放、自由、前卫。当代大学生在大学校园恋爱现象普遍、恋爱动机多元化，传统观念仍受到尊重，但性观念越来越开放，婚前性行为、同居现象普遍，对社会地位、经济条件、外貌、职业等更加看重。还有部分大学生对待爱情与婚姻不严肃，持随便态度的人数有所增加。因此，大学生的婚恋观存在多元化、差异性和不稳定性特征，既有对传统观念的继承，又体现新的时代特点。

二 女大学生婚恋观的概念与现状

（一）女大学生婚恋观的概念

婚恋是一个古老而又常新的命题，婚恋观是世界观、人生观和价值观的综合体现。只有拥有正确的婚恋观，才能使当事人拥有稳固的爱情和美满的婚姻，走上幸福的道路。不正确的婚恋观会使人进入婚恋的误区，导致其不能正确地理解婚姻的本质，甚至造成悲惨的结局。同样，对正处于青春期的大学生来说，随着其生理、心理的成熟，逐渐开始接触恋爱和婚姻，树立健康的婚恋观对大学生群体和整个社会都非常重要。尤其是随着高校恋爱和婚姻禁令的相继解除、国内外传媒资讯的发达、整个社会价值取向和标准的变化等，在校大学生的婚恋呈现新的特点和变化，他们的婚恋观念和态度更加开放、婚恋动机和类型更加多元化、婚恋行为更早并且更加公开化。

目前，学术界对婚恋观概念的界定还是不太明确，对大学生婚恋观的结构和内涵界定尚不统一，但是不乏一些相关的探讨。在以往的研究中，学者大多同意婚恋观是价值观结构系统的一部分，是个体的价值观在恋爱、婚姻、家庭等问题上的反映与体现。一个人持有的婚恋观将对其择偶行为、恋爱行为以及婚姻家庭生活起重要的导向和影响作用。一个人婚恋观的形成和发展受多种因素的影响，如自身的文化水平、道德素质以及社会、家庭等因素。健康合理的婚恋观对一个人的恋爱、婚姻、家庭生活都充满积极的导向作用。因此，在一定程度上，可以将女大学生婚恋观界定为其对恋爱、婚姻和两性等相关问题所持有的内在态度和观念,是其人生观和价值观的重要构成因素和具体体现,会影响其在婚恋中的行为倾向。女大学生婚恋观的外延包括其恋爱动机、恋爱对象选择的标准、恋爱态度、择偶标准、恋爱和婚姻中的相处模式、婚恋自主观、对待失恋和离婚的态度与方式、性观念、婚姻角色观、婚姻忠诚观、生育观等。女大学生婚恋观不但直接影响其对恋爱对象的选择和恋爱行为模式,还会影响其对未来婚姻、家庭的责任和义务的承担,女大学生婚恋观的健康与否将影响其恋爱和未来婚姻的幸福美满程度。同时,女大学生婚恋观的现状和发展趋势,也可以成为政府在制定相关政策和法规时的依据。

(二)女大学生婚恋的现状

如今的大学校园较为开放,大学生在校谈恋爱的现象已很普遍。"90后"女大学生已经陆续开始毕业、走向社会,并且会较快地组建家庭,女大学生在读期间结婚的情况也呈现逐年上升的趋势。女大学生是未来家庭和社会组织发展的主体与中坚力量,她们具有高学历、高素质和高能力,处于文化金字塔的上层,她们的婚恋观对整个女性群体的婚恋观具有一定的引导和表率作用,她们的婚恋观将会影响国民的基本素质和社会的稳定、和谐与发展,是非常重大的问题。女大学生婚恋观随着时代的变化而发生改变,当今中国社会处于中国文化与西方文化、传统文化与现代文化、网络与媒体文化等多重文化的影响之下,在这个文化多元、观念各异的环境中,女大学生视野开阔、思想敏锐,更易获得迥异于中国传统婚恋观的参照体系,也会形成契合于这个背景下的新的婚恋观念。随着社会价值标准的变迁和信息的多元化,女大学生群体的婚恋观逐渐呈现一些新的特点和问题,一些不正确的思想观念及其引发的不良行为也开始显现。

目前,在女大学生婚恋观研究现状方面,还缺乏标准化的研究工具。关于女大学生婚恋观调查工具的编制缺少科学检验,工具使用中出现纷乱局面。因此,开发能够科学测评女大学生婚恋观的工具,全面揭示当代女大学生婚恋观的现状,也是研究中一项非常重要的内容。在对大学生婚恋观的调查中，国内外的研究者们编制了许多测量或调查工具，但是大多是对大学生婚恋观的某一方面进行测量与调查。国外学者编制了婚姻态度量表（Favorableness of Attitude toward Marriage Scale）和婚姻态度问卷（Marriage Attitudes Questionnaire），以测量个体对婚姻所持有的态度；编制了恋爱态度倾向量表（Attitudes toward Love）、恋爱方式量表（Love Style Scale）和恋爱态度量表（The Love Attitudes Scale），以测量个体在恋爱与择偶上的态度取向；编制了性态度量表（Sex Attitudes Scale）和性道德态度量表（Sex Moral Attitudes Scale），以测量个体对婚前性行为、婚外性行为、同性恋等的看法。不过，文化和习俗上的差异，使得这些量表的效度降低，不适宜直接用来测度我国大学生群体的婚恋观。

国内学者目前大多采用自编问卷对婚恋观的某一方面或某几方面进行调研。如苏红、任永进（2008）提出婚恋观包含恋爱动机、婚姻倾向、婚姻价值观、婚姻自主观、婚姻角色观、婚姻忠诚观和性爱抉择观；李祖娴等（2009）提出婚恋观包含情感表达、恋爱稳定性、对婚姻与恋爱关系的态度和对婚姻的期待；王美萍（2009）提出婚恋观包含择偶标准、对离婚的态度、对独身的态度、对婚外性行为的看法和对婚前性行为的态度；蔡敏（2012）编制的当代大学生婚恋观问卷中将其分为择偶条件、婚恋价值、情感需求、性爱道德、婚姻本质、夫妻地位几个因子。可见，对女大学生婚恋观的研究，在学术界尚没有比较流行和公认的标准化的测量工具。

三 研究对象与研究方法

（一）研究对象

本文从定性和定量两个角度展开研究，在杭州 20 所本科和高职院校选取女大学生，采用文献研究、问卷调查、统计分析、个案访谈、比较研究等方法，调查和分析杭州女大学生的婚恋观现状、特点及发展趋势。研究对象的抽取采用分层随机抽样法，在问卷调查中兼顾专业、年级等不同范围的人群。在被调研的女大学生中，理工类专业的占35%，包括计算机、通信、建工、机械、电子、生物等；文科类专业的占15%，包括英语和其他小语种、汉语言文学、法学、部分经管专业等；设计和艺术类专业的占20%，包括服装设计、表演、艺术设计、美学等；医学类专业的占20%，包括临床医学、药理、药学等；其他专业的占10%，包括空中乘务、风景园林等。在被调研的女大学生中，来自农村地区的占40%，来自小城镇的占32.5%，来自城市的占27.5%。在被调研的女大学生中，本科生占83%，专科生占17%。其中，年龄最大的为1992年出生，最小的为1997年出生，大部分出生年份为1993~1996年。

在被调研的2272名在校女大学生中，已婚2人、订婚6人；处于恋爱阶段或有过恋爱经历的占70%；正在恋爱中的占38.5%；曾经恋爱过但目前没有恋爱的占31.5%；没有恋爱过但有所憧憬的占18%。除去小学期间的恋爱经历，女大学生初恋最早发生在初中二年级，到目前为止恋爱经历最多的是7次。

（二）研究方法

1. 研究步骤

第一，查阅国内外有关大学生婚恋观的经典研究和最新研究进展，分析大学生婚恋观的内涵和外延，从多个角度考察女大学生婚恋观的主要影响因素和成因。第二，在编制问卷之前，用相对开放式的访谈提纲对10位女大学生进行访谈，了解女大学生对自身恋爱、婚姻等方面的看法。第三，结合文献研究和访谈研究，确定调研问卷的维度，进行量表筛选及问卷设计。第四，通过问卷调查，对女大学生恋爱观、婚姻观、两性观等进行调查研究和统计分析。第五，根据数据分析结果，结合访谈研究对女大学生婚恋观的影响因素和成因进行分析。第六，在前期研究基础上，提出加强对女大学生婚恋观进行有效引导的对策建议。

2. 问卷设计

在确定了女大学生婚恋观基本概念的基础上，根据国外信效度较高的量表,结合我国国情和研究目标人群与研究目的进行了问卷设计。我们设计的问卷内容主要涉及恋爱观、婚姻观、两性观等方面。问卷设计过程中遵循田野研究的某些范式,增加了较多的开放式选项,希望能够更全面地了解目标群体的真实想法。前期与研究阶段共发放了 200 份问卷,根据被调研的女大学生的填答情况对问卷的有效性与合理性进行了检验,结合对 15 名杭州高校女大学生的访谈,课题组对信息量不足的题项进行了修改,对问卷题项的数目进行了调整,对题目和选项的文字表述进行了完善,最终完成了女大学生婚恋观调查问卷的设计工作,主要从以下几个方面对杭州女大学生婚恋观进行调查研究。

第一,个人特征测量。包括性别、年龄、年级、专业、婚恋状况等。第二,家庭特征测量。包括家庭背景、家庭结构、家庭稳定性、父母的婚姻关系与婚姻状况等。第三,恋爱观测量。包括恋爱动机、恋爱对象选择的标准、恋爱态度、恋爱中的相处模式、恋爱自主观、对待失恋的方式等。第四,婚姻观测量。包括择偶标准、择偶方式、适婚年龄、财产分配、婚姻中的相处模式、婚姻自主观、对待离婚的态度、婚姻角色观、婚姻忠诚观、生育观等。第五,两性观测量。包括对处女情结、婚前性行为、堕胎、未婚同居或试婚、婚内出轨等的观点和观念。第六,婚恋观的影响因素。包括传统观念、社会教育、家庭教育、学校教育、大众传媒、公众人物婚恋经历的影响等。

3. 问卷发放与回收

在样本调查阶段,我们采用在文献研究、访谈、前测基础上设计的杭州女大学生婚恋观调查问卷,以杭州市的本科和高职院校在校生为调查对象,采取分层随机抽样法,于 2014 年 9~10 月开展了问卷调查。为了确保有效问卷回收率和数据质量的可靠性,特委托各高校辅导员、班主任和全校公选课任课教师对调查问卷进行了统一发放与收集,共发放问卷 2500 份,收回问卷 2389 份,其中有效问卷 2272 份,有效率为 90.88%。同时,对个别调查者进行了访谈,也对典型的案例进行了简短的分析。

四 杭州女大学生婚恋观调查结果与分析

（一）杭州女大学生恋爱观现状及影响因素

（1）女大学生恋爱动机的结果与分析

关于女大学生对大学期间谈恋爱是否会影响大学生活的看法，31.7%的女大学生认为大学期间谈恋爱会使学习和生活更有动力；4.7%的女大学生认为大学期间谈恋爱会分散精力、浪费时间，导致成绩下降；2.9%的女大学生认为大学期间谈恋爱会因"两人世界"而脱离集体；3.7%的女大学生认为大学期间谈恋爱会影响正常的同学交往；另外，57.0%的女大学生认为因人而异，要根据每个人的具体情况而定（见图1）。可见，很大比例的女大学生对大学期间谈恋爱抱积极、肯定的态度。

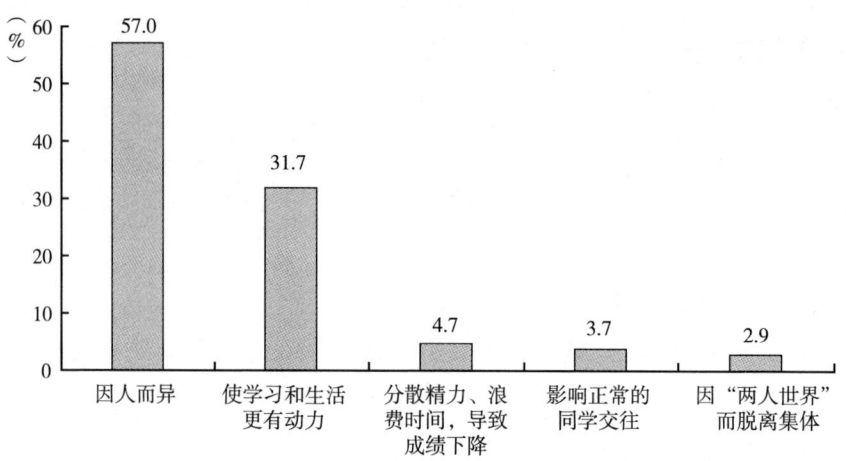

图1 女大学生对大学期间谈恋爱的态度

在此前提下，对女大学生大学期间谈恋爱的动机进行进一步调研，我们共设置了13个大学生恋爱动机的影响因素，包括：①因为别人都谈恋爱，我也要谈；②大学期间空闲多，空虚寂寞，想找个人一起打发时间；③谈恋爱能相互鼓励,一起努力学习;④为了在大学留下一个美好的回忆;⑤遇到了喜欢的人;⑥学习压力大,谈恋爱调节一下;⑦为了找一个合适的伴侣共度一生;⑧父母鼓励我在大学期间谈恋爱;⑨恋爱对象可以带来物质上的帮助;⑩恋爱对象能带来精神上的满足;⑪对方追求激烈,不好意思拒绝;⑫解决生理需求;⑬其他:_____。

调查结果显示,杭州女大学生最重要的恋爱动机是遇到了喜欢的人(71.7%);其次,44.4%的女大学生认为谈恋爱是为了在大学留下一个美好的回忆;排在第三位的恋爱动机是谈恋爱能相互鼓励,一起努力学习(38.9%)。而传统恋爱观中的"为了找一个合适的伴侣共度一生"在当代女大学生心中已经不再那么重要,所占比重为25.6%,仅排在第五位(见图2)。可见,当代女大学生更加注重恋爱的过程本身,而不是结果。

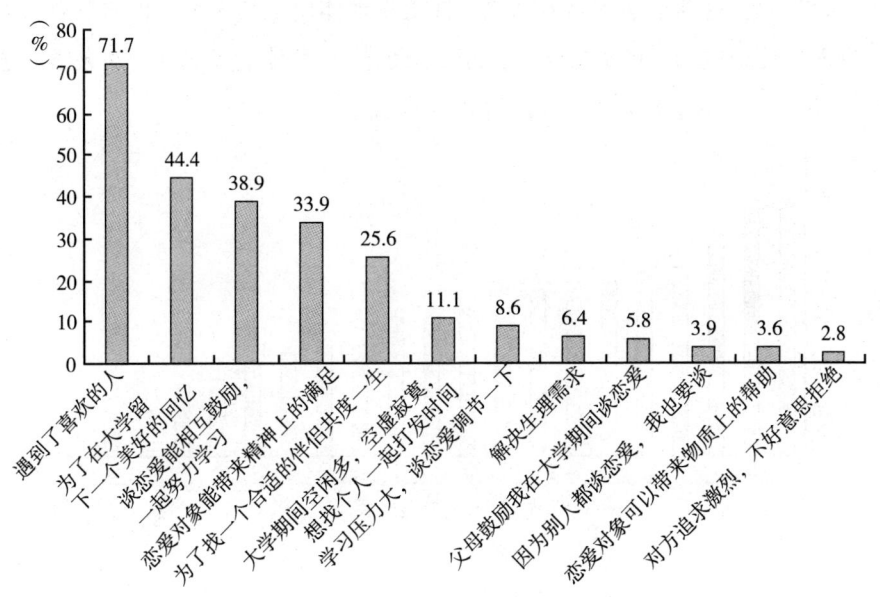

图2 女大学生在大学期间的恋爱动机

(2) 女大学生恋爱对象选择标准的结果与分析

在女大学生恋爱对象的选择标准中包含首要考虑因素和排斥因素。在选择恋爱对象时考虑的主要因素方面,我们共设置了23个影响因素,包括:

①外形条件;②学历高于我;③学历低于我;④学历相当;⑤门当户对;⑥才能和发展潜力;⑦职业地位;⑧品行;⑨家庭背景;⑩地域、语言和生活习惯相近;⑪经济能力;⑫健康;⑬性格相似;⑭性格互补;⑮幽默风趣;⑯志趣相投;⑰有上进心;⑱有责任感;⑲"三观"(世界观、人生观、价值观);⑳家人意见;㉑朋友意见;㉒恋爱史;㉓其他:_____。

调查结果显示,杭州女大学生选择恋爱对象的标准按被选择次数由高到低依次为:品行(58.1%)、有责任感(57.2%)、有上进心(50.0%)、"三观"(42.8%)、志趣相投(41.4%)、健康(39.4%)等。排在较靠后的分别为家人意见(16.1%)、恋爱史(10.3%)、朋友意见(8.6%)、学历高于我(7.5%)、学历低于我(6.1%)(见图3)。可见,一方面,当代女大学生对恋爱对象的选择比较自我,且并不过于在乎其恋爱次数、恋爱经历等恋爱史,这与前文的恋爱动机一样更多地体现了其注重过程的特点。另一方面,传统观念中的男方学历高于女方已经不再是主流观点,女大学生选择恋爱对象时没有把学历要求作为主要的标准。

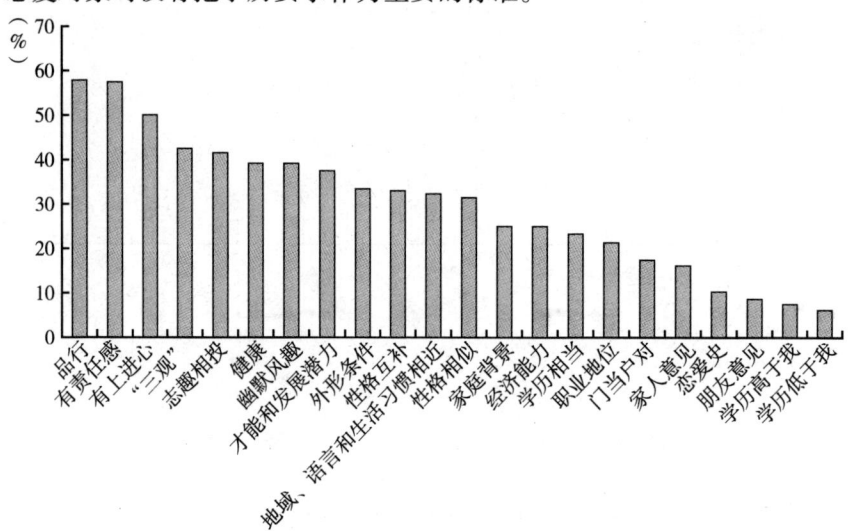

图3 女大学生选择恋爱对象时考虑的主要因素

相对应的,女大学生在选择恋爱对象时,最不能接受的因素按被选择次数由高到低依次为:太花心(78.9%)、不孝顺(73.6%)、不上进

(65.8%)、不关心自己（61.7%）、性格不合（62.2%）、拜金（55.8%）、经济条件不好（18.6%）。

（3）女大学生恋爱态度的结果与分析

调查结果显示，大多数女大学生同意（44.6%选择同意，12.3%选择完全同意）现在的社会存在美好纯真的爱情，33.0%选择一般，4.4%选择完全不同意，5.7%选择不同意。结合调研的其他问题，如父母的婚姻状况是感情非常好还是感情一般或离异等，进一步分析得出，女大学生对当今社会中爱情的感受在较大程度上受父母婚姻状况的影响。如果父母婚姻状况良好，女大学生的恋爱观也比较积极；如果父母没有感情、凑合过日子或分居及离异，会在一定程度上导致女大学生恋爱观的悲观和现实倾向。

在遇到喜欢的人时，31.1%的女大学生会主动向对方表示，另有17.9%的女大学生是先暗示再表示，22.1%是通过自己的暗示希望对方表示，绝不先向对方表示和不知道该怎么办的只占到13.7%和15.1%。这显示出当代女大学生相较于传统行为态度而言，更加积极主动，敢于表达，敢于主动追求爱情，凸显了当代年轻人的性格和行为方式特征。

在开始一段恋情之前，44.0%的女大学生会考虑以后在一起的可能性，慎重开始恋情；45.9%的女大学生会考虑未来在一起的可能性，但认为还是现在的感觉最重要；10.2%的女大学生选择不考虑以后的事，顺应现在的感觉。这体现了女大学生对恋爱的态度相对比较慎重，不过还是将恋爱和婚姻有所区分，并不完全抱着非谁不嫁的态度，也如前文的研究一样，比较注重当下的感觉和过程。

（4）女大学生恋爱中相处模式的结果与分析

女大学生对维持感情的最重要因素的选择数据呈现明显的阶梯化走势。按被选择次数由高到低依次为：坦诚和互相信任（87.5%）、忍耐和包容（73.3%）、责任心（62.5%）、有共同话题（49.7%）、浪漫幽默（30.3%）和性爱（11.9%）（见图4）。其中，除了传统婚恋观中的信任、包容、责任心之外，当代女大学生也非常注重相互间的沟通交流、浪漫幽默

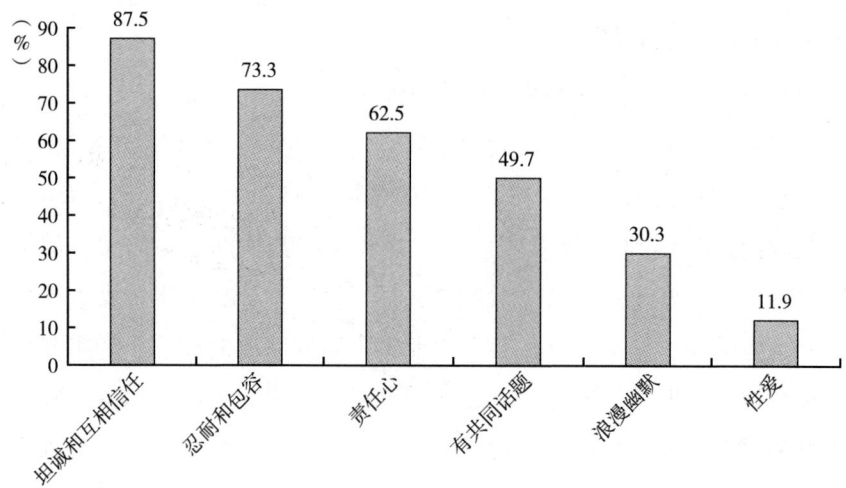

图4 女大学生认为维持感情最重要的因素

等。并且，问卷填写多在报告厅、教室、寝室等集体场合，有些较为敏感的问题填答时可能有所回避，但即使在这种情况下，仍有不少人选择了性爱这一因素，也体现出当代女大学生的思想更加开放。关于女大学生的两性观还会在后文做更深入的分析。

在恋爱相处中，女大学生认为的最大障碍按被选择次数由高到低依次为：毕业后各奔东西，难在一起（51.4%）；出现第三者，爱情会动摇（40.6%）；异地恋（33.9%）；家人、朋友等各方压力干扰（30.3%）；物质基础和经济保障（29.7%）；太熟悉，丧失激情（21.7%）；影响学习，精力不够（18.6%）（见图5）。可见，当代女大学生谈恋爱时已经做好了可能会分手的准备，包括毕业影响、家人压力、经济条件等。其中，排在第二位的"出现第三者，爱情会动摇"，也从侧面映射出现今整个社会的婚恋风气，说明婚恋忠诚度较低。还有一项是排在第六位的"太熟悉，丧失激情"似乎在传统婚恋观中更多地发生在"老夫老妻"身上，对于恋爱不过几年甚至更短时间的大学生情侣，这么快速的激情丧失也体现出社会诱惑的增加以及大学生恋爱观的不稳定和不成熟。

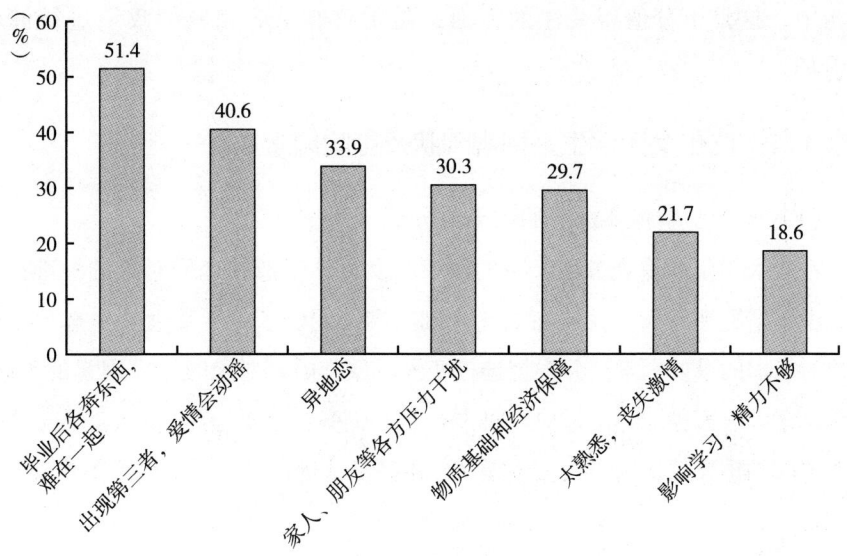

图 5　女大学生认为恋爱中的最大障碍

(5) 女大学生对待失恋态度的结果与分析

大学期间的恋爱往往面临大四毕业时的分手，女大学生对"大四分手季"的看法按被选择次数由高到低依次为：可能结果，毕业后生活方向不同（49.7%）；顺其自然，尽可能走下去（48.9%）；是大学生面临社会现实的抉择（38.9%）；不一定，只要精心选择对象可以避免（33.6%）；"离开面包的爱情出不了社会"的观点很正常（13.9%）；必然结果，大学生恋爱不成熟（7.2%）；分了更好，都有更好的发展（5.8%）。调研结果表明，对于与大学期间恋爱对象的分手，当代的女大学生都有充分的心理准备，这与下文分手后与过去恋人的相处模式结果相呼应。

调研结果显示，女大学生分手后与过去恋人的相处模式按被选择次数由高到低依次为：感觉有些尴尬，但可以争取好好相处（28.3%）；依然相信爱情，分手以后还可做好朋友（25.5%）；分手以后不再联系，从此成为陌路人（15.5%）；怨恨恋人（2.3%）。从结果来看，大部分女大学生都能较好地处理失恋和与恋人分手的问题。值得注意的是，虽然选择"怨恨恋人"的比例很小，但往往恶性分手事件就发生在这类人群当中,这是十分值得关注的方面,需要政府采取相应的政策进行健康的引导。

(二)杭州女大学生婚姻观现状及影响因素

(1)女大学生择偶标准的结果与分析

在女大学生恋爱观方面,我们调研了女大学生选择恋爱对象的标准;在女大学生婚姻观方面,我们在上述基础上继续调研了关于女大学生选择结婚对象时考虑的重要因素,并根据选择恋爱对象与婚姻对象时考虑因素的不同,增设了孝顺、家务能力、婚史、对方有无子女4个因素选项。女大学生选择结婚对象时的重要关注因素按被选择次数由高到低进行排列,结果见图6。

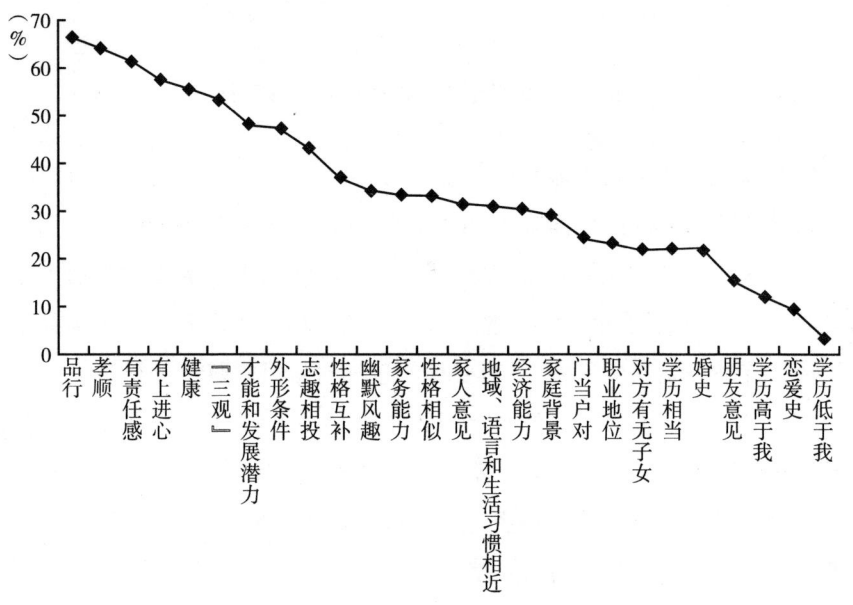

图6 女大学生选择结婚对象时的重要关注因素

数据表明,当女大学生选择结婚对象时,对方的品行最为重要。而我们在选择结婚对象标准时新增设的"孝顺"这一因素则排在了第二位,有63.9%的女大学生认为它很重要。另外,对于"家务能力"这一新增设的因素,有33.3%的女大学生认为在择偶时家务能力很重要,这反映出女大学生在选择结婚对象时更加务实。

进一步的，根据调研数据，我们对选择恋爱对象和选择结婚对象中相同的 22 个主要因素进行了比对（见图 7）。

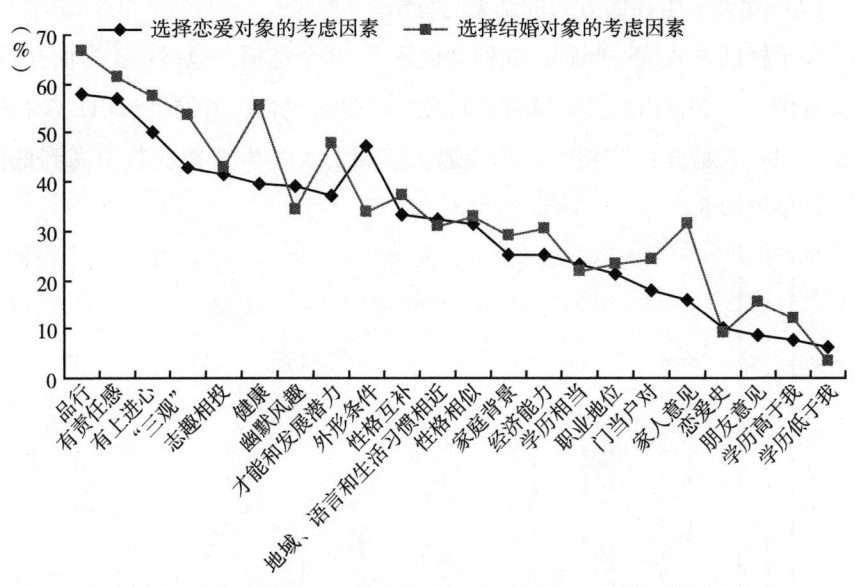

图 7　女大学生恋爱对象和结婚对象选择标准对比

从图 7 中可见，女大学生选择恋爱对象和结婚对象时考虑的重要因素排序大体一致，不过也出现了几个折点，这表明个别因素的重要性在恋爱和婚姻考量中有较大差别。图 7 的几个折点显示出当选择结婚对象时，女大学生考虑的主要因素比重会发生一些变化。第一个折点是健康，在恋爱对象的选择上，女大学生对其重视程度为 39.4%，而这一比重在考虑结婚对象时则提升到 55.3%。第二个折点是才能和发展潜力，选择结婚对象较选择恋爱对象时比重也增加显著，从 37.2% 增加到 47.8%。第三个折点是外形条件，选择恋爱对象时的比重为 47.2%，而选择结婚对象时的比重为 33.6%，被访谈的女大学生表示结婚时更注重的是内在和现实因素，对外形的要求就没有谈恋爱时高了。第四个折点是家人意见，在选择结婚对象时对家人意见的考量明显增加了，在选择恋爱对象时女大学生对家人意见的重视度是

16.1%，而选择结婚对象时对家人意见的重视度则提升到31.4%，显著提高了15.3个百分点。这反映出女大学生在谈恋爱时关注的是个体，而结婚时则更多地考虑双方父母和家庭等综合因素。

（2）女大学生择偶方式的结果与分析

关于择偶方式这一问题，我们共设置了10个选项，包括：①亲朋介绍；②父母做主；③自由恋爱；④守株待兔；⑤日久生情；⑥网络认识；⑦社交活动结识；⑧婚介；⑨相亲；⑩偶遇。按照女大学生选择次数由高到低排序，结果见图8。

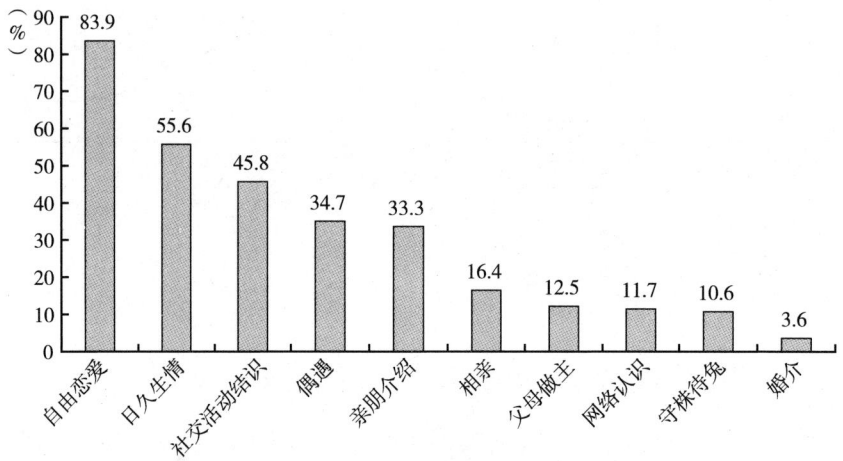

图8　女大学生选择婚恋对象的可接受途径

数据分析表明，在选择婚恋对象的可接受途径中，最为女大学生接受的是自由恋爱，其在所有因素中的比重达到了83.9%；日久生情的比重为55.6%；父母做主的比重为12.5%。可见，开放、自由的思想已经深深地影响了女大学生。

在此基础上，我们调查了女大学生对裸婚及闪婚的态度。关于裸婚，近半数女大学生认为要视情况而定（46.4%）；有43.1%的女大学生认为，如果感情稳定，裸婚也可以接受；仅有17.5%的女大学生表示不能接受裸婚。可见，交往对象是什么样的人决定了女大学生是否愿意接受裸婚。关于闪婚，愿意接受的女大学生占10.3%，不能接受的占29.2%。

(3)女大学生对婚姻中相处模式认识的结果与分析

对女大学生婚姻相处模式的调研包括财产分配、夫妻收入支出、家务分担、与老人同住及入赘等方面,调查结果见图9。

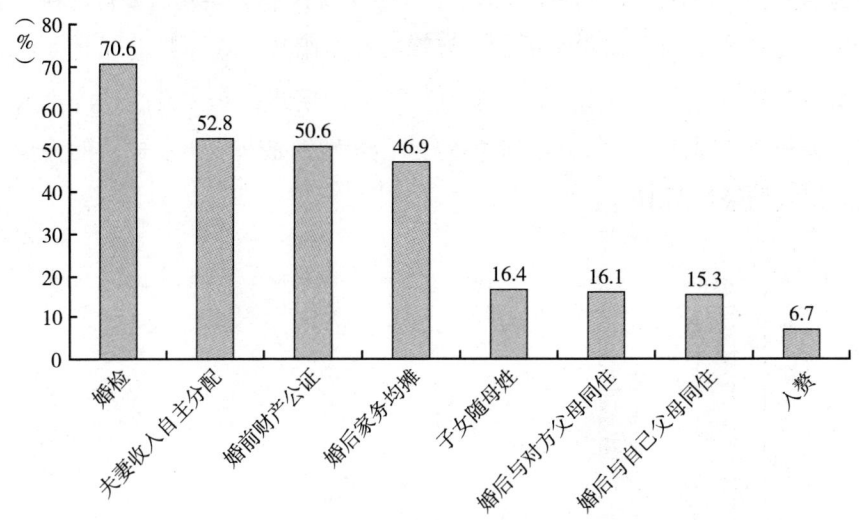

图9 女大学生对婚姻相处模式和婚内主要问题的态度

数据统计结果显示,在所有被调研的女大学生中,有70.6%的选择需要进行婚检,这与择偶条件中对健康的重视程度高相对应。52.8%的女大学生接受夫妻收入自主分配,赞成婚前财产公证的也达到50.6%。可见,当代女大学生对于经济的独立性接受度较高,这体现出现代女性独立自主的一面。46.9%的女大学生赞同婚后家务均摊,这说明越来越多的女大学生不再接受妻子家务全包的模式,认为在经济越来越独立的情况下,丈夫也应该承担家务。选择婚后与自己父母或对方父母同住的人都不多,这体现出当代女大学生更倾向于婚后独立居住,相应的,"空巢症"和老人赡养问题就值得政府更多地给予关注。另外,分别有16.4%、6.7%的女大学生同意子女随母姓和入赘,也体现出在当代独生子女占绝大多数的家庭结构、女性比例明显高于男性的人口结构等因素的影响下,女大学生也有这方面的需求倾向。

(4) 女大学生婚姻角色观与自主观的结果与分析

对于女大学生对婚姻中的角色和自主性的看法,我们做了如下调查分析。对于婚姻的看法,我们列了 8 个选项,包括:①幸福的婚姻一定要以爱情为前提;②婚姻完全是两个人的事,与别人无关;③婚姻需要自己在乎的人(如父母等)的认同和祝福;④就算有很多阻挠,我还是会和我爱的人结婚;⑤赞同婚后"男主外,女主内"的生活模式;⑥丈夫的经济收入应高于妻子;⑦同意"干得好不如嫁得好";⑧婚姻是获取事业成功的一种手段。调查结果见图 10。

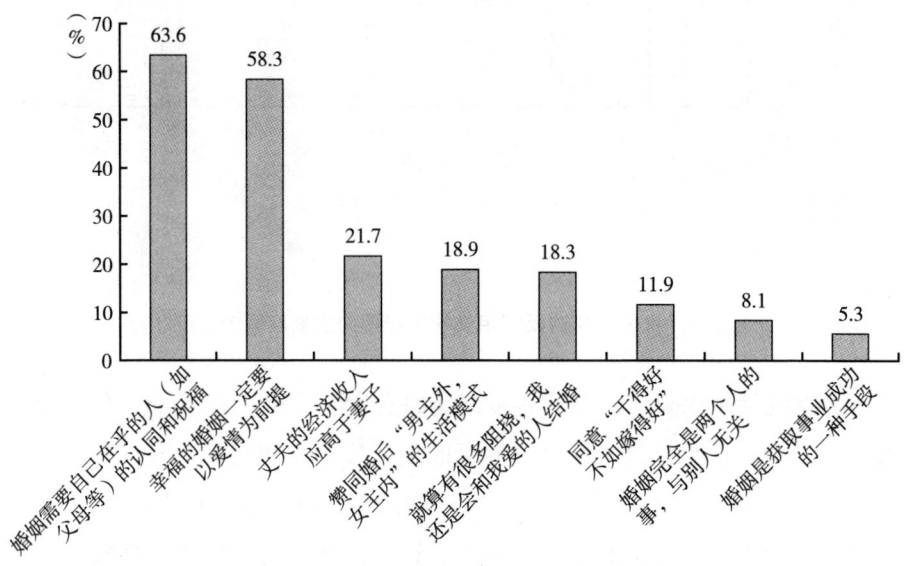

图 10　女大学生的婚姻角色观与自主观

女大学生对婚姻中问题的同意程度按照百分比由高到低依次为:婚姻需要自己在乎的人(如父母等)的认同和祝福(63.6%);幸福的婚姻一定要以爱情为前提(58.3%);丈夫的经济收入应高于妻子(21.7%);赞同婚后"男主外,女主内"的生活模式(18.9%);就算有很多阻挠,我还是会和我爱的人结婚(18.3%);同意"干得好不如嫁得好"(11.9%);婚姻完全是两个人的事,与别人无关(8.1%);婚姻是获取事业成功的一种手段(5.3%)。除了和传统婚恋观相似的方面之外,值得注意的是,女大学生对"男主外,女主内"生活模式的认同程度并不高,表明当代女大学生并不甘心做"贤妻良母"。针对这一问题,我们对女大学生进行了访谈,受访的女大学生表示当今社会已经不是传统社会,很多现实案例表明男方在外工作、女方在家做全职主妇,会引发许多家庭不稳定的问题,如男方外遇、夫妻没有共同语言、妻子因脱离社会而丢失自信,甚至孩子觉得母亲无能等,所以她们不愿意留在家里,就算是男方有这个经济能力,她们也想做点轻松的工作或小生意,使自己保持和社会的联系以及提高对第三者和社会诱惑的"警惕性"与"战斗力"。

同时,我们调查了女大学生对恋爱与婚姻关系的观点,共设置了9个选项,包括:①恋爱是结婚的前提;②恋爱是恋爱,婚姻是婚姻,两者无关,是独立的;③恋爱是为了寻找结婚对象;④也可相亲结婚,先结婚后恋爱;⑤婚姻是爱情的坟墓,只想恋爱不想结婚;⑥婚姻是一种责任,并为爱情提供法律保障;⑦没有爱情坚决不结婚;⑧顺其自然;⑨没想过,谈恋爱纯粹是找异性朋友。调查结果见图11。

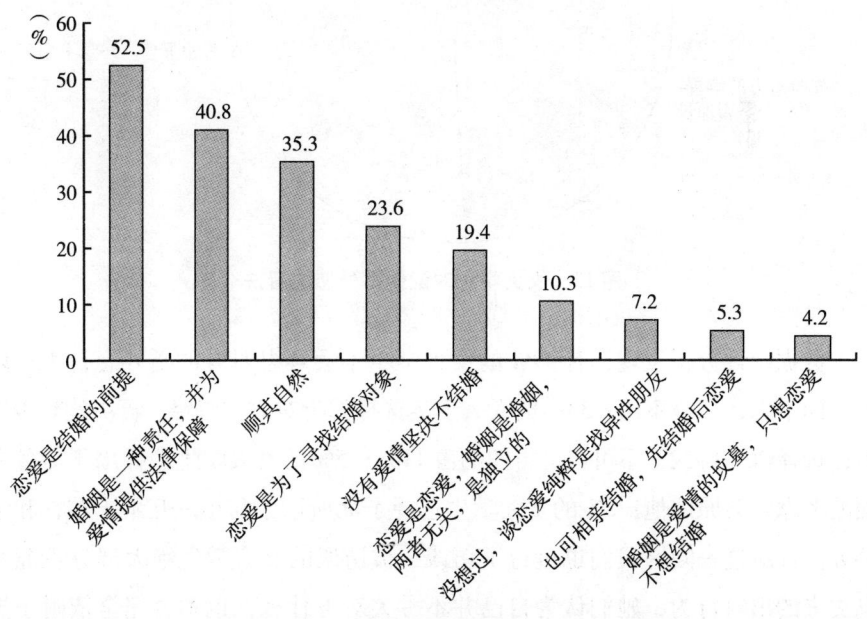

图11 女大学生对婚姻与恋爱关系的看法

(5) 女大学生婚姻忠诚观的结果与分析

在对婚姻中的忠诚观调查研究之前,我们对女大学生在婚姻中最不能忍受对方的行为做了调查。结果发现,不能忍受肉体出轨的占59%,不能忍受精神出轨的占41%。

在此基础之上,我们做了女大学生对配偶婚外恋看法的调查,选项包括:①一朝不忠,终身不用;②先听对方的解释,再决定是否原谅;③再一再二,不可再三再四;④出于对各方面的考虑,会原谅他;⑤无所谓,和小三互不干涉,和平共处;⑥其他:_____。调查结果见图12。

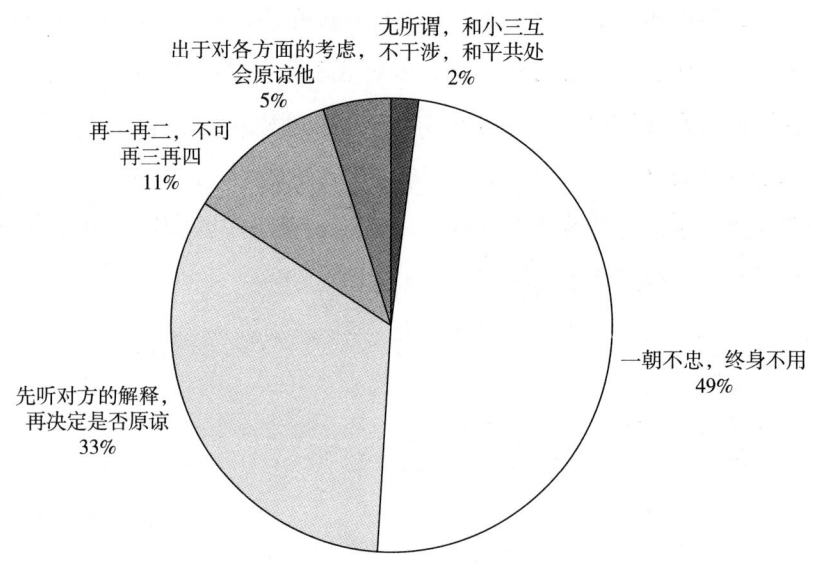

图12 女大学生对配偶婚外恋的看法

数据统计分析发现,有49%的女大学生不会容忍对方的婚外恋行为,认为一期不忠,终身不用;33%的女大学生选择先听对方的解释,再决定是否原谅;选择再一再二,不可再三再四的占11%;5%的女大学生选择出于对各方面的考虑,会原谅他;2%的女大学生选择了无所谓,和小三互不干涉,和平共处。针对这一问题我们也进行了访谈,被访谈的女大学生绝大部分不能容忍丈夫的出轨行为,她们认为自己并不亏欠对方什么,也不会完全依附于男方,既然自己有独立的人格和必要的经济能力,没有理由迁就男方的出轨行为。并且,她们都认为婚外恋是一种惯性,一旦发生就会终身有这个倾向,即使短时间内重归于好,也会有解不开的心结和不自觉的疑神疑鬼,从而永久地影响婚姻质量。这个结果一方面体现了以女大学生为代表的知识女性精神上越来越强的独立性;另一方面也体现了当代女大学生和传统女性的区别,以前的观念是东西坏了需要修理,现在的观念是东西坏了就赶紧换新的。这一观念的影响还会在后文的女大学生对离婚的态度中有所体现。此外,值得注意的是,虽然访谈对象中没有人表示会一直原谅丈夫或与小三和平共处,但问卷调研中持这两种态度的女大学生还是存在的,这是对传统婚恋观和社会道德的挑战,这种观念的蔓延会影响社会的稳定与和谐,是值得政府关注和采取纠偏措施的。

（6）女大学生对待离婚的态度的结果与分析

离婚率高、离婚率增长快、离婚原因越来越简单等是当今社会的一些普遍现象,女大学生对待离婚的态度也是很值得关注的。对此,我们做了关于女大学生对待离婚的态度的调查,选项包括:①既然两个人不合适,勉强也不会幸福,干脆离婚,各自生活;②既然已经结婚,就应该对婚姻负责,无论如何都不会离婚;③问一下父母及好友的意见再做决定;④以孩子的意见和感受为主;⑤其他:_____。调查结果见图13。

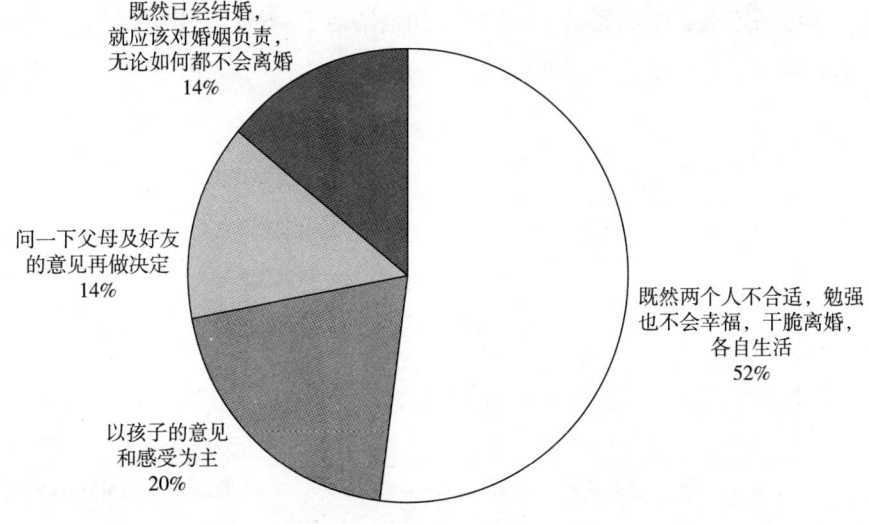

图13　女大学生对待离婚的态度

根据调查统计数据分析，52%的女大学生认为既然两个人不合适，勉强也不会幸福，干脆离婚，各自生活；20%的女大学生选择了以孩子的意见和感受为主；认为既然已经结婚，就应该对婚姻负责，无论如何都不会离婚的只占了14%。数据结果显示，部分女大学生仍然受传统婚恋观的影响，比较注重孩子的意见和感受，但更多的、超过半数的女大学生对离婚的决定相对比较草率。从现实来看，离婚现象的高发与我国的婚前教育欠缺、婚姻咨询不发达、很多夫妻在婚姻出现问题时可以选择的解决途径较少等有关。

（7）女大学生生育观的结果与分析

首先，我们对女大学生认为最合适的结婚年龄做了调查统计。结果显示，倾向于25~29岁结婚的女大学生占73.6%，倾向于毕业后至24岁结婚的占12.3%，倾向于30~34岁结婚的占8.6%，选择不结婚的占3.7%，考虑在大学期间结婚的占1.2%，想在35岁以后结婚的占0.6%。可见，绝大多数女大学生认为25~29岁是最合适的结婚年龄，也就是认为大学毕业3年以后开始进入稳定的婚姻生活比较合适。

在此基础之上，我们调查了女大学生选择在结婚后多久要孩子，选项包括：①结婚不久；②结婚后1~2年；③结婚后3~5年；④结婚5年以后；⑤不要孩子；⑥顺其自然。调查结果见图14。

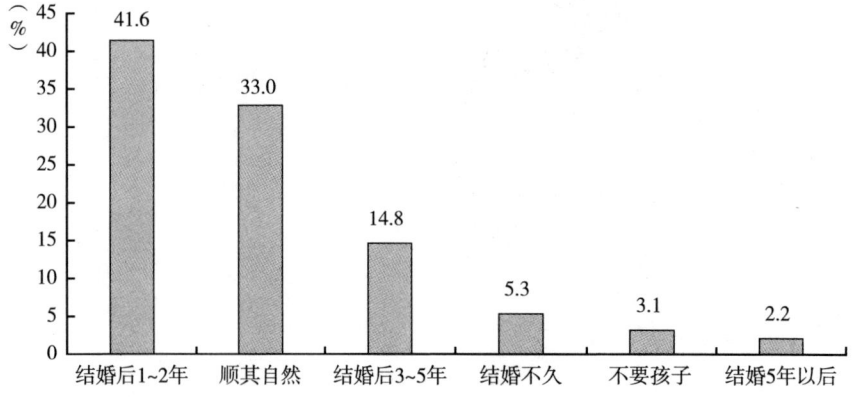

图14 女大学生对结婚后多久要孩子的态度

据调查统计数据,选择在结婚后1~2年生孩子的女大学生比例最高,占41.6%;选择在结婚后3~5年生孩子的占14.8%;选择不要孩子的占3.1%;选择结婚5年以后生孩子的占2.2%;也有33.0%的女大学生选择顺其自然。可见,绝大部分女大学生倾向于在婚后较短的时间内要孩子,包括选择结婚不久(5.3%)、结婚后1~2年(41.6%)和顺其自然(33.0%)。这意味着,从当前女大学生的数量、年龄推演上可以在一定程度上预测未来我国社会的结婚高峰和生育高峰。

进一步的,我们还调查统计了女大学生心目中理想的家庭模式,意在了解当代女大学生对生育孩子个数的想法,选项包括:①尽可能多享受二人世界;②一家三口;③2个孩子,一家四口;④3个孩子,一家五口;⑤喜欢小孩,多多益善;⑥无所谓,顺其自然;⑦视经济情况而定。调查结果见图15。

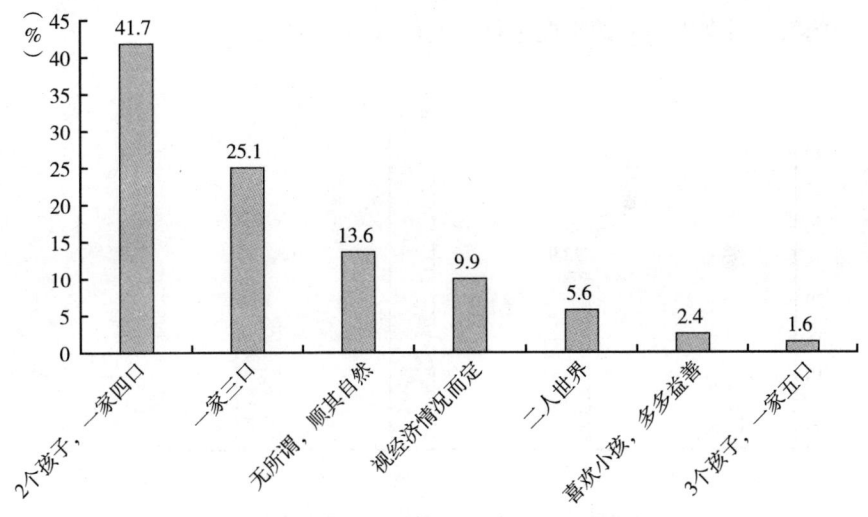

图15 女大学生对理想的家庭模式的想法

根据调查统计数据,41.7%的女大学生认为2个孩子,一家四口是最好的家庭模式;有25.1%的女大学生选择生育一个孩子,认为过一家三口的生活较好;有9.9%的女大学生认为要视经济情况而定;想要生育3个孩子或多个孩子的女大学生则分别占1.6%和2.4%。从这项调查中可以了解到较高比例的女大学生希望生1个以上的孩子,包括想生2个孩子(41.7%)、想生3个孩子(1.6%)、多多益善(2.4%)。访谈中了解到,由于当代女大学生较多是独生子女,尤其是来自城市和城镇的女大学生,不仅自己的家庭中没有兄弟姐妹,亲戚中同龄的孩子也很少,她们觉得一个孩子太孤单,再加上考虑到双方父母和祖父母、外祖父母的赡养问题,就更觉得有2个或2个以上孩子的家庭结构更合理。而且,目前单独二胎政策的放开,也提高了这方面的可行性。

(三)女大学生两性观的结果与分析

(1)女大学生对婚前性行为的观点的结果与分析

婚前性行为是考察两性观的核心内容之一,对于婚前性行为是不是一种不负责任的表现,我们设置了完全同意、同意、一般、不同意和完全不同意五个选项,对女大学生的态度进行了调研(见图16)。

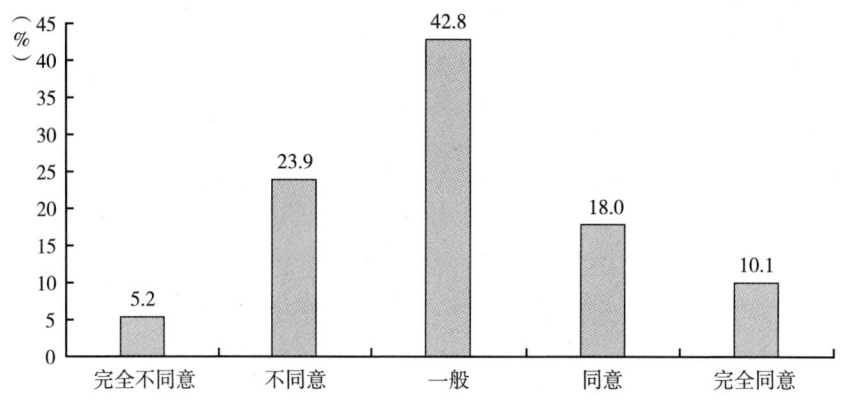

图16 女大学生对婚前性行为是不是一种不负责任的表现的态度

调查结果显示,有42.8%的女大学生显示出模棱两可的态度,坚决认为婚前性行为是一种不负责任的表现的女大学生占10.1%,同意婚前性行为是一种不负责任的表现的占18.0%,而不同意婚前性行为是一种不负责任的表现的占23.9%,完全不觉得婚前性行为有问题的占5.2%。从总体概况来看,对婚前性行为持宽容态度的女大学生占多数,更有29.1%的女大学生认为婚前性行为并不是不负责任的行为,这种两性观越来越开放的趋势也是导致高校女大学生堕胎等性安全事故频发的主要原因之一,是值得关注和引导的。

我们还对在校女大学生已经发生性行为的人数进行了调研,为了避免问题的敏感性,设置问题时让填答者回答同学和其他在杭高校的朋友中已经发生过性行为的人数多少,选项包括:①没有;②少数;③较多;④很多。调研结果见图17。

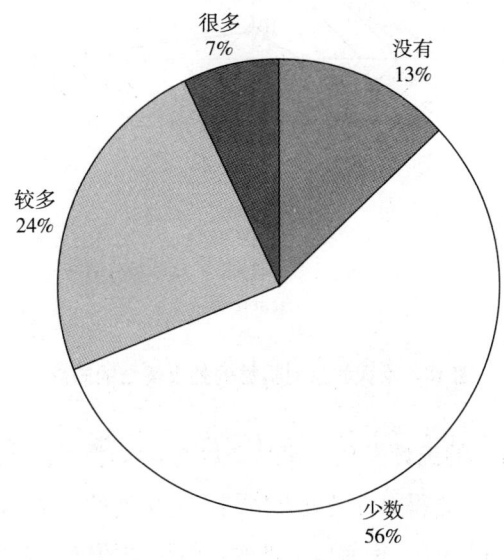

图17 女大学生婚前性行为发生的比例

调查数据显示,当今女大学生在校期间已经发生过性行为的人数比例较高。这从侧面反映出,大学生对婚前性行为持宽容的态度,很有可能与身边存在发生性关系的同学有关,也有可能受到了西方自由、开放的性思想的影响。不过,虽然时代和观念在发生改变,但婚前性行为的高发可能引致身心等问题的发生,需要相关部门加强安全教育和健康观念的引导。

(2) 女大学生对处女情结的观点的结果与分析

处女情结是传统婚恋观中重要的内容之一，我们对当代女大学生对男性的处女情结的态度进行了调研，以了解女大学生是赞成、可接受、不可接受还是完全鄙视男性的处女情结（见图18）。

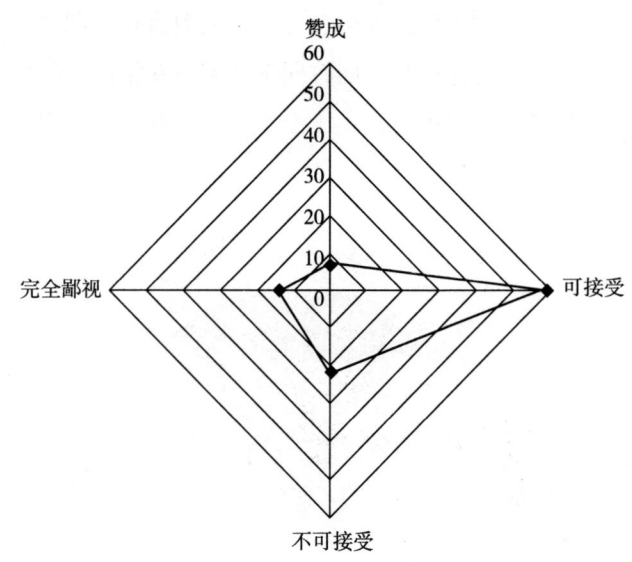

图18 女大学生对男性的处女情结的态度

经过对调研数据的统计发现，超过半数的女大学生表示能够接受男性的处女情结（56.1%），觉得男性的处女情结不可接受的占22.3%，完全鄙视男性的处女情结的占14.3%，而赞成男性的处女情结的仅占7.3%。调查结果显示，相较于传统婚恋观中要求女性一定是处女的观点，当代女大学生对待性行为更为宽容。不可接受和完全鄙视男性的处女情结的女性合计占36.6%，也就是说，超过1/3的女大学生认为是否处女不应该是婚恋中主要考虑的因素。

(3) 女大学生对性和爱是相互独立的观点的结果与分析

在对女大学生性爱观的研究中，我们调研了女大学生对性和爱是相互独立的这一观点的态度，选项包括完全不同意、不同意、一般、同意、完全同意（见图19）。

调查结果显示，对于性和爱是相互独立的这一观点，持不同意态度的占

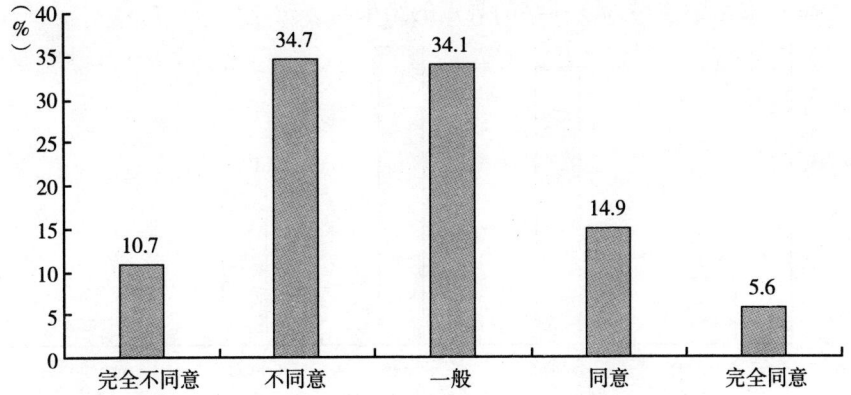

图19 女大学生对性爱相互独立的态度

34.7%，持中间态度的占34.1%，同意的占14.9%，完全不同意的占10.7%，完全同意的占5.6%。虽然不同意性和爱是相互独立的女大学生比例最高，但不容忽视的是持中间态度，也就是模糊态度的比例与其十分接近，只相差了0.6个百分点，更有超过1/5的女大学生认可性和爱是相互独立的这一观点，甚至有5.6%的女大学生完全同意这一观点。这项分析表明，"90后"女大学生的性爱观相较于传统观念发生了巨大的变化。通过访谈了解到，女大学生的性爱观较多地受同学和同龄朋友的影响，一旦某所高校或某个专业出现这种现象，很容易在上下届之间产生相互影响，并慢慢地形成一种氛围，使得女大学生在两性观中走向更加开放而不觉得有任何不妥。

（4）女大学生对堕胎的观点的结果与分析

近年来，女大学生堕胎事件开始增多，我们调研了女大学生对意外怀孕后堕胎是否好的选择的看法，选项包括完全不同意、不同意、一般、同意、完全同意（见图20）。

调查结果显示，持中间态度的占35.9%，不同意堕胎是个好选择的占33.3%，同意的占19.5%，完全不同意的占8.0%，完全同意的占3.3%。从这些数据可以看出，认为堕胎是个好选择的女大学生不在少数，这意味着如果她们遇到这种情况就可能做出这种选择，这种趋势是值得政府和教育等有关部门注意的。通过访谈了解到，这与性爱观的情况类似，也是从局部开

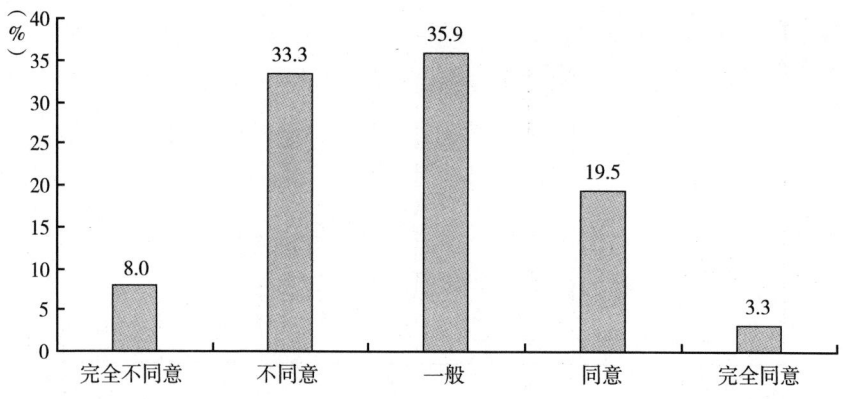

图 20　女大学生对堕胎的态度

始,然后这种观念和行为会不断扩大和蔓延。究其原因,这与大学扩招、上课学期数缩短、在校教育不足、社交工具扩散快、社会和媒体信息多元化等多方面因素有关。

五　引导女大学生正确婚恋的对策

婚恋观已经成为影响当代大学生学习和生活的重要现实问题。调查结果显示,当代女大学生的婚恋观呈现以下几个特点:①恋爱的普及性,即多数女大学生都有恋爱的经历和渴望;②动机的复杂性,即恋爱受到生理、心理、社会环境、生活环境等多种因素的影响;③标准的多样性,即女大学生对恋爱对象和婚姻对象的要求标准呈多样性;④性观念的差异性,即女大学生对性交往的看法,一般是理性接受和保守并存。大学生婚恋教育已逐渐引起教育部门、社会、家庭的重视,尤其是高等院校,作为大学生学习、生活的主要场所,担负着大学生思想教育的重任。

(一)加强网络与媒体监管,优化婚恋环境

调查研究发现,网络对大学生的婚恋产生了很大影响,其庞杂的内容及其负面影响是导致大学生婚恋问题的重要原因。由于大学生正处于青春期,

他们有恋爱的需求，对浪漫的爱情充满幻想和憧憬，与其他年轻群体相比，大学生群体更容易接受网络，也更容易被网络的各种不良信息所影响。虚拟网络为浪漫爱情提供了一个独特的平台，大学生甚至可以通过网上聊天等方式与陌生人迅速建立恋爱关系。在这样的网络环境下，毫无危险防范意识的女大学生往往成为受害对象。近年来的新闻报道中，有关女大学生网恋被害的案例很多，这样的事件值得我们深思。因此，政府必须采取相应的措施，加强网络监管，大力优化网络环境，倡导积极的、正确的婚恋观，起到保护大学生的作用。首先，政府部门要建立健全社会认同的公共道德体制来规范网络行为。一方面，要通过树立榜样、倡导网络文明，号召广大学生网民以实际行动来影响和带动周围的人自觉抵制各种不健康、不文明的网上信息，以正面引导的方式，形成网上道德和文明上网的风气；另一方面，要打击和整治网络上传播的不良文化，尤其是色情文化，对于色情网站，一经发现就要严厉处罚，对于传播淫秽信息的人也要依法处置。其次，政府部门应尽快建立比较完备的网络安全机制。一方面，要通过"信息海关""防火墙"等方式阻止有害信息进入，尽可能杜绝网络垃圾进入学生视野；另一方面，要严格网络审核许可程序，严格执行"先备案、后接入"的工作流程，与用户签订"非经营性互联网信息服务备案登记表"和"互联网入网责任书"，建立客户信息台账，对于那些没有许可证的出租房、网吧要坚决取缔。此外，社会及高校要强化对大学生网恋族的管理、监督和教育。对于经常上网的大学生"网恋族"要进行专门走访，及时了解他们的网恋心理、动机和需求，通过合法的教育途径，增强网恋者的法制意识、责任意识、政治意识、自律意识和安全意识，培养健康的心理素质，树立良好的网德。

　　对于媒体，应该建立长效的媒体监管和评价机制，规范和引导相亲节目进入良性发展的轨道。电视娱乐节目需要给观众轻松愉快的享受，以及情趣、理趣的陶冶，使观众受到积极向上的鼓舞，以娱乐游戏方式展示人生哲理，实现美学价值。然而，当今的不少电视娱乐节目却未能通过传播正确的信息来达到引导大众的目的。就如一些电视台为了经济利益，所开设的相亲栏目就是以男女嘉宾"出位"的语言,以及"大胆""麻辣"的表演,宣扬"拜金""炫富""畸形的婚恋观"等一系列与我国传统婚恋道德观相悖的思想,极大地影响了一大批女青年的婚恋价值观。问卷调查的数据统计分析表明,经常或者偶尔观看此类节目的女大学生占到了62.0%;有6.1%的女大学生认为该类节目对大学生的婚恋观起到了一定的误导作用;11.7%的女大学生一致认为,政府有必要采取措施整顿和规范相亲节目,进而倡导一种积极的、健康阳光的婚恋观。由此可见,如何建立长效的媒体监管和评价机制、规范和引导相亲节目进入良性发展的轨道、引导媒体向大众传播正能量,必须引起党委宣传管理部门的高度重视。

(二)加强性安全教育,提高女大学生自我保护意识

大学生的性行为出于他们对性的好奇、向往及渴望,进而发展为实际行动。现在绝大多数女大学生对婚前性行为采取宽容的态度,调查中有38.2%的女大学生表示愿意和男朋友发生性关系,32.7%的女大学生能够接受以相爱及结婚为前提的婚前同居。近年来,大学生性行为的发生率不断上升,意外妊娠和人工流产发生率较高,性病传播速度加快,严峻地威胁着青年学生的身心健康。尤其是女大学生,由于生理结构原因,往往成为最大的受害者。据杭州新城医院的医生介绍,去医院接受人流手术的女性中,女大学生占到了近20%。许多女大学生经不起男友的软磨硬泡,过起了同居生活,且不知道采取任何安全避孕措施,一旦怀孕了就不得不来做人流手术。新城医院妇产科主治医师介绍,不少大学生对生殖健康知识了解得很少,很多人不采取严格的避孕等安全防范措施,都是事后采取人流等伤害身体的方法,有损身体健康。从目前的状况来看,女大学生的性认知状况与学识水平不相符,性观念开放自由,但对性的认知仍较肤浅,在不同程度上表现出性责任的缺失、婚姻与性的背离、贞洁观的迷失甚至性与爱的分离。我们应当对女大学生的两性关系给予充分的重视和理解,教育她们一方面应该接纳自己的性欢愉感受,不要过分地压抑;另一方面要对自己的行为负责,以免产生严重的后果。因此,政府要积极倡导高等院校加强婚恋观知识教育,加大

婚恋观知识的宣传，提高大学生自我保护意识刻不容缓。

我国教育中存在性健康教育的缺失，美国早在20世纪90年代就出版了《全国性教育综合大纲》，世界上最早进行性教育的国家瑞典也有一套性教育课程体系。在这方面，可结合中国的国情与文化，制定高校性教育大纲，编写适合我国大学生年龄阶段和身心特点的性教育教材，开设性教育课程，且把重点放在性心理、性伦理道德、恋爱、避孕、恋爱中人际关系的处理等内容上，并普及性健康教育；高校还应积极开展性生理和性心理专题讲座与宣传，增加性心理卫生和性生理卫生以及自我保护知识和女生防身术等方面的选修课程；针对女大学生的害羞心理，高校心理辅导机构的老师要采用团体辅导与个别辅导相结合的方式，对她们进行正确的性心理疏导；高校还应为大学生提供避孕的设施与物质保障。同时，政府还可以创新教育手段，甚至可以实现产业化。培养大学生健康的婚恋观，既可以通过传统媒体进行宣传教育，也可以开辟新的平台，如网站、微博、微信等，通过喜闻乐见的图文表达，让女大学生从中得到启示。例如，在微信平台推出《大学生恋爱，这十大问题最致命》《如何为大学生婚恋保鲜》《女大学生如何在恋爱中占据主动》等文章。甚至我们可以结合女大学生这一群体的特点，针对爱情等提供产业化教育服务。

（三）普及大学生婚前培训，建立健全的预防机制

中国传统的婚姻观念坚持"从一而终""嫁鸡随鸡、嫁狗随狗"，而西方文化对离婚的态度比较包容。本次调查数据显示，52%的女大学生对待离婚的态度是认为"既然夫妻两个人不合适，勉强也不会幸福，干脆离婚，各自生活"。这说明由于受西方自由思想的影响，女大学生对离婚的态度不再严格排斥和坚决反对，而且理解接受，并解释为"尊重感情，婚姻自由"。但是，这种观念在一定程度上会导致婚姻家庭不稳定、离婚率高、离婚随意性强，进而会对孩子产生不良影响，对孩子的婚恋观产生潜移默化的作用。因此，政府有必要承担起责任，建立维护婚姻机制，改善婚姻质量，降低离婚率。目前，韩国各地政府开始积极推动新婚夫妇的婚前培训课。

2014年，首尔市在下辖2525个区的健康家庭支援中心开设培训课程，对1000对即将结婚的新婚夫妻进行培训。2014年的培训主题是"我们结婚了"，共分为4个讲座，内容分别是：通过性格分析去理解对方；发生矛盾时的沟通技巧；家庭育儿与家务的分担计划；家庭财务培训。新婚夫妇不仅能听到专家讲座，还能与配偶交换意见。在一些发达国家，平均每10个家庭就有一位婚姻家庭咨询师。与之相比，我国还没有普及婚前教育以及婚姻过程中矛盾调解技能的培训，同时这方面的人才也十分短缺。在"80后""90后"的小夫妻中，闪婚族多、双独生子女婚姻多，面临许多新的问题，都需要婚姻咨询师来指导。因此，杭州市卫计委和杭州市妇联可以借鉴国外经验，建立起我国的婚姻维护机制。

目前，高校中婚恋失败导致的伤害事件时有发生。因此，重视健全学生的婚恋挫折管理体系具有重要意义。在对待恋人分手事件上，虽然大多数学生比较理性，但也不乏脆弱的女生为了爱情而殉情，以及女生因提出分手，遭到男朋友报复，发生毁容等恶性事件。这些悲惨事件的原因主要有两点：一方面，很多年轻人是在百般呵护下长大的，从小喜欢什么就能得到什么，这种心态带到恋爱中，就变成"我喜欢你，你必须和我在一起，你离开我，我绝不能接受"的心态；另一方面，一些人对恋爱的认识不够正确。恋爱的终极目标是找到一个适合与自己共同生活一辈子的人建立家庭，但在恋爱中，人们往往会忘记这个目标。当一方发觉对方不适合自己而提出分手时，被动方就会感到极大的失落，出现自我否定的痛苦经历，由此产生怨恨心态。上海华东师范大学开设了一门"婚姻与爱情"的选修课，课容量为84人，报名人数接近500人。从供求关系来看，大学生对爱情充满了迷茫与渴望。大学生学会了如何进入恋爱模式，却忘记或忽略了该如何优雅地离开。政府和学校有责任和义务去帮助大学生理性地对待分手，预防此类恶性事件的发生。

（四）关注女大学生就业，提高女大学生就业率

随着高校教育规模的不断扩大，近年来，大学生就业难已经成为高校教育中一个突出的问题，其中女大学生的就业形势更加严峻。女大学生在择业时产生焦虑、恐惧、畏难的不良情绪，部分人试图通过婚姻扫除就业障碍，"干得好不如嫁得好"的传统观念开始回潮。从目前来看，提高女大学生就业率，改善女大学生的就业形势，需要国家、社会、学校和女大学生自身的共同努力。首先，国家要健全法律机制，保障女性和弱势群体平等就业的权利。加强男女平等教育，努力改变社会对女大学生的偏见，给女大学生一个公平、公正的环境，让她们去充分发挥自己的才能。同时，积极发展第三产业，拓宽女大学生的就业面，为其提供更多适合她们发展的岗位。其次，社会上要重视女大学生的价值，改变对女性的陈旧观念，平等对待男性和女性。学校也要重视对女大学生的培养，针对女大学生的特点，合理规划教学，要让女大学生自己发现自己的优点，自己挖掘自身的优势，多进行就业指导，提高女大学生的就业能力。女大学生也要努力学习，提高能力，发扬自尊、自信、自立、自强的精神，以自己的真才实学谋求工作岗位。再次，政府要吸收借鉴世界各国反就业歧视的相关制度和经验，结合我国国情，完善反就业歧视的机制。最后，政府可以多出台一些人性化、引导性的文件，例如，鼓励企业退出情侣就业岗位，为大学生的恋爱持续走下去创造和谐的外部环境。只有通过国家、社会、学校等各方面的共同努力，才能真正解决女大学生就业时受到的歧视和不公正待遇。给女大学生一个公平的环境，使她们能够努力学习，并积极投入社会主义现代化建设。这样既可以发挥女大学生的社会价值，又可以防止包养事件的出现，进而帮助女大学生们树立正确的婚恋观。

（五）倡导正确的校园婚恋文化，塑造女大学生正确的婚恋观

校园是大学生生活的基本环境，对大学生的学习、生活以至婚恋活动都有重要影响。部分大学生的婚恋问题显然与不良的校园环境因素有关。因此，要解决大学生的婚恋问题，就必须加强校园文化建设，营造良好的校园环境。

政府应该鼓励学校开展多种形式的校园文化活动来丰富大学生的课余文化生活，可以通过组织文艺晚会、观赏电影、郊外春游、体育锻炼等各种文体活动，充实大学生的课余生活。引导大学生将旺盛的精力转移到锻炼身

体、磨炼意志、陶冶情操、提高能力的活动中，以健康的精神生活抵制各种低俗文化的消极影响，避免性刺激的诱惑，形成良好的婚恋道德情操。要重视帮助女大学生接受知识、艺术和人文的熏陶，并在集体活动中享受丰富而充实的校园生活，使她们渴望与异性交往的热情得到正常排解，而不至于盲目恋爱，影响正常的学习和生活，对今后的道路产生不良影响。高校还可以利用校园传播媒介，通过宣传板报、校报、广播、网页等媒介来进行宣传，营造良好的校园氛围，帮助女大学生抵制环境中的种种不良影响，引导女大学生树立理性的婚恋观念。

总之，健康有益的校园文化生活是消除孤独感、培养健康情操、强化道德约束力、珍视快乐人生的良好方式。丰富多彩的精神文化生活不仅体现在活动形式的多样化、活动次数的频繁上，也包括使活动的人员群众化以及让每一位同学都有显示自己才华、表现自我价值及自尊心得到尊重的机会，以满足大学生情感的需要。

六 结语

总体而言，目前女大学生在婚恋观方面较多地体现了自主性、现实性以及保守与开放并存等特点。相较于传统婚恋观，她们更注重恋爱的过程，更强调自我价值，对婚前性行为有更高的宽容度，家庭的不稳定性也更大，形成这些特点的原因是多方面的，主要包括社会变迁、中西方文化的多元影响等。女大学生是未来家庭和社会的主体，有关部门可以结合女大学生婚恋观呈现的新趋势进行有利的引导和相关政策的制定，从而促进社会的稳定、和谐、有序发展。

参考文献

［1］蔡敏：《当代大学生婚恋观问卷的编制与验证》，《心理学探新》2012年第3期。

[2] 金乐、邓和秋:《大学生婚恋观的误区及教育策略分析》,《理论观察》2014年第2期。

[3] 张爱荣:《高职院校女生婚恋观教育探析》,《江苏建筑职业技术学院学报》2013年第12期。

[4] 张凯文、汪珍珍、戴晓青:《当代大学生婚恋观调查分析与教育思考》,《江苏经贸职业技术学院学报》2013年第5期。

[5] 邹俊彬、孙杰:《"90后"女大学生婚恋观调查及教育引导途径研究》,《前沿》2013年第2期。

[6] 高中建、李艳艳:《"90后"与"80后"大学生的婚恋观及其差异性研究》,《青年探索》2013年第2期。

[7] 储丽琴、左胜梅、胡春霞:《高职大学生性观念及性行为调查分析》,《齐齐哈尔医学院学报》2014年第3期。

[8] 杨淑萍、杨俊平:《女大学生婚恋观研究》,《教育理论与实践》2013年第33期。

[9] 张凯、张晓婉、李秀娟、陈源源:《大众传媒背景下"90"后大学生婚恋观的调查研究》,《西南农业大学学报》(社会科学版)2012年第2期。

[10] 刘惠萍、张姝:《非婚同居行为法律规制研究》,《沈阳工业大学学报》(社会科学版)2014年第4期。

[11] 王美萍:《当代大学生婚恋观特点及其相关因素研究》,《山东师范大学学报》(人文社会科学版)2009年第4期。

[12] 王文婷:《关于"90后"大学生婚恋观的调查研究》,《产业与科技论坛》2012年第3期。

[13] 唐年华:《浅析"90后"大学生婚恋观研究——以广西南宁市为例》,《法制与经济》2012年第3期。

[14] 秦深、傅新禾:《青年婚恋观现状透析》,《当代青年研究》2012年第2期。

[15] 苏红、任永进:《大学生婚恋观特点研究》,《中国性科学》2008年第6期。

[16] 王勤、梁丽:《改革开放以来女大学生价值观的变迁》,《中国青年研究》2011年第11期。

[17] 周小李:《女大学生"婚恋症候"透视》,《中国青年研究》2011年第9期。

[18] 李祖娴、聂衍刚、田婧妤:《对父母婚姻关系的知觉与大学生婚恋观的相关研究》,《中国健康心理学杂志》2009年第3期。

[19] Brantley A., Knox D., Zusman M. E., "When and Why Gender Differences in Saving 'I Love You' among College Student", *College Student Journal*, 2002, 36 (4).

[20] Martin P. D., Specter G., Martin D., Martin M., "Expressed Attitudes of Adolescents toward Marriage and Family Life", *Adolescence*, 2003, 38 (150).

[21] Hudson, W. W., Murphy, G. G., "Sexual Attitudes Scale", In C. M. Davis, W. L. Yarber, R. Bauserman, G. Schreer, L. S. Davis (Eds.), *Handbook of Sexuality-related Measures*, Thousand Oaks, CA: Sage, 1998.

[22] Hendrick, C., Hendrick, S. S., "A Relationship-specific Version of the Love Attitudes Scale", *Journal of Social Behavior and Personality*, 1990 (5).

[23] Salts, Connie J., Seismore, Melisa D., Lindholm, Byron W., Smith and Thomas, "Attitudes toward Marriage and Premarital Sexual Activity of College Freshmen", *Adolescence*, 1994, 29 (116).

[24] Hendrick, C., Hendrick, S. S., Dicke, A., "The Love Attitudes Scale: Short form", *Journal of Social and Personal Relationships*, 1998 (15).

[25] Walters J., Parker K. K., Stinnett N., "College Students' Perceptions Concerning Marriage", *Family Perspective*, 1972, 7 (1).

[26] Knox, D. H., Sporakowski, M. J., "Attitudes of College Students toward Love", *Journal of Marriage and the Family*, 1968 (4).

[27] Hill R. J., "Attitudes toward Marriage", Unpublished Master's Thesis, Palo Alto, CA: Stanford University, 1951.

家 庭 篇

Reports on Family

B.5
社会变迁背景下的夫妻冲突模式研究

陆桂英*

| 摘　要： | 夫妻冲突是夫妻之间互动关系中的必然产物，从传统社会到现代社会一直是一种关注性较高的社会现象。本文借助社会变迁理论，通过浙江省夫妻冲突的典型个案来分析现代社会夫妻冲突的模式。通过个案分析总结，将夫妻冲突划分为五种模式：家庭关系冲突型、角色失调冲突型、社会资源冲突型、感情信任危机型和价值观念冲突型。每一种模式以具有典型性特点的案例作为个案支撑，采用案主分享的形式对夫妻冲突划分的五种模式进行解读。冲突的存在，客观上不利于和谐家庭关系的建立，因此在模式分类的基础上，从女性视角出发针对婚姻冲突提出了四个方面的对策建议，即准确 |

---

* 陆桂英，杭州市团校校长、副教授，浙江大学硕士，浙江省舆情监测中心副主任。主要研究方向：共青团工作、社会工作、青年工作等。

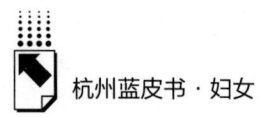

把握角色要求，积极适应多重角色；加强夫妻情感沟通，积极回应家庭需求；不断提升个人素养，逐步提高个人品位；善于转移矛盾焦点，积极争取社会支撑。总之，从功能结构的角度看，本文认为家庭生活也应该允许适度冲突存在，这对于推进夫妻关系的持续发展将产生积极影响。

关键词： 夫妻冲突模式　社会变迁　归因

夫妻冲突是指夫妻之间因思想、感情、性格等方面不一致而产生的矛盾和纠纷[①]。夫妻冲突有许多分类：从表现形式上来看，有争吵、冷战、口角、热战、分居、离婚等形式；从冲突内容上来看，有夫妻情感冲突、夫妻性冲突等；从冲突原因上来看，有家庭关系冲突、角色失调冲突、财产分配冲突等。不论是在传统社会，还是在当代社会，夫妻冲突都是一种关注度较高的社会现象。夫妻冲突引发社会高关注度的原因，是夫妻冲突不仅会引起夫妻关系紧张，甚至有可能导致夫妻关系破裂，影响家庭和谐，从而引发一系列社会问题。夫妻冲突并非夫妻关系的偶然产物，而是夫妻之间互动关系中的必然产物。伴随着社会变迁，从社会生产到社会结构、从社会行为规范到社会观念、从社会体制到社会思潮、从物质生活到精神状态、从生活方式到人们的价值观体系等都发生了巨大的变化。受这些巨大变化的影响，夫妻冲突不仅多了起来，而且出现了以往不曾有的新的冲突类型。因此，在新的社会背景下研究夫妻冲突模式，探讨夫妻冲突的原因，以此推动和谐家庭的建设，具有重要的现实意义。

一　我国夫妻冲突模式的现状与背景

家庭是社会的细胞。家庭关系包括夫妻关系是社会的组成部分，必然受

---

① 《夫妻冲突》，http://baike.baidu.com/view/11589260.htm。

到社会变迁带来的政治、经济、文化大变革的影响。社会变迁就是从变化的视角去认识社会现象,包括夫妻冲突。

(一)随着社会经济的高速发展,夫妻冲突越来越复杂化、多样化

无小家何以成大国,家庭的稳固与否影响着国家的长治久安。在家庭结构中,夫妻关系的稳固与否直接决定了家庭关系的稳固程度。近年来,中国社会经济发展很快,取得了丰硕的成果,浙江经济发展尤为凸显。2013年,浙江省国民生产总值比2007年翻了一番,达到37568.49亿元,居全国第四位。浙江省人均GDP达68462元,是全国各省份中人均GDP增长最快的地区之一①。经济的迅速增长,增强了浙江的综合实力,推动了浙江社会大发展,有效地促进了人民生活的改善。但是,伴随着经济的迅速发展,夫妻矛盾、冲突也更加凸显。据统计,2007~2012年,浙江省登记离婚数同比上升46.64%(见图1)。随着社会变迁的加剧,越来越多的因素影响夫妻关系的和谐。夫妻冲突的原因越来越多样化,夫妻冲突越来越复杂化。因此,夫妻冲突的研究具有现实的迫切性。

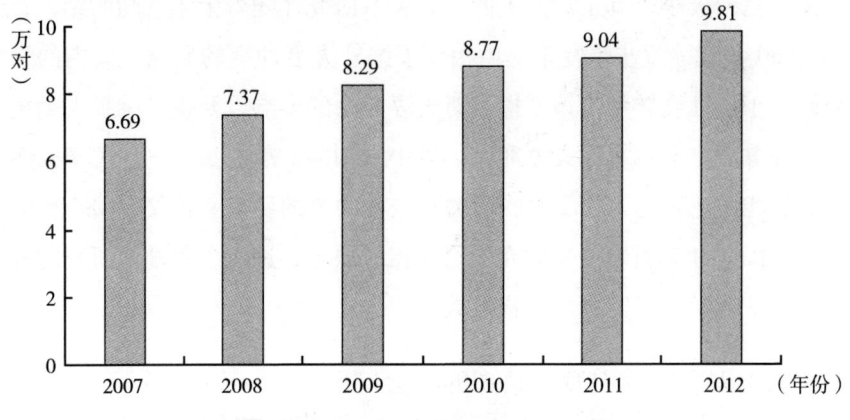

图1　2007~2012年浙江省离婚登记数

资料来源:《2012年浙江省民政事业发展统计公报》,http://govinfo.nlc.gov.cn/zjsfz/xxgk/zjsmzt_13224/201309/t20130924_3991221.html?classid=355。

---

① 国家统计局网站,http://data.stats.gov.cn/workspace/index?m=fsnd。

（二）学术界对夫妻冲突模式化研究不足

关于夫妻关系和两性关系的研究一直以来都是国内外相关领域的学者关注的对象。从西方国家来讲，夫妻关系的研究历史悠久。随着社会工业化和都市化的不断发展，更多的如离婚、女性婚外恋、分居、家庭暴力等夫妻问题接踵而至，人们的研究更多地倾向于夫妻关系的冲突形式、亲子关系的矛盾、夫妻沟通与治疗以及家庭暴力等方面。尤其是在行为治疗和心理干预等方面，国内外已经有了较为成熟的学术研究，但是对于夫妻冲突模式的研究则很少予以关注。在中国，传统社会下的夫妻关系是私密的、不可与外人道的私人话题，儒家思想的统治地位进一步禁锢了夫妻间的互动关系，夫妻冲突被作为家丑不外扬的行为界定，人们羞于并抵触分享夫妻冲突的案例、感受。夫妻冲突以男性单一性冲突为主，夫妻冲突的形式更多地表现在家庭暴力层面。新中国成立后，随着人们思想的解放、女性地位的提高，以及社会学等学科的兴起发展，夫妻关系逐步摆脱传统社会私密的界定，学术研究逐步走进夫妻关系。与其他领域相比，夫妻冲突的研究仍未摆脱社会观念的禁锢，涉及范围极小，真正意义上的夫妻关系研究伴随着十年浩劫的结束，到20世纪80年代才逐步恢复重建。相较于国外夫妻冲突的研究，国内的学术研究倾向于从社会转型的角度探索对夫妻关系的影响以及提供维护夫妻关系的策略和方法，而不直面夫妻冲突。以中国知网文献总量为例，关于夫妻关系研究的相关论文达10382篇，而关于夫妻冲突的研究文献仅有185篇。整体上看，国内针对夫妻冲突研究的论文相对缺乏，进入学术领域研究的并不多，夫妻冲突模式研究更是屈指可数。

（三）夫妻冲突引发一系列的社会问题

夫妻是家庭组织结构的基石，也是透视社会问题的一个窗口。从微观角度来看，夫妻冲突不利于家庭的稳固与和睦，对夫妻情感、家庭成员、家庭稳固运行都有不同程度的伤害。尤其是对于孩子来说，夫妻冲突在很大程度上影响了孩子正确的世界观、价值观的树立，夫妻关系的恶化遏制了孩子的情绪、性格和社会适应性的良好发展，往往会给孩子的心理带来伤害，夫妻冲突导致的夫妻关系紧张又进一步影响孩子对家庭的凝聚力和归属感，引发儿童次生危机。从宏观角度来看，夫妻关系不仅与家庭生活的幸福美满紧密相关，还关系着社会整体的和谐发展。夫妻冲突问题的日益严重会引发一系列社会问题，如家庭暴力、婚外恋、恶性冲突等，不利于社会的和谐与良性发展。因此，从社会变迁角度出发，对夫妻冲突模式进行界定，探索夫妻冲突的深层原因和规律，才能寻求更好地解决夫妻冲突的路径。

（四）社会变迁导致夫妻冲突模式发生改变

社会变迁既是社会发展不可避免的现象，也是社会学研究领域内一个经久不衰的话题。社会变迁的原因有多种，如生产力与生产关系的冲突、物质生活与精神意识的冲突等。生产力与生产关系的冲突导致社会结构和社会经济形态的变迁，继而引发社会地位的变化和社会思想形态的更替。反过来，社会变迁又导致冲突的发展，影响冲突的形态、原因和类型。在社会变迁的基础上研究两性地位的变迁，可以让我们从功能论的视角看待夫妻冲突，并从女性视角提出缓解夫妻矛盾的措施。

社会地位的变迁是社会变迁理论中的一个支点。两性关系是历史的产物，是在一定生产力条件下形成的。随着生产力的发展和社会持续变迁，两性的地位也发生着不断的变化。两性地位的变迁主要体现在以下几个方面。第一，两性经济地位的变迁。在我国几千年的农耕文明中，男性由于生理形态上的优势在谋取生存资料的活动中一直处于主导地位，在家庭生活和夫妻角色中自然而然地形成了男性负责生产、女性负责生活的角色分工，男性占据家庭和社会经济的主导地位，女性的经济附属于男性的经济体系。随着生产力的不断发展，社会持续变迁，女性逐渐摆脱男性的经济附庸地位。在全民就业、男女同工同酬等制度框架下，夫妻双方共同工作，越来越多的女性实现了经济独立，在经济上获得了解放。职业女性越来越多，全职妻子（母亲）在现代社会越来越少，这样的社会现象直观地反映了两性经济地位的变迁。第二，两性政治地位的变迁。男性在生产中的主导地位被注入政治内涵后,政治现象中的"男尊女卑"成为封建政治文化的重要组成部分。因此,传统社会下,几乎没有女性直接参与政治,她们除了做饭洗衣、编织缝纫、料理家务外,其他事一概无权过问,更别提参与政事国事了。在封建社会里,女性几乎没有做官的资格,也没有自己的姓名,甚至可以作为男性的私有物品被随意地进行买卖和赠送,其地位非常低。随着社会生产力的不断提高,以及社会形态的不断变化,我国女性的政治地位有了很大的提高,女性逐步走出了家庭,在政治上描绘了女性浓墨重彩的画卷。越来越多的女性政客走上政坛,大量的女性在人大、政协、中央及地方各级政府职能部门任职,她们同男性一样,共同参与国家和城市大政方针的制定、修改和实施。第三,两性受教育地位的变迁。在经济上作为男性附庸的传统女性,在受教育的待遇上与男性相比也体现出不公平。"女子无才便是德",在漫长的历史中作为女性教育的真理,被长久地隔绝于教育体系之外。进入21世纪以来,杭州女性接受高等教育的比例和程度均高于男性,伴随着女性教育地位的提升,两性的经济地位也发生了极大的变迁。第四,两性家庭地位的变迁。两性平等的观念作为新时代的一种性别文化被社会普遍接受,这种文化直观体现在两性家庭地位的变迁上。

(五)社会功能变化对夫妻冲突模式的影响

在现代家庭中,女性的家庭地位越来越高,这一地位变化从出生即有所体现。传统社会下,男性对于家庭繁衍的意义远远大于女性,随着社会的不断发展变迁,尤其是在计划生育政策的影响下,现代社会女性从出生即被赋予与男性同等的家庭地位。在夫妻关系中,除了传统的养家糊口,男性也被赋予了一定的家庭劳务角色。女性与男性的家庭地位越来越趋向平等。正是由于两性地位的变迁,才赋予夫妻冲突更多的时代特点。从现代社会发展的需求来看,看待夫妻冲突要透过冲突的外在表现正确认识夫妻冲突背后的隐形功能。社会功能视角主要将社会现象进行社会功能的分析。理论上认为社会的各组成部分以有序的方式相互关联,并对社会整体发挥着必要的功能。大多数社会现象都具有正负功能。以夫妻冲突为例,夫妻冲突是夫妻关系恶化的导火线，会引发夫妻矛盾甚至夫妻关系破裂；同时，夫妻冲突也是持续夫妻关系的润滑剂，冲突是夫妻互动关系的一种体现。因此，夫妻冲突既具有负功能，也具有正功能，辩证地看待夫妻冲突、正确地缓解夫妻矛盾是夫妻关系持续发展的关键。

二 杭州城市家庭夫妻冲突典型模式与分析

夫妻冲突能够体现时代特点，反映时代内容。随着社会的变迁，夫妻冲突也具有不同的模式。通过对冲突原因的分析，可归纳为五种典型的冲突模式。

（一）家庭关系冲突型

家庭关系冲突型是指夫妻之间基于婚姻形成的亲属之间的关系处理不当所引发的冲突矛盾。家庭关系可以分为夫妻关系、亲子关系和其他家庭成员之间的关系。在夫妻关系的影响架构中，夫妻关系是整个家庭关系的核心，其他的家庭关系，不管是婆媳关系，还是丈母娘与女婿关系，抑或者是夫妻双方亲戚关系等都是由此衍生而来的。夫妻关系是"最亲密"也是"最陌生"的，双方没有血缘关系却要相遇相伴共度一生，而各自原本最亲密的如母子、父女的家庭关系等都退而让步，各自的家庭通过夫妻双方形成千丝万缕的联系，在夫妻关系中占据一席之地。在这样的特点下，家庭关系处理得当与否直接影响夫妻之间的关系。

1. 婆媳关系引发的夫妻冲突

在众多家庭成员关系中，婆媳关系属于较难处理的关系之一。现实中，不少家庭因婆媳关系紧张而导致夫妻之间的矛盾冲突。深入分析不难发现，婆媳关系难处理主要难在以下三个方面。其一，难在对象同一。婆婆和媳妇两个女人面对的是同一个男人。在这两对男女关系中，双方都认为对方存在破坏关系的可能性。对于婆婆而言，媳妇都是儿子"忘了娘"的首要原因，是与之争夺儿子的敌对势力。而对于媳妇而言，婆婆是阻挠自己和丈夫建立最亲密关系的"拦路石"。其二，难在先天不足。婆婆和媳妇是两个完全没有血缘关系的陌生人,也没有经过感情的培养,却要建立起与丈夫、父母同等亲密的关系。女方进入婚姻生活后,在与婆婆的相处中,总是自觉或不自觉地把往日自己父母对自己的关心和疼爱作为参照系来对照婆婆的言行。婆婆常常把自己女儿对自己的关心和体贴作为参照系来审视媳妇的表现,本身的先天不足,直接导致婆媳关系不和谐。其三,难在职能相似。不论是婆婆还是媳妇,都承担着家庭中内务和养儿的职能,有经验的婆婆会认为媳妇不会持家、不能很好地照顾好家庭,新时代的媳妇则会认为婆婆落伍守旧,跟不上时代。在我们调查的488份随机问卷中,近四成的夫妻和父母住在一起,19.26%的夫妻和配偶父母居住在一起(见图2)。有交集便会有冲突,配偶父母(尤其是婆婆)导致的夫妻冲突是较为显著的冲突模式,调查中发现,27.87%的人认为婆媳矛盾是引起夫妻冲突最主要的因素(见图3)。

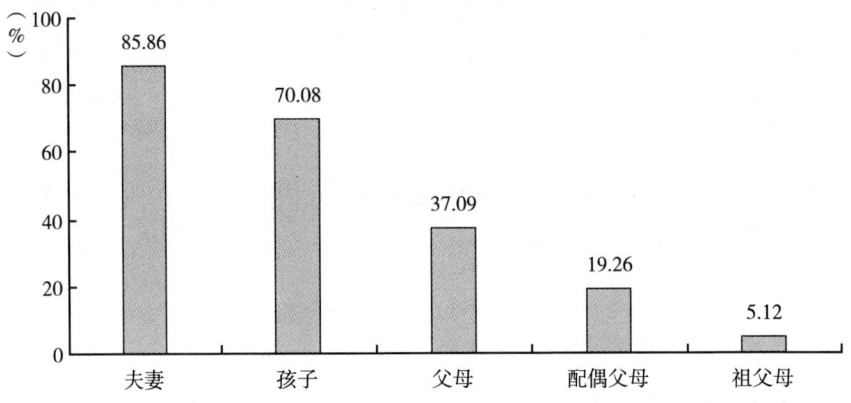

图2　您的家庭成员（共同居住）（多选,最多选三项）

"我和你妈同时落水,你先救谁"的问题不仅是两性关系中的一个玩笑,更是现实生活中婆媳关系相处难的一个实例缩影,作为决策中的两难选择,往往会引发夫妻间的争吵。可以说,婆媳关系是从古至今的世界性难题,堪称影响夫妻关系的第一难事。尤其是伴随着两性地位的变迁,女性地位不断提高,在家庭中,对于自由和尊重的要求更加凸显。而传统的婆媳关

社会变迁背景下的夫妻冲突模式研究

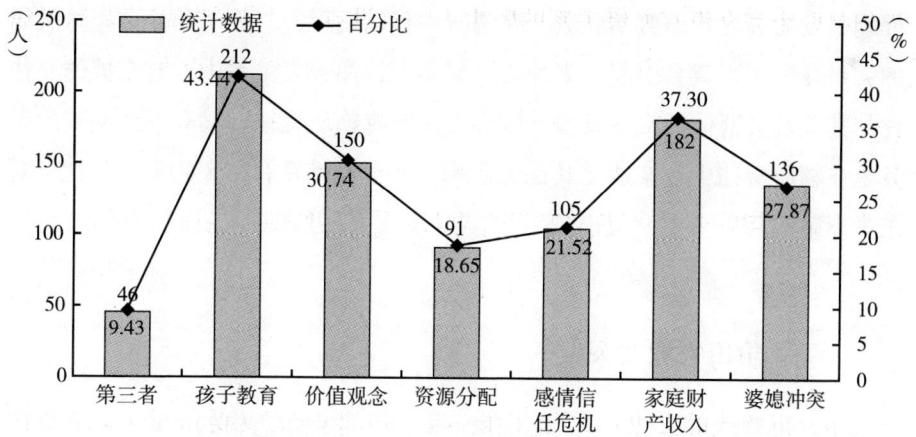

图3 你和爱人发生冲突，最主要的原因是（多选，最多选三项）

系中，媳妇在婆婆面前应该逆来顺受，这与女性地位尤其是家庭地位的提升相冲突。传统的婆婆嫌弃媳妇娇生惯养，新式的媳妇嫌弃婆婆多嘴多舌。婆婆的权威性被打破，而媳妇的个性化亟须建立。从这个程度上讲，婆媳关系确实很敏感，而在夫妻关系中，婆媳的矛盾会直接引发夫妻的冲突。一般情况下，夫妻之间并没有直接的矛盾冲突点，有时引发夫妻冲突的主要矛盾点集中在与婆婆的关系处理上，如果婆婆介入夫妻生活太多，对儿子的关注过高，虽然母子关系是亲密与和谐的，但对于夫妻关系而言则是一种侵入，影响媳妇对丈夫的看法。

2. 亲缘关系引发的夫妻冲突

亲缘关系是夫妻关系及家庭关系的进一步延伸。夫妻关系所维系的不仅是夫妻两人本身的感情，更是联系了两个家庭之间错综复杂的亲缘感情。来自夫妻双方的亲戚关系渗透于夫妻关系的各个角落，原本没有血缘关系的两家人因为夫妻双方的结合而形成新的亲戚纽带，相较于血缘关系，这种亲戚纽带中本身就含有不稳定因素。由于存在利益往来，再加上生活习惯、价值理念等不同，容易引起矛盾，从而引发夫妻冲突。现代社会下，社会的急剧变迁更是弱化了原本不稳定的亲缘关系，加剧了夫妻冲突中亲缘关系冲突的因素。在亲缘关系处理中，最容易出问题的就是利益往来。由双方亲戚关系处理引发的夫妻矛盾数不胜数。在调研中我们发现，与妻子的兄弟姐妹之间的关系处理不当就会引起夫妻冲突。事实上，在夫妻关系中，与亲戚的交往比与其他社会群体的交往要多，这种交往既有物质交往，又有感情交流。尤其是在物质交往中，亲戚尤其是无血缘亲戚本身就具有很大的不稳定性，对于夫妻中的两方来说，就出现了很多因亲戚关系处理不当而引发的夫妻冲突。

（二）角色失调冲突型

角色失调冲突型指的是夫妻在家庭角色、性别角色中的义务和权利未按照角色期望来进行活动所导致的夫妻冲突矛盾。社会角色是社会学的范畴，是指与人们的某种社会地位、身份相一致的一整套权利、义务的规范与行为模式，它是人们对具有特定身份的人的行为期望，它构成社会群体或组织的基础[①]。人是社会性的生物，每个人在不同的年龄阶段扮演着特定的社会角色。例如，一个人从呱呱坠地起，他（她）就开始承担家庭角色了，成了人家的子女、孙辈、弟妹等；长大成家了，他的家庭角色便成了丈夫（妻子）、父亲（母亲）；再往后又成了爷爷（奶奶）或姥爷（姥姥）；等等。除了家庭角色外，夫妻双方还承担着相应的社会角色，如小时候的学生以及工作后的职员、下属、上级等。在夫妻关系中，角色的正确定位和合适体现是夫妻关系持续发展的基础。一旦角色失调，夫妻冲突不可避免。

1. 家庭角色失调

家庭角色指的是伴随着家庭的建构，在家庭中理应承担的、特定的、与之身份相匹配的一系列权利和义务的规范与行为表现形式。在家庭角色分配中，丈夫既扮演了丈夫的角色，同时还扮演了父亲、儿子等家庭角色，妻子也一样，同时扮演了母亲、女儿、媳妇的角色。在家庭关系中，每一个家庭角色有其角色的期望值。由于一人扮演多重角色，在角色转换中就容易出现不符合对方期望值的角色失当。如初为人父、人母的年轻夫妻，在自己的父

[①] 郑杭生主编《社会学概论新修》，中国人民大学出版社，2009，第184页。

母面前还享受着儿子、女儿角色的待遇，容易忘记为人父、为人母的角色要求。这种情况下，对自己的问题不易察觉，但对方如果觉得不称职，双方就容易产生矛盾。同时，夫妻关系是需要长期磨合的，在磨合的过程中，双方都有着自己的理想角色期待，当这种期待与现实出现差距时，也容易导致矛盾和冲突。很多男性对妻子的期望是温柔顾家的好妻子、好妈妈、好媳妇。而作为职业女性，由于职业角色与家庭角色之间的冲突，显然无法兼顾两者，一部分女性相对更注重自己的事业和工作，希望能在经济上、政治上达到自己追求的目标，而作为丈夫则更希望妻子能以家庭角色为重。这种夫妻双方在家庭角色扮演和对家庭角色的期望中引发的夫妻间的矛盾和冲突，在当前经济发达地区已经成为普遍存在的社会现象。

2. 性别角色失调

性别角色指的是针对具有不同生物性别的人所制定的、足以确定其身份与地位的一整套权利、义务的规范与行为、表现的模式①。从生物学角度来说，性别角色具有先天性和固定性，后天的努力很难改变性别的先天设定。在社会中，有极少数的人违反或者脱离性别角色的先天设定，这被认为是一种性别"错位"，是一种不健康的行为。社会学角度的性别角色是伴随着社会经济的发展而有所界定和划分的，是在一定的社会大环境中被赋予和塑造的。例如，在封建"男权社会"，性别角色体现为以"男性为中心"划分，男人和女人形成固有的行为规划和性别定轨，其基本特征就是"男主外、女主内""以夫为纲""男强女弱"。随着社会的不断发展，女性的社会地位发生了翻天覆地的变化，甚至出现了"女强男弱""男主内、女主外"的社会现象，"女汉子"层出不穷。这就使性别角色陷入了一个非常尴尬的局面，一方面，"男强女弱""男主外、女主内"的思想仍然被社会大众和主流社会所认同；另一方面，女性不再局限于家庭内务的一亩三分地，很多女性在家庭、社会范畴都超越了男性的能力范围。对于夫妻关系来说，这样的性别角色转换形成了角色失调，引发夫妻之间的矛盾和冲突。现代社会中，

---

① 郑杭生主编《社会学概论新修》，中国人民大学出版社，2009，第184页。

性别角色失调和女性角色紧张是一个非常突出的现象，并对夫妻关系产生不良影响。"男子养家、女子持家"的传统同时受到了制度、社会、家庭的三重约束，男性在化解性别冲突中做出了角色的退让和移位，使家庭性别角色出现了边界模糊化的趋势，形成了夫妻双方共同持家，甚至男性持家的性别角色分配，男性在家庭生活中被谑称的"妻管严"，就是性别角色模糊中的一种表现。女性本身的性别定位和实际扮演的性别角色体现产生冲突，男性的性别角色体现出现失调，在夫妻关系中，造成了夫妻间的摩擦和冲突。

（三）社会资源冲突型

社会资源冲突型，用通俗的话来讲，是指夫妻之间由钱财的赚取、使用、分配、管理等引发的夫妻之间的矛盾冲突。自古以来，家庭中因金钱而导致夫妻冲突的案例屡见不鲜。伴随着社会经济的迅速发展，家庭财产积累越来越多，对金钱的需求也越来越大，家庭中关于资源的赚取、分配、管理、使用的冲突更加凸显。香港中文大学客座教授魏雁滨认为，当前社会，引发夫妻冲突的主要原因有价值观、生活安排、孩子的教育、物质主义等因素，其中最突出的原因是生活压力的增大，尤其是夫妻家庭收入支出的矛盾和物质主义下的经济要求是社会变迁背景下引发夫妻冲突最显著的特点。

1. 家庭实际经济收入与收入期望之间的差距导致的矛盾

目前，随着市场经济的发展、社会生活节奏的不断加快，以及人际竞争的日益激烈，家庭经济压力带给人们的影响越来越突出。从图3的数据调查来看，37.30%的被调查对象认为引起夫妻间冲突的最主要原因是家庭财产收入，在引发夫妻冲突的因素列举中居第二位。由此可见，家庭收入与需求的矛盾引发的夫妻冲突是当前夫妻冲突的主要模式之一。社会变迁背景下的夫妻冲突带有明显的社会经济特点，家庭经济的收入和积累与家庭财产的需求和期望值之间存在明显的矛盾，社会财富的平均值、家庭收入的攀比都是引发夫妻冲突的直接导火线。在社会经济相对落后的地区，如浙江的衢州、丽水等地，由家庭经济收入引发的夫妻冲突和夫妻关系破裂的例子数不胜数。在夫妻关系中，女性越来越多地参与家庭经济支配，对家庭收入的话语权越来越大。面对家庭收入与家庭经济需求的矛盾，女性更多地选择责备、抱怨的方式，甚至采取冲突、离婚等方式。在大的社会环境下，生活压力给夫妻关系带来越来越多的不协调。

2. 家庭财产分配引发的矛盾

家庭财产的分配矛盾是引发夫妻冲突的重要原因。伴随着经济社会的快速发展和社会财富的不断积累，夫妻之间由财产的分配、管理等造成的矛盾也日益增多，并呈现多样化、复杂化的趋势。尤其是随着女性地位的提升和经济地位的独立，女性对于家庭财产分配的主动权和话语权越来越大。近年来，随着杭州市民营经济的发展和计划生育政策的出台，生活富裕的独生女家庭非常多，从而衍生出了"上门女婿"这种极具特色的民间习俗。上门女婿的社会地位和经济地位在夫妻关系建立的同时就丧失了，失去了家庭财产的分配主动权。这与传统夫妻关系中的男性地位产生冲突偏差，易于引发夫妻矛盾和冲突。许多上门女婿认为，家庭经济大权全部由丈人和老婆一手抓，自己连皮毛都挨不上，家庭财产全部明确地写着老婆的名字。虽然上门女婿为这个家庭也赚了不少钱，但家庭财产的分配和其没有任何关系，而且孩子又不跟自己姓，自己的父母也不能孝顺。由此导致的分居、离婚现象不在少数。事实上，上门女婿的情况只是夫妻财产分配冲突的部分体现，在家庭财产分配矛盾中，并非仅限于上门女婿群体，组合家庭、再婚家庭等都涉及财产分配的隐形矛盾。

3. 家庭财产使用导致的矛盾

家庭共同财产是家庭成员在家庭共同生活存续期间共同创造、共同所得的共有财产[1]。随着社会经济水平的提高和家庭财产数额的增加，家庭共同财产如何使用是夫妻关系冲突的一个重要原因。在传统社会，除了女性嫁妆自管以外，夫妻共同财产的使用去向由家庭中丈夫来决定。伴随着社会的变迁尤其是两性地位的变迁，女性对于家庭财产的使用也更具话语权和主动性，这就要求夫妻间对财产使用的观念必须一致协同。一旦夫妻间对财产使

---

[1] 《家庭共同财产》，http://jingyan.baidu.com/article/db55b6094cef3c4ba30a2faf.html。

用的观念不一致，就很容易引发夫妻冲突和矛盾。例如，现代男性的吸烟支出在个人收入中占据一定比重，很多妻子出于健康和家庭收入的考虑希望丈夫戒烟，或者妻子希望丈夫能够减少玩游戏、买装备的支出；而相反，丈夫希望妻子少买些服装和饰品。如此等等，都有可能引发夫妻间的冲突。当前社会，共同财产如何支配、由谁掌管以及财产的使用、流动、去向等问题引起的夫妻冲突越来越多，这是引发夫妻冲突的重要因素。

（四）感情信任危机型

感情信任危机型是指夫妻之间不诚实、虚伪、背叛等因素使夫妻之间失去信任而导致的矛盾冲突。夫妻间的信任与理解是维持夫妻关系的重要保障，而感情信任是建立在夫妻之间坦诚面对、平等相处和相互理解的基础之上的，如果一方有隐瞒、欺骗行为而另一方又没有及时合理地调整两人之间的沟通方式，就会出现误会、隔阂、冲突、裂痕，产生感情信任危机，甚至导致夫妻关系破裂。

1. 婚外恋引发的矛盾

学术上将婚外恋定义为婚外性关系，是在婚姻关系之外的一种情感行为。婚外性关系包括"嫖娼""二奶""第三者"等各个类别。从严格意义上讲，婚外恋是中国传统男女地位变迁的时代变异品。传统社会中，男子三妻四妾符合纲常伦理，但随着社会的变迁和两性地位的不断提高，一夫一妻制在法律上得以确立。西方文化的影响让爱情的神圣性和专一性成为男女情感发展的首要要求。可以说，婚外恋是对夫妻关系杀伤力最大的一种影响因素，是导致夫妻之间关系破裂的直接诱发因素。问卷调查显示，9.43%的人认为第三者是导致夫妻冲突的最主要因素（见图3）。可见，婚外恋极大地影响了夫妻关系。在现代社会，由婚外恋引发的夫妻冲突不胜枚举，而婚外恋造成夫妻情感的信任基础坍塌又是夫妻冲突中的外在表现和主要因素。近年来，婚外恋已经成为导致杭州市夫妻之间信任坍塌的致命原因。而现代社会中，很多婚外恋是由"爱情厌倦心理"造成的悲剧，是随着社会的变迁，女性在家庭和职业方面双重角色的移情削弱了其对爱情、性生活等方面的投人，减少了夫妻间的沟通交流，产生了隔阂与矛盾。

2. 猜忌型夫妻冲突

幸福的婚姻是建立在夫妻双方相互信任的基础之上的。失去信任的夫妻关系，不论对方的行为和动机是什么，另一方都会主观性地认定和猜疑对方。导致夫妻之间出现猜忌，有可能是在从前的关系中，有一方出现过让另一方不信任的言行，不管这类言行是否真实，由于没有得到及时的沟通，会埋下猜忌的种子，之后引发夫妻之间的冲突。不过有些情况下也有可能是因为夫妻双方或者某一方是猜疑型人格。具有这种人格特征的人，天生就多疑，对周围的环境和人缺乏安全感，容易由此及彼地产生主观联想，如果夫妻双方对彼此的性格没有充分认识，也容易导致夫妻矛盾的产生。有些丈夫或妻子由于经济或长相等原因，一开始就对自己的婚姻不自信，只要对方离开自己的视线就会非常不放心，老是怕被别人抢走。于是，丈夫或妻子出去会朋友或玩耍时，因为怕对方阻拦，就会编些"加班""开会"之类的谎话。一旦被揭穿后，对方就会猜疑是否真有婚外恋的存在，其结果就是带来夫妻冲突，严重者会导致分居，甚至离婚。

（五）价值观念冲突型

价值观念冲突型指的是在夫妻关系中，夫妻双方由于价值观念的不同而在待人接物上产生分歧，进而引发夫妻冲突或矛盾。价值观念是人的行为的内在主导因素。价值观念不同，会在生活的各种细节上表现出来，如果不能求同存异，夫妻矛盾就会时常发生。在各种价值观念中，对夫妻关系影响较大的冲突有夫妻双方的生育理念冲突、子女教育理念冲突、男女行为规范冲突等。

1. 生育理念冲突

伴随着几千年来中国特有的农耕经济和传统儒家文化，形成了诸如"多子多福""重男轻女""父权为尊"等一批具有中国特色的生育理念。然而，社会变迁的加剧、社会经济的快速发展、国家宏观经济发展的政策规范以及两性地位的平等化发展趋势等，造成了与传统生育理念相冲突的新的生育理念，如"计划生育""生男生女一样好""少生孩子多修路"等，这些生育理念透过社会大环境映射在微观的家庭夫妻关系里，造成的影响也日益凸显。近年来，随着单独二胎政策的放开，许多家庭在生不生二胎的问题上多了一种选择，但也因为考虑是否生二胎这样一个问题，引发了许多夫妻间的矛盾。调研中发现，许多家庭由于丈夫是独子，如果第一胎是女儿，公公婆婆虽然并非有非常严重的重男轻女的思想，但是作为传统的中国男性内心深处总还是想生一个儿子。对于女性来说，如果再生一个孩子，就意味着她所有的工作和努力都白费了，保胎、生孩子、养孩子，这个过程会占用太多的时间，打乱了她所有的工作计划。从研究的结果来看，夫妻的生育理念还取决于整个社会的生育环境，在当前社会，职业女性的生育理念由"政策限制"转变为"自觉选择"。家庭压力的增加、职场发展的需求都是女性选择低生育理念的社会因素，而男性受传统"多子多福"的生育理念和家庭长辈观念的影响，或者是考虑到子女生长环境等因素，产生渴望生二胎的生育理念，这就容易导致夫妻冲突的产生。

2. 子女教育理念冲突

伴随着"421家庭"的出现和比重的增加，孩子的教育问题成为中国夫妻冲突产生的一个重要原因。调查显示，43.44%的人选择孩子的教育问题作为引发夫妻冲突的最主要因素，比重排名第一（见图3）。中国夫妻的子女教育成长理念，同样深受儒家文化和农耕经济的影响，突出"严父慈母"的教育角色分工，父亲负责子女教育的大方向，母亲全力配合，提供无微不至的家庭成长陪伴，在子女教养方法上，男女表现大不同。伴随着社会经济的发展变迁，夫妻中的妻子、家庭中的母亲渐渐走出陪伴孩子成长的全职妈妈的角色，在孩子的教育问题上，更期待与丈夫共同担负起指导、参谋、照顾、培养的教育责任，尤其是随着女性家庭经济地位和社会地位的上升，其对孩子的教育更具有话语权。调查中发现，孩子的教育问题引起的夫妻冲突，主要出现在孩子上初中和高中阶段。这个阶段，由于孩子面临中考和高考，不同的教养观会导致家长对孩子教育的不一致性，从而引发严重的夫妻冲突。目前，我国家庭教育的不一致性是导致夫妻离婚的重要因素之一。

3. 男女行为规范冲突

由于时代的不同，男女之间的行为规范和价值观念也有差距，社会化给每个时代的人的行为刻上了时代特有的印记。在我们的社会生活中，年纪大的人与年纪轻的人看待同一种事物或许有着截然不同的观念，这一现象也体现在年龄差距较大或者个人价值观念差距较大的夫妻中，由年龄代沟、个人观念不同等产生的夫妻矛盾冲突也具有一定的社会典型性。调查中我们发现，社会经济快速发展带来的心理压力不断增加，近年来，杭州市女性抽烟喝酒的人数也在悄然上升。许多丈夫认为，抽烟喝酒可以体现男性的行为特征之一，但反对女性这样做。而很多职业女性则认为，女性也可以抽烟喝酒，抽烟喝酒的女性不等于不良妇女，她们认为这跟人的品质没有任何关系，只是一个行为习惯而已。

在现代婚姻生活中，导致夫妻冲突的原因各种各样，很多夫妻冲突的产生并非单一性的原因，可以说，夫妻冲突模式的划分纷繁复杂，不能完全涵盖。本文是根据导致夫妻冲突产生的最突出的五种原因进行模式分类的。婚姻冲突类型多种多样，本文归纳的夫妻冲突模式也不可能涵盖所有，夫妻冲突模式是各种模式综合作用的产物，只不过有主次之分而已。

三 缓解夫妻冲突的对策建议

事物发展的轨迹是螺旋式地上升。社会变迁下夫妻关系的发展正是在克服冲突、解决冲突过程中得以发展持续的。在婚姻生活中，夫妻冲突是无法杜绝的，只有通过政府宏观引导、妇联等群团组织介入、社会力量支撑以及构建积极的家庭支持体系，才能使夫妻关系更加和谐，因此，人们需要了解婚姻冲突产生的原因，正确看待夫妻冲突，积极维护夫妻感情，这样才能建立与维持健康长久、和谐美满的夫妻关系。

（一）政府宏观引导

家庭是社会的重要单元，更是构建和谐社会的重要内容。家庭关系是否和谐,在很大程度上取决于夫妻关系是否和谐。从社会健康发展的角度看,构建和谐的夫妻关系应该得到社会管理主体的重视。政府作为社会的管理者,可以在对夫妻冲突的处理与缓解中,通过完善立法、购买服务、加大宣传等行之有效的手段,缓解夫妻冲突,构建和谐的夫妻关系,造福千千万万的家庭,促成和谐社会的形成。

1. 完善立法

夫妻关系是一种法律关系,夫妻双方有各自的权利和义务。在我国《民法》和《婚姻法》中,有相关内容规定,但是这些规定由于历史条件的限制,有些不能适应社会的发展。因此,通过立法来明确夫妻双方各自的权利和义务,是构建和谐夫妻关系的前提和基础。婚姻立法的完善是实现夫妻家庭地位平等的前提基础,也是实现夫妻家庭地位平等的保障,有利于促进夫妻关系和家庭成员间的和睦。当前,《婚姻法》对夫妻双方的夫妻姓名权、人身自由权、住所选定权、计划生育义务、地位平等权利、忠实义务以及禁止行为等做了比较明确的界定,对夫妻双方的权利和义务有较为清晰的阐述。随着社会的发展,夫妻冲突也呈现更多的时代新特征,政府立法应进一步明确夫妻双方的权利和义务。例如,对于当下婚外恋的夫妻冲突模式,政府应该在立法的角度上适度加大对重婚罪的处罚力度,如对"有配偶的人以金钱、住房等物质条件供养婚外异性并与之同居"的行为,除了保持现有的刑罚外,还应增加罚金型,以有效遏制"婚外恋"行为的发生,进一步明确夫妻双方有平等的生育权利与义务。繁衍后代,不仅是夫妻双方依法享有的权利,也是夫妻双方对社会应尽的义务。基于生育理念和行为的夫妻冲突,《婚姻法》应明确夫妻具有平等的计划生育的权利和义务,即夫妇在是否生育或中止生育问题上既要考虑到双方协商一致,又要充分尊重对方的权利。除了婚外恋和生育方面,女性在劳动机会、待遇、家庭责任等方面也存在不平等的现象。要改善这一情况,政府应该从立法角度,结合女性参与社会事务的具体情况,不断完善立法,切实保障妇女权利实现和地位平等。

2. 购买服务

立法是政府介入夫妻冲突的一个直观手段,除了在立法上协调夫妻关系，另一项重要的路径是推进政府向社会力量和专业机构购买专业服务，将夫妻冲突的调解等公共服务事项交由具备条件、信誉良好的社会组织、机构等承担，让夫妻冲突的指导向专业化、职业化、公开化转变。应该说，通过政府购买服务来缓解和介入夫妻冲突，属于一项崭新的课题。如何有效地推进政府购买服务工作需要深入探索和思考。以香港为例，香港政府在政府购买婚姻专业指导服务方面形成了比较规范的制度和常规化的服务，大量的社会组织、专业机构通过政府购买的形式参与婚姻的专业指导服务。近年来，我国内地也逐步开拓出政府购买专业服务运用于婚姻家庭指导方面，如合肥市的明光路街道率先尝试通过政府购买服务的方式，由社会组织为社区居民提供包括改善家庭关系及社区居住环境等方面的专业服务。除了购买专业服务外，政府还可以通过课题招标的形式，吸引专业机构和组织从科学研究的角度来推进夫妻冲突的理论研究，探索夫妻冲突解决的理论路径。

3. 加大宣传

政府导向直接影响公众的价值观和道德选择。一方面，政府通过正面激励的方式，从构建和谐社会的高度，通过一定的物质和精神激励措施来正面引导夫妻关系的和谐发展，减少夫妻冲突。如之前的"五好家庭"挂牌等，就是标志性的政府正面激励手段。在这个基础上，为了进一步促进夫妻关系和谐，可以继续开展类似的"和谐家庭"挂牌，也可以尝试从乡村到中央各个层级的和谐家庭评比。另一方面，政府要有一定的资金用于宣传教育工作。通过社区、妇联、家庭学校等来宣传有关立法以及夫妻相处之道。这些宣传教育工作，可以结合计划生育工作一并开展。例如，在生育孩子之前，夫妻双方必须参与这方面课程的学习。通过完备的学习，做好建立新家庭的准备工作，这对日后形成良好的家庭关系具有重要意义。

（二）妇联等群团组织介入

妇联等群团组织是具有中国特色的权益维护和社会发展型的组织结构。这一类组织既有一定的政府性服务角色和资源，又拥有广泛的群众基

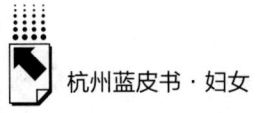

础，且具有一定的专业基础。在夫妻冲突的介入中，妇联等群团组织更具有优势。

1. 积极搭建调解平台

应当看到，当前妇联等群团组织介入夫妻冲突的力度还不够，大部分夫妻冲突的缓解是通过法律手段以及内部协调的方式解决的，妇联等群团组织参与和介入夫妻冲突的缓解缺乏平台和机会，加上重视不够，导致夫妻冲突缺乏强有力的第三方介入机制。针对这种情况，结合夫妻冲突的实际情形，妇联等群团组织应该结合自身的优势，根据基层实际情况，直接面向基层普通家庭，通过进社区等方式成立"夫妻冲突调解中心"，和基层政府功能相结合，针对夫妻冲突与矛盾，设专人专职专业进行调解处理。夫妻冲突调解中心并非政府工作机构，而是政府购买服务或者是简政放权的一个群众性组织，更易为群众所接受。以这样的形式不断拓宽妇联等群团组织介入夫妻冲突的平台，及时有效地调解处理夫妻冲突，增强妇联等群团组织在夫妻冲突处理中的重要作用。

2. 积极拓宽措施渠道

妇联等群团组织要根据本辖区内夫妻冲突的实际情况，积极拓宽调解、预防夫妻冲突问题的措施渠道，采取灵活丰富的调解预防手段。例如，可以通过在居民、村民居住区定期设立宣传点，以创办黑板报、墙报，开办夫妻学校等方式，大力宣传婚姻家庭等方面的知识和技巧，要发挥妇联等群团组织的特色和优势，结合典型案例进行宣传，借以增强夫妻双方的感情。除了设立调解中心外，还可以通过开设夫妻冲突投诉和举报热线电话，积极接待电话来访。采取定期和不定期相结合的方式对夫妻有冲突的家庭进行走访调查，开展上门调解处理活动，等等。通过以上措施，妇联等群团组织充分运用自身优势，对夫妻冲突及时进行分流处理，积极介入矛盾调解，不断促进夫妻关系和谐发展。

3. 立足维护女性权益，促进夫妻关系和谐

在中国目前的环境下，女性一方面承担着社会的压力，另一方面承担着家庭的压力。更多的现实案例表明，在夫妻关系中，妇女仍然处于弱势地位。因此,妇联应该以更积极的态度来维护女同胞的利益,包括在立法方面,要站在女性的角度去争取更多的保障。

(三)社会力量支撑

随着社会的不断发展,第三方平台一直是缓解夫妻冲突的重要途径。中国传统社会下,缓解夫妻冲突的第三方平台有"乡贤""家族权威""里长""邻里"等,随着社会的变迁,外部力量的介入同样符合现代社会下缓解夫妻冲突的要求,这些外部力量有"工青妇等群团组织""机构""第三方平台"等。

1. 充分运用电视调解栏目

随着社会开放度的提高和新兴媒体的繁荣,以电视调解栏目为代表的新兴调解力量悄然兴起,越来越多地出现并介入夫妻冲突调解。对于夫妻冲突的调解而言,电视调解栏目的优势在于以下几方面:一是类似于《金牌调解》《幸福魔方》等电视调解栏目能跳出政府、群团组织单一的调解模式,通过专家建议、群众发言、中间人调解等多项角色来丰富调解模式,提高调解效率;二是这些第三方平台的出现也能够为夫妻冲突提供一定的案例同理性和方法解决的范例模板,无形中为很多夫妻冲突提供了解决的路径;三是电视调解栏目的出现兴起为夫妻冲突的解决提供了新的路径选择;四是电视的普遍传播性能够在社会中引导一定的社会舆论。因此,要积极拓展诸如此类的电视调解平台,同时适时运用平台效果,充分运用电视效果保持节目的关注度,最大限度地发挥电视调解栏目的调解作用,也应防止节目的过度娱乐化和跟风现象。

2. 正确运用网络力量

与电视调解栏目相比,网络更具有时效性和实时性。随着新媒体的不断发展,网民数量急剧增加,社会成为一个巨大的媒体库。每一条资讯和信息都是一场潜在的网络风暴,这就是互联网特色。互联网是一把"双刃剑",要适当运用,挖掘网络的优势力量,发挥网络的正向引导作用。例如,通过在网上适时发布一些缓解夫妻冲突的技巧和攻略,分享和谐夫妻案例,开展夫妻冲突的负面效果解读，以及开展和谐夫妻网络评选等各式各项的方法，引导社会舆论监督，在网络上营造夫妻和谐的环境，减少夫妻冲突的发生。

3. 积极宣传和树立全媒体时代的和谐价值观

通过社会主义核心价值观的普及传播并使之深入人心，在社会层面倡导和谐、友善的价值导向，进一步营造夫妻平等、和谐的社会大环境，将和谐夫妻展示与社会主义核心价值观宣传相结合，持续引导，在社会层面构建和谐的价值观导向。

（四）构建积极的家庭支持体系

积极的家庭支持体系，是家庭关系中的当事人能够以积极、健康、正面的态度去直面夫妻矛盾，并努力寻求解决矛盾的科学途径。在婚姻生活中，夫妻冲突是无法杜绝的，只有通过夫妻内部不断调整、维护以及家庭其他人际关系的磨合才能持续和谐。因此，人们只有正确看待夫妻冲突、积极维护夫妻感情、正确处理家庭人际关系，才能建立与维持健康长久的夫妻关系。

1. 夫妻双方掌握一定的沟通技巧

一直以来，沟通被认为是人与人交往、相处的最重要的方式。夫妻冲突的产生在很大程度上是由夫妻内部问题引起的，婚姻中夫妻双方要缓解夫妻冲突，关键在于夫妻之间的内部沟通。大多数夫妻冲突在适当的沟通机制下是可以获得缓解的。沟通是夫妻关系持久性的保障机制。前文所提及的婚姻冲突的案例中，大部分夫妻缺乏有效的沟通，从而造成夫妻间隔阂与情感淡漠，以至于互相猜忌、互不信任，甚至产生负面理解。猜忌、吵架、冷战等冲突的形式，使夫妻之间的矛盾和冲突恶化。如果换一种方式方法，也许会有不同的效果。面对矛盾和冲突，首先，要冷静下来舒缓激动的情绪，在心平气和的状态下，通过沟通交流，双方说出自己的疑惑并表明态度，学会倾听对方的心声。如果双方观点不同，不要马上争论或打击对方，而应暂时保留意见，夫妻间冲突也就可能得到缓解。其次，要能够在冲突萌芽阶段找到冲突源。情绪往往只是一个喷火口，产生情绪的原因才是内在的、深层次的。只有找到这个源头，矛盾和冲突才能彻底解决。再次，夫妻双方要彼此了解各自的性格。不同性格的人在情感表达、人际互动等方面会有很大不同。夫妻双方要能够接纳彼此的性格，并在此基础上去逐步地适应或者改变。最后，要直面角色转变。随着现代社会和家庭功能的进一步变迁，夫妻双方在家庭中的角色被赋予了更多层次的要求。因此，在现代社会夫妻关系中，夫妻双方必须准确把握角色要求，通过角色的不断调试和塑造，在家庭中很好地承担相应的角色，这样有助于夫妻角色在家庭中的清晰划分，强化男性的家庭角色，明确女性的家庭责任。因此，夫妻关系成功处理的关键是处理好角色的重叠性与冲突性，准确把握好角色要求，积极适应多重角色的转化，适度表现角色的特定要求。

2. 家庭成员之间保持合适的距离关系

夫妻关系在具有浓厚血缘感情的中国往往不是独立的。夫妻关系往往由于家庭其他成员的介入而变得更难处理。其中，与长辈的关系和与子女的关系是核心。能否处理好这些家庭成员的关系，直接影响夫妻感情和夫妻关系。我们认为，保持合适的距离是最关键的。

首先，面对父母长辈，要有独立意识。在前文总结的夫妻冲突模式和案例中，我们看到了由于父母长辈的干预造成夫妻冲突和离异的情况很多。通过访谈我们也发现，由于中国式父母的包办，在子女成婚后，父母习惯了一如既往的操心，与子女之间的距离没有保持适度，过多干预导致子女家庭矛盾。因此，主张长辈在子女成婚成家后，最好能够分开居住。空间上的距离会减少很多柴米油盐酱醋茶引发的琐碎矛盾，也为自己的老年生活赢得更多的时间。如果由于照料需要在一起居住，各自在心理上要建起一个距离红线。对子女夫妻之间的事情，尽量不插手、不发言。同时，子女在思想上要摆脱对父母的依赖，思想上断乳是离开父母建立家庭最重要的一步。如果完不成这个距离的构建，日后的夫妻相处以及小家庭的发展肯定会矛盾不断、冲突不断。

其次，面对未成年子女，要有正确的爱的意识。对未成年子女，父母有照顾的责任和义务，也有深爱的理由。但是孩子是一个成长中的独立个体，需要有其成长的独立空间，父母与孩子之间也是有距离的，不能把自己等价于孩子，包揽一切，让孩子失去自我。在夫妻冲突的众多案例中，子女问题导致的冲突不在少数。父亲、母亲对女子的关注程度、爱孩子的方式存在差异，必然会产生矛盾。这种时候，如果在自己与孩子之间有一个合适的距离，夫妻双方就会明白，孩子是夫妻共同的，夫妻双方应该是可以达成共识的。特别要强调的是，夫妻关系的和谐是爱孩子最好的方式，也是对孩子最好的教育。

参考文献

［1］郑杭生主编《社会学概论新修》，中国人民大学出版社，2009。

［2］马有才：《婚姻家庭研究十年概述》，《社会学研究》1989年第4期。

［3］张靖伟：《历史与逻辑的张力——基于马克思主义哲学实践思维方式的思考》，《中共四川省委党校学报》2011年第2期。

［4］〔美〕艾伦·费依：《创造融洽——夫妻关系健康要诀》，马立译，江苏人民出版社，1997。

［5］张立峰：《当代中国婚姻文化的冲突与和谐探析》，中国石油大学硕士学位论文，2007。

［6］张会平、曾洁雯：《城市女性的相对收入水平及受教育程度差异对婚姻质量的影响》，《中国临床心理学杂志》2010年第5期。

［7］陈亮、朱姝：《从夫妻对话中探讨婚姻危机——运用对话合作原则分析〈玫瑰园中的影子〉的主题思想》，《金陵科技学院学报》（社会科学版）2006年第3期。

［8］王红云、刘纯艳：《父母婚姻关系对子女心理行为影响的研究近况》，中国科学院上海冶金研究所博士学位论文，2000。

［9］赵梅：《婚姻冲突影响儿童心理发展的机制——对认知情景模型的研究支持》，《山东社会科学》2005年第6期。

［10］刘湘玲、王俊红：《问题少年的人格、应对方式与父母婚姻冲突的相关研究》，《黑龙江教育学院学报》2010年第6期。

［11］郑建梅：《儿童感知的婚姻冲突对其同伴关系的影响》，山西师范大学硕士学位论文，2010。

［12］王晓丹：《近代中国社会转型与女性社会角色的变迁》，《曲靖师范学院学报》2007年第1期。

[13] 池丽萍、王耕：《婚姻冲突与儿童问题行为关系研究的理论进展》，《心理科学进展》2002 年第 4 期。

[14] 夏炎：《女性角色转变下的现代夫妻关系调节——以闽北调研为例》，《海峡科学》2009 年第 10 期。

[15] 王琼：《基于社会交换理论谈现代社会的"门当户对"观》，《科技经济市场》2007 年第 9 期。

[16] 潘允康：《试论婚姻中的交换价值》，《社会科学战线》1985 年第 4 期。

[17] 桂华、余练：《婚姻市场要价：理解农村婚姻交换现象的一个框架》，《青年研究》2010 年第 3 期。

[18] 田贤会：《在交换中沉浮的中国女人——从婚姻角度浅议交换理论》，《贵州民族学院学报》（哲学社会科学版）2009 年第 1 期。

[19] 梁青岭：《现代婚姻社会学》，社会科学文献出版社，2009。

B.6 "单独二孩"政策下杭州女性生育心理现状及对策研究

罗 琴*

摘 要: 人口问题是影响社会经济发展的关键因素。生育心理在生育活动中起着非常重要的作用。首先,我们以杭州市都市女性面对"单独二孩"政策所表现出来的生育心理为研究对象,以5个社区女性为调查样本,对她们的生育观、生育意愿和生育行为及彼此之间的关系做实证分析。其次,根据其教育背景、职业、经济收入等社会经济因素进行分层次研究,将生育心理在年龄、性别、婚姻类型、受教育程度、职业、户口所在地、家庭收入状况等变量上的表现与特点作为重点。再次,从社会、个人和家庭三个方向入手,分析影响杭州女性生育心理的因素。最后,探讨女性生育心理与政策发展趋势的内在关系,为政府政策的制定提供依据。调查显示,当前杭州都市女性在生育心理上的特点表现为:①总体生育意愿水平在中等程度以下,生育心理更偏向于社会意义;②女性年龄越小,生育的意愿越强,初育年龄延后不利于二孩生育;③性别偏好已不明显;④在杭女性大多对"单独二孩"政策表示欢迎,蓝领女性比白领女性有更强的生育意愿;⑤受教育程度越高,生育意愿越低;⑥女性的生育意愿存在城乡之间的差异,已婚与未婚女性的生育意愿差异不显著;

---

* 罗琴,硕士,杭州万向职业技术学院讲师。主要研究方向:发展与教育心理学。

⑦生育目的呈多样化,传统生育观的影响性降低,生育观的现代化趋势明显,大部分家庭中夫妻共同决定是否选择二孩;⑧文化观念、政策、个人婚育观、养老观、家庭中父母健康状况与孩子抚养成本成为生育心理中的重点影响因素,在生育二孩问题上,家庭经济因素对女性生育意愿影响较大。为此,杭州市政府可从大力开展健康的生育文化宣传、促进和推进"新家庭计划"建设、完善生育保险制度、合理配给公共医疗资源、提供有保障的教育资源、完善社会养老体系、做好政策衔接、转变计生工作方式等方面做好生育心理的公共政策支持。

关键词: "单独二孩" 生育心理 公共政策支持

一 背景

人口问题是制约我国全面、协调、可持续发展的重大问题,也是影响社会经济发展的关键因素。为了缓解人口增长过快与经济发展增长缓慢之间的严重矛盾,我国政府从20世纪70年代开始在全国范围内普遍推行严格的计划生育政策,并将其纳入《宪法》条文之中,作为公民的一项基本义务进行规定。实行该政策以来,全国少生4亿多人,提前实现了人口再生产类型的历史性转变,有效地缓解了人口对资源、环境的压力,有力地促进了经济发展和社会进步。但与此同时,计划生育的实施也导致我国的人口结构呈现极不合理的发展趋势,主要表现在以下四个方面。第一,人口老龄化提前。2013年,我国第一部老龄事业发展蓝皮书《中国老龄事业发展报告(2013)》指出,我国将迎来第一个老年人口增长高峰,2013年末我国总人口为13.61亿人,其中老年人口规模达到2.02亿人,老龄化水平为14.8%。

在2025年之前，老年人口将以每年100万人的速度增长。"未富先老"会成为阻碍我国社会进一步发展的严峻问题，并给我国薄弱的社会福利资源及公共医疗、服务行业带来更为严峻的挑战（汪妍，2014）。第二，劳动年龄人口进入负增长的历史拐点，人口红利慢慢消失。数据显示，2013年劳动年龄人口减少至9.35亿人，劳动力资源规模的拐点已出现，劳动力供给格局开始发生转变，劳动力资源短缺的现实越来越严峻。第三，独生子女政策导致大量"失独"家庭，不仅给家庭带来情感上的风险和痛苦，也可能引发严重的社会问题。我国现有的"失独"家庭约为100万个，同时以每年7.6万个的速度增长。北京大学人口学教授穆光宗认为，"一旦独生子女家庭失去唯一的孩子，父母养老送终便成为难解之题。独生子女家庭本质上是风险家庭，人生难免有意外，而他们就是其中的不幸者"（穆光宗，2014）。第四，计划生育政策也导致了人口性别结构的失调，男性出生率高于女性。2013年出生人口中男女性别比为117.6∶100，这意味着在未来大量男性无法找到妻子，将增加社会的不稳定性。

为此，中国共产党十八届三中全会通过的《中共中央关于全面深化改革若干重大问题的决定》明确表明，我国将实行"坚持计划生育的基本国策，启动实施一方是独生子女的夫妇可生育两个孩子的政策，逐步调整完善生育政策，促进人口长期均衡发展"的政策，即"单独二孩"政策。这是党和国家首次以明确的态度表明要改变长期以来一直贯彻实行的计划生育政策，代之以开放"单独二孩"的新政策。新政之目的在于引导人们改变生育行为，进而调整我国人口结构不合理的发展趋势，为经济社会的可持续发展创造条件。然而，政策只是影响生育行为的一个要素，要实现目标就必须关注与生育行为相关的其他要素，以及诸要素之间的互动，包括人们的生育心理、家庭结构、风俗习惯和生育观念等。作为生育行为的主要承担者，女性群体对"单独二孩"政策的看法将具有重要意义。杭州市的人口城镇化水平较高，以杭州市都市女性为样本，以女性生育心理状况为主线，研究杭州市育龄女性生育心理的现状，揭示在面对"单独二孩"政策下女性的生育态度，可以为政府制定相关政策提供有价值的依据。

二 国内外研究现状

生育，既是人口的再生产，也是社会文化的再生产，历来都是心理学、人口学与社会学等学科研究的重要问题。生育心理在生育活动中起着非常重要的作用，人的生育活动的发端、维持、改变和终止无不是在生育心理的支配下实现的。研究者一般将生育心理理解为生育观念和生育行为两个部分。生育观念是指人们在一定的经济、社会、文化环境中形成的对生育现象的认知，在逻辑上包含生育意愿、生育动机和生育需求三个层面（周剑等，2013）。生育观念不仅影响人们实际的生育水平，同时也关系到生育政策的调整，对人口的整体发展起着重要的作用。生育行为一般包含生育手段和生育时间。而妇女的生育心理则包含妇女对生育活动的主观意愿，即个人对生育的主观需求、生育动机与生育行为三部分（风笑天，2010）。与本研究相关的国内文献主要来自生育心理、二胎与"单独二孩"政策及其影响两个方面。另外，国外从生命周期角度探讨人们生育心理的研究和对生育心理多变量影响因素的研究也为本研究提供了理论与方法的指导。

生育心理主要包括三个层次，即生育行为、生育意愿与生育观念。这三个层次彼此具有内在的逻辑与因果关系，人们生育心理的状态与变化受三者互动的影响（王学义等，2011）。从生育行为角度来看，目前的研究主要关注生育行为的转变、生育水平的变化趋势和影响生育行为的因素，如计划生育政策与社会经济发展对中国生育水平下降的影响以及女性劳动参与与生育率的关系等（陈卫等，2011）。生育意愿的研究则致力于总结生育意愿的变化趋势，揭示生育意愿的影响因素（廖庆忠等，2012）。同时，研究者也非常注重探讨不同人群的生育意愿，并在不同人群之间进行比较，以揭示生育意愿的普遍性与差异性特征。研究者们普遍注意到，生育行为与生育意愿之间存在相互影响的关系，尤其是生育意愿对人们的生育行为有重要的预示作用，并会对生育水平产生明显的影响（庄亚儿等，2014）。生育行为与生育意愿这两个层面与其他社会文化和制度政策因素息息相关，具体来说，这些因素包括年龄、结婚年龄、受教育情况、劳动参与、性别观念、居住地、经济状况、已生育孩子状况和生育政策等。生育观的研究也是一个重要领域，被认为是衡量生育各方面轻重缓急的标准，直接体现为人们对不同生育目的、生育方式和生育倾向的选择和取舍（张进辅等，2005）。对生育观的认识，中西方又存在明显的差异。在西方，生育价值观一般是指人们对生育子女数量的重视程度。而在我国，生育观普遍被认为是个体对生育各个方面重要性的看法或者认识和评价的心理倾向，是一个具有多维度、多层次的心理系统。研究的焦点集中在生育观对人们实际生育水平的影响、生育观与政策调整的关系和特定人群生育观的调查等方面。研究者普遍认为，生育观是相对稳定和持久的，但随着人们的经济、社会地位的改变，以及文化观念（如教育、知识、风俗等）的改变，生育观也会随之改变。而在生育观和生育意愿的关系中，生育观决定生育意愿，生育意愿是生育观的具体体现，二者相互联系、相互影响。

长期以来，二胎生育一直是学界关注的一个热点问题，但研究主要集中在农村。这可能是因为计划生育政策与农村传统生育观念和生育心理存在矛盾和冲突，并在较长一段时期内成为中国农村重要的社会问题。而"单独二孩"政策的出台，将在最近一个时期成为新的热点问题。由于双独家庭、单独家庭也普遍存在于城市，因此，"单独二孩"政策引起的生育心理变化不仅会对我国人口结构与社会保障制度产生影响，而且会对立法和其他配套政策方面提出要求；同时，"单独二孩"政策还会对我国社会各阶层群体的生育心理产生影响。就目前的情况来看，我国学术界对女性二胎生育意愿的调查还非常少。

与国内研究相比，国外研究在关注问题、研究路径和研究范式上存在比较明显的差异。国外学者在研究生育问题时主要关注人们对生育控制、子女数量、婚姻形式、晚婚、堕胎、避孕、家庭结构、头胎生育时间、健康抚育、生活幸福感等问题的观念变化。在研究路径与范式上，倾向于从生命的整个历程、婚育年龄的变化、家庭理想结构、家庭情感需求角度去理解家庭规模和人口率的变化。国外研究还重点分析代际的生育影响因素，认为传统文化、教育情况、夫妻角色认知、已有孩子状况、女性生育观念与态度的改变导致生育行为的改变。在这些研究中，一些学者关注到了亚洲和非洲的低生育情况，也有人特别研究了上海一孩政策的接受和内化情况（John Bongaarts，2001；Downey，1995；Morgan and King，2001）。

从已有研究成果来看，主要有五个方面的结论。第一，生育行为与生育意愿存在背离现象。生育行为的最终发生不仅受意愿的支配，与女性生理因素、外在条件等也有很大关系（陈卫等，2011）。第二，现代化观念对二胎心理具有重要影响。在现代社会，人们的生育决策更富理性和自主决策色彩，现代女性的生育观念和生育行为已经发生了本质性的变化（张亮，2011）。第三，育龄妇女对子女作用和子女价值的认识已经变化。生育政策对人们生育心理的影响已经不是首要因素，经济、社会、文化等因素也会影响人们的生育决策（"江苏生育意愿和生育行为研究"课题组，2008）。此外，精神需求是生育的重要理由。第四，独生子女政策对城市居民二孩愿望有抑制作用（姚从容等，2010）。第五，在社会经济与教育发展水平较高的地区，以生育行为控制为导向的生育政策已不能很好地适应人口与发展的要求，生育管理应从直接管理生育行为转向构建稳定的低生育率的良好社会经济环境（刘鹏，2012）。

三 研究思路与方法

（一）研究思路

首先，我们以杭州市都市女性面对"单独二孩"政策所表现出来的生育心理为研究对象，对该群体的生育观、生育意愿和生育行为及彼此之间的关系做实证分析，并揭示它们对"单独二孩"政策实施效果可能产生的影响。其次，根据都市女性的教育背景、职业、经济收入等社会经济因素，对女性进行分层次研究，将女性生育心理在年龄、性别、婚姻类型、受教育程度、职业、户口所在地、家庭收入状况等人口统计学变量上的表现与特点作为重点。再次，从社会、个人和家庭三个方向入手，分析影响杭州都市女性生育心理的因素，寻找各因素的表现以及相互间的关系，并对生育行为进行预测。最后,在此基础上,探讨现代女性生育心理与政策发展趋势的内在关系,深入分析现代女性生育心理特征,探索以何种方式对她们进行生育心理和生育行为的指导,并为政府政策的制定提供依据。

(二)研究对象

1. 样本抽样

研究对象来自西湖区西苑社区、江干区天运社区、江干区白杨社区、下城区大家苑社区、西湖区留下社区和西湖区浙江大学港湾家园社区的500户家庭。样本抽样以家庭为单元,对上述社区采用随机分层取样的方法,并采用分层多阶段概率抽样与配额相结合的方法,组织经过培训的调查员入户访问。

2. 各人口学统计变量的界定

除了常用的性别、年龄、户籍、受教育程度外,同时调查不同婚姻类型、职业类别和收入水平群体的情况。在此,需要对一些人口统计学变量的界定略做说明,包括三个方面。其一,婚姻类型界定。根据各家庭中夫妻双方在原生家庭中是否为独生子女,将被试的婚姻类型区分为双独夫妇(丈夫与妻子在原生家庭中均为独生子女)、男单女非夫妇(丈夫在原生家庭中为独生子女)、女单男非夫妇(妻子在原生家庭中为独生子女)和双非夫妇(丈夫与妻子在原生家庭中均不是独生子女)。其二,职业类别界定。根据国家职业标准的分类依据,结合女性在社会岗位中的实际工作情况,简单地将职业类别区分为五类,即无业或全职在家、个体私营/自主创业、事业单位、企业和其他。其三,收入水平界定。根据杭州市2013年城镇家庭平均年收入水平数据(杭州市2013年家庭年均收入为43868元),将被试的家庭收入水平界定为家庭年收入区间为4倍及以上、3倍及以上、2倍及以上、1倍及以上、低于此数(见表1)。

(三)研究方法

1. 研究工具

采用生育价值观量表和生育意愿影响因素调查问卷。生育价值观量表采用的是西南大学张进辅等通过文献综述、开放式调查、专家咨询和小样本测试的育龄青年的"生育价值观问卷（2005）"（张进辅等，2005）。该问卷构建出生育目标、生育手段和生育倾向三个二阶因素和生育偏好、生育数量、

表1 样本人口学的基本情况

项　目	类别	人数（人）	百分比（%）
性　别	男	101	22.65
	女	345	77.35
年　龄	20~25岁	141	31.61
	26~30岁	141	31.61
	31~35岁	108	24.22
	36~40岁	36	8.07
	41岁及以上	20	4.48
婚　否	已婚	281	63.00
	未婚	165	37.00
已婚者婚姻类型 （已婚者中，符合"单独二孩"政策者为185人，占已婚者的65.84%）	双独夫妇	49	17.44
	男单女非夫妇	72	25.62
	女单男非夫妇	64	22.78
	双非夫妇	96	34.16
受教育程度	高中及以下	43	9.64
	大专/高职	147	32.96
	本科	170	38.12
	研究生及以上	76	17.04
	其他	10	2.24
职　业 （14人未选择职业类型）	无业/全职在家	28	6.28
	个体私营/自主创业	78	17.49
	事业单位	129	28.92
	企业	98	21.97
	其他	99	22.20
户　籍	城市	265	59.42
	农村	181	40.58
家庭年收入区间 （43人未选择家庭收入情况）	4倍及以上	34	7.62
	3倍及以上	53	11.88
	2倍及以上	220	49.33
	1倍及以上	79	17.71
	低于此数	17	3.81

生育质量、生育时间、生育方法、生育需求、生育价值、生育愿望和生育职责九个一阶因素，共有40个题目。以陈述方式随机排列，采用五点量表进行评分，大约需要20分钟完成。问卷具有较好的信度和效度：信度采用内部一致性信度（克伦巴赫α系数）、重测信度和折半信度，分别为0.838、0.965和0.783；效度采用内容效度和构想效度。生育意愿影响因素调查问卷采用周广亚编制的问卷，内容包括社会因素（文化、政策、迁移流动、社会压力）、个人因素（婚育观、养老观、工作与休闲的冲突、培育质量、健康状况）、家庭因素（父母观念、父母健康状况、抚养成本）（周广亚，2011）。该问卷共涉及16个问题，大约需要15分钟完成。

2. 结构与非结构式访谈

在实施问卷调查后，还对部分都市女性做了访谈。问题包括：对"单独二孩"政策的看法；在符合政策的条件下生育二孩的意愿及原因；还希望政府做些什么或提供哪些方面的支持；等等。在入户进行访谈调查时，我们也与调查对象进行了多个问题的交流并记录答案，针对其回答进行了深入准确的分析与反馈。我们要求调查员观察对象在交流中的其他信息并记录下来。入户时，如果受访者的其他家庭成员在场，我们也如实地记录了他们的意见和态度。

3. 问卷发放

此次问卷发放采用书面问卷的方法。共发放问卷500份，回收478份，回收率为95.60%。其中有效问卷为446份，有效率为93.31%。如表1所示，接受女性生育价值观量表调查的有效被试共有446人，具有不同的年龄、性别、婚姻类型、文化程度、职业背景和家庭收入背景，主要为已婚的育龄女性。数据处理采用SPSS 17.0统计软件。

四 杭州都市女性生育心理研究结果

（1）女性生育心理描述性统计结果

首先对样本在生育心理9个因子维度上的平均得分进行初步比较，其次对每个维度下的具体指标进行描述性统计分析。在女性生育心理的各个维度中,生育需求维度平均分最高(M=32.3543),其余依次是生育价值(M=15.5605)、生育愿望(M=15.3206)、生育方法(M=13.0987)、生育职责(M=10.6502)、性别偏好(M=9.0919)、生育数量(M=8.8543)、生育质量(M=8.1951)、生育时间(M=5.8565)(见表2)。

表2 女性生育心理的总体比较(M+SD)

因子	平均数	标准差
生育质量	8.1951	3.21933
生育需求	32.3543	7.25584
生育价值	15.5605	5.03423
性别偏好	9.0919	2.25320
生育数量	8.8543	2.85984
生育时间	5.8565	2.60286
生育方法	13.0987	3.64851
生育愿望	15.3206	3.01724
生育职责	10.6502	4.17414
生育倾向	73.8857	14.86941
生育手段	19.1906	4.42435
生育目标	26.1513	5.42945

(2)不同性别群体女性生育心理比较

采用独立样本 t 检验考察不同性别的样本在生育心理上的差异。结果显示,在生育价值、生育质量和生育目标维度上差异显著,其他维度差异不显著。如表3所示,在生育价值维度上,男性被试的平均得分(M=14.9858)显著小于女性被试(M=15.7872);在生育质量维度上,男性被试的平均得分(M=8.1135)显著小于女性被试(M=8.3333);在生育目标维度上,男性被试的平均得分(M=25.5461)显著小于女性被试(M=26.8511)。

表3 女性生育心理性别差异 t 检验

因子	平均数比较(M+SD)		t	P
	男	女		
生育价值	14.9858	15.7872	-1.365	0.004**
生育质量	8.1135	8.3333	-0.661	0.044*
生育目标	25.5461	26.8511	-2.104	0.016*

注:* 为 $p<0.05$,表示差异显著;** 为 $p<0.01$,表示差异极其显著。

(3) 不同受教育程度女性生育心理比较

采用单因素 ANOVA 检验考察不同受教育程度的样本在生育心理各维度上的差异。结果显示，样本被试在生育需求、生育价值、生育愿望、生育职责和总体的生育倾向维度上差异显著，其他维度差异不显著。如表4所示，在生育需求维度上，本科被试与大专/高职被试差异显著，本科被试的平均得分高于大专/高职被试；在生育价值维度上，本科被试与高中及以下被试差异显著，本科被试的平均得分显著高于高中及以下被试；在生育愿望维度上，本科被试的平均得分显著高于高中及以下被试；在生育职责维度上，本科被试的平均得分显著高于研究生及以上被试。在总体的生育倾向维度上，本科被试的平均得分显著高于大专/高职被试。

表4 女性生育心理受教育程度差异检验

因子	SS	df	MS	F	Sig	事后检验
生育需求	650.557	4	162.639	3.149	0.014*	3>2
生育价值	241.711	4	60.428	2.415	0.048*	3>1
生育愿望	100.559	4	25.140	2.806	0.025*	3>1
生育职责	186.819	4	46.705	2.722	0.029*	3>4
生育倾向	2417.990	4	604.498	2.778	0.027*	3>2

注：* 为 $p<0.05$，表示差异显著。

(4) 不同职业类别女性生育心理比较

采用单因素 ANOVA 检验考察不同职业类别的样本在生育心理各维度上的差异。结果显示，样本被试在生育需求、生育价值和生育倾向维度上差异显著。如表5所示，在生育需求维度上，企业被试的平均得分显著高于个体私营/自主创业被试；在生育价值维度上，事业单位被试的平均得分显著高于无业/全职在家被试；在生育倾向维度上，企业被试的平均得分显著高于其他职业类别被试。

表5 女性生育心理职业类别差异检验

因子	SS	df	MS	F	Sig	事后检验
生育需求	693.072	4	173.268	3.373	0.010**	4>2
生育价值	230.267	4	57.567	2.287	0.049*	3>1
生育倾向	2091.837	4	522.959	2.385	0.041*	4>5

注：** 为 $p<0.01$，表示差异极其显著。

(5) 不同户籍女性生育心理比较

采用独立样本 t 检验考察不同户籍的样本在生育心理各维度上的差异。结果显示，样本被试在生育方法和生育职责维度上差异显著。如表6所示，在生育方法维度上，城市户籍被试的平均得分（M＝13.5736）显著高于农村户籍被试（M＝12.4124）；在生育职责维度上，城市户籍被试的平均得分（M＝10.6415）显著高于农村户籍被试（M＝10.5932）。

表6 女性生育心理户籍差异 t 检验

因子	平均数比较(M+SD)		t	P
	城市	农村		
生育方法	13.5736	12.4124	3.312	0.045*
生育职责	10.6415	10.5932	0.119	0.002**

注：* 为 $p<0.05$，表示差异显著；** 为 $p<0.01$，表示差异极其显著。

(6) 不同年龄群体女性生育心理比较

采用单因素 ANOVA 检验考察不同年龄群体的样本在生育心理各维度上的差异。结果显示，样本被试在生育需求、生育方法和生育手段维度上差异显著。如表7所示，在生育需求维度上，36~40岁被试的平均得分显著高于26~30岁被试；在生育方法和生育手段维度上，36~40岁被试的平均得分均显著高于30岁及以下被试。

表7 女性生育心理年龄差异检验

因子	SS	df	MS	F	Sig	事后检验
生育需求	845.305	4	211.326	4.127	0.003 **	4>2
生育方法	334.024	4	83.506	6.588	0.000 ***	4>2,4>1
生育手段	286.394	4	71.598	3.748	0.005 **	4>2,4>1

注：** 为 $p<0.01$，表示差异极其显著；*** 为 $p<0.01$，表示差异异常显著。

五 杭州都市女性生育心理的现状与分析

（一）杭州都市女性生育心理更偏向于社会意义

从杭州都市女性生育心理的总体评价结果来看，女性在包括了生育需求、生育职责、生育愿望和生育价值四个项目的生育倾向维度上的平均得分显著高于包括了生育质量、生育数量和性别偏好三个项目的生育目标维度上的平均得分，以及包括了生育时间、生育方法两个项目的生育手段维度上的平均得分。这表明，杭州都市女性在生育心理的各成分中，表现出对生育的精神寄托、期盼、情感体验和生育的社会意义更为看重，其次才是生育数量、时间、方法、性别偏好等方面的考虑。这也说明生育心理的倾向成分应当得到更多重视，生育倾向对生育意愿有明显影响，且在排序中比生育意愿靠前。有意思的是，这一结果与众多生育意愿研究的结果相悖，原因可能与对生育心理和生育价值观的忽略有关。结合以往的文献就能发现，生育意愿的研究主要从人口学的角度出发，利用人口普查结果去理解人口现象，相当一部分研究数据也是来源于人口普查的结果，这样就造成对生育心理的态度倾向的忽视。我们的研究表明，从心理学的角度研究生育心理，强调女性个体的生育动力成分，应成为生育心理研究的一种路径。同时提醒我们，若要推动二孩政策的实施，关注二孩的生育倾向问题是关键。因此，可以通过多种手段提高女性的生育需求，在生育职责上强调生育孩子的社会意义，通过文化宣传等强调生育的家庭功能价值。

（二）大部分家庭夫妻共同决定是否选择二胎

男性和女性在生育价值、生育质量和总体的生育目标维度上差异显著，均表现为女性高于男性。女性是生育过程中的实施主体，具有独特性，女性生育孩子的过程和体验是男性不能经历的，为此，女性更多地认同其自身作为生命延续的重要使命，认为生儿育女是自我价值的实现，生育一个高质量的孩子更是其期盼，这应是女性在生育价值和生育质量维度上显著高于男性的原因。反过来看，男性的生育看法和主张能否实现也取决于家庭中女性的生育状况，在生育数量和性别偏好上男性具有要求建议权，但女性才是最终的实施者。虽然这三项差异显著，但余下的六个项目差异并不显著，这揭示出，男性在生育心理中也具有重要地位和作用。在家庭场域中，大多数男性处于家庭的主体地位，男性的生育观念必将对女性的生育行为产生影响，在是否生育二孩、性别偏好等问题上，大部分家庭可能更倾向于夫妻双方共同决定。

（三）受教育程度越高生育意愿就越低

一般来说，受教育程度越高的女性其独立自主性就越强，生育观越开放，同时对学业和事业的追求缩短了生育期。较高的受教育程度会使女性的生育意愿降低，这是因为较高的教育水平使女性对子女教育质量的重要性有了更深入的认识，从而产生了更强的教育质量偏好（郑真真，2004）。另外，受教育程度越高的人在社会中的层次也越高，他们生活的中心不再是家庭，而通常以个人的发展为首要目标。在这种情况下，往往需要在个人的发展与生育子女之间做出权衡。刘鹏（2012）的研究表明，受教育年限对于生育的意愿是负的影响，学历高的人对于传宗接代的观念看得不是太重。冯琪等（2013）则指出，文化程度的影响不仅体现在生育数量和性别偏好上，其直接影响是对生育时间的推迟作用。文化程度越高，其生育子女的数量就越少；从事职业的层次越高，其生育子女的成本就越大，生育的意向也越低。可以预测，在"单独二孩"政策下，受教育程度越高的人群对是否生育二孩会做出更慎重的选择。下文的研究将表明,随着受教育程度的提高,理想子女数和实际生育数均呈下降趋势。女性受教育程度越高,生育孩子数高于意愿生育数的比例就越小。

(四)蓝领女性比白领女性有更强的生育意愿

目前,我国行业分工明确,不同行业经济收入、社会地位以及文化结构差异较大。本研究表明,不同职业类别的被试体现出生育需求、生育价值和生育倾向维度上的显著差异。和个体私营/自主创业的被试相比,在企业工作的女性表现出较高的生育需求,原因可能在于企业女性的工作弹性小、要求严,但多数在企业工作的女性会因工作与生育之间的冲突而放弃生育。而个体私营/自主创业女性在工作时间、工作制度等方面更为自主,工作与生育之间的矛盾没有其他职业女性那么强烈,因此在生育需求上的表现也不强烈。和无业/全职在家的女性相比,事业单位女性一般文化程度、社会地位和经济收入均较高,为此表现出对生育价值更为看重,这也可以看成职业女性对自我价值以及对生育的社会价值的一种反应。从差异的结果来看,可以预测的是,在"单独二孩"政策下,符合政策的企业女性可能会释放出其生育需求,为此,企业单位应提前考虑生育问题与相关制度之间的矛盾问题,并制定及时可行的福利政策,包括企业女性的育婴政策。

(五)女性的生育意愿存在城乡之间的差别

城乡是生育行为研究中的重要变量,反映了女性的社会经济背景。我国的城市和农村,无论是在经济发展水平上还是在生育政策上都有很大的不同:城市经济转型快,发展水平高,国家在城市实行"一孩"政策,并严格执行;而农村经济转型慢,发展水平低,人们的观念也较为传统,国家在大多数农村地区实行"一孩半"政策。生育政策和社会经济差异的双重影响使得城乡的生育模式存在很大差异,城镇地区生育行为高于生育意愿的概率比农村地区小(贾志科等,2012)。但我们在研究中发现,杭州农村女性和城市女性在生育数量上的差异并不显著。这与社会发展,特别是城镇化的发展结果相一致，城镇化的进程缩短了城乡差异。相关数据显示，2011年我国人口的城镇化水平就达到了51.3%，浙江省的经济发展水平位于全国前列，杭州市的城乡差距也在逐步缩短。因此，在生育数量上的这种不显著状况可以为人们所接受和理解。

在生育方法和生育职责维度上，城市户籍女性要高于农村户籍女性，两者间差异显著。生育方法主要涉及怀孕期间接受定期检查、生育过程中家人接生和生孩子是否有必要住院等情况。生育职责主要涉及生育对人生、社会和家庭的意义，如认为生孩子是人生的必然选择，是对社会的一种贡献；生育体现孝道，履行做人的责任和义务；等等。城市户籍女性更多地倾向于选择定期检查、医院生育和医生接生，而农村户籍女性对三者的认同程度较低。生育方法的选择体现优生意识的强弱。城市作为文明和科学发展的中心，城市户籍女性更多地受到这方面的教育和感染，且城市户籍女性拥有独生子女的比例高于农村户籍女性，其生育质量和自身保健的意识更强。根据这一结果进行预测，在"单独二孩"政策下，对医疗服务的需求将会增加，大中城市的医院资源又相对集中，在已经饱和的状态下，增加基础医疗设施、增加医疗服务人员、增加生育过程中的物质储备也是应有之义。

（六）女性年龄越小生育的意愿越强

生育年龄与生育质量的关系最为密切，随着年龄的增加，生育的风险也会增加（程刚，1993）。研究表明，年龄越小，对生育孩子的数量和性别的要求就越高。随着年龄的增加，生育子女的成本会越来越高，一方面是生物学的原因，高龄女性生育的危险性增加，抚养子女的难度增加；另一方面是经济学的原因，一般来说，个人收入会随着年龄的增加而增加，时间成本也相应增加，而抚养子女的时间支出较缺乏弹性，于是生育意愿也就随着年龄的增加而降低了。本研究将被试样本年龄分为20～25岁、26～30岁、31～35岁、36～40岁以及41岁及以上，对应地看，也可以将被试的年龄大致划分为"90后""80后""70后"三个层次。在生育二孩意愿强度的调查中发现，31~35岁的人群有生育二孩的需求但不强烈；36岁及以上者则直接表示由于年龄大了不适合生育而放弃对二孩的需求；26~30岁人群在生育二孩上的意愿也不强烈，67.14%的被试选择"一般"；25~25岁人群更多地表示会响应二孩政策，有39.27%表示出"比较强烈"的意愿。

（七）已婚女性与未婚女性的生育意愿差异不显著

婚姻状况是影响生育行为的一个重要因素。调查结果显示，被试在结婚与否上的差异不显著，这与张进辅等（2005）的研究结果相近，他们在对青年的生育价值观调查中也得出了已婚者与未婚者在生育价值观各维度上差异不显著的结论。生育价值观是一种内在的体系，相对来说较为稳定和持久，对生育的看法和观念，大多在结婚前就基本成熟，所以婚前婚后的差异不显著。但并不排除少数人可能会因为婚姻中如不能生育、离异等特殊问题而改变生育价值观。

在婚姻类型上，调查显示差异不显著，这一结果与多个研究者的结论一致。例如，风笑天（2010）对双独夫妇生育意愿的调查发现，双独夫妇的生育意愿与非双独夫妇之间不存在明显差异，双独夫妇的性别、出生年代、文化程度、有无孩子等因素均与其二胎生育意愿没有关系。姚从容等（2010）研究发现，城市青年的生育意愿渐趋一致，独生子女与非独生子女的生育意愿差异不显著。吕江洪等（2013）比较了一孩与二孩家庭育龄妇女的生育意愿，结果显示，两类家庭育龄妇女的意愿生育数量、意愿生育性别和意愿生育间隔没有显著差异，仅在对"女性生育的最大年龄"的认识上二孩妇女明显低于一孩妇女，但两类家庭育龄妇女在生育意愿的影响因素上存在较大的差异。

（八）家庭经济因素对女性生育意愿影响较大

不少研究者通过调查分析发现，家庭的收入水平是影响家庭养育子女数的重要原因之一，孩子的教育成本是在生育时重点考虑的因素。例如，陈越男（2010）通过研究认为，在生育二胎的影响因素中，家庭收入、工作压力和赡养义务占主要地位。赵琳华等（2014）认为，赡养义务、工作压力与生育意愿呈负相关关系，家庭收入与人们的生育意愿呈正相关关系。我们在研究中发现，不同家庭收入水平之间的生育心理差异并不显著，究其原因，可能与不同家庭收入水平样本数量差别较大有关。但在开放式访谈中，当问及"假如政策允许，您选择生育二孩的意愿"这一问题被试表示不愿意生的原因时，75.36%的被试回答是经济因素，认为教育成本过高，担心给不了孩子好的生活。在"生育二孩，您希望政府能做些什么"的问题中，82.74%的被试表示希望政府给予直接的经济补贴；58.91%的被试提出完善教育体系，甚至提供免费义务教育12年；部分被试希望政府能减免教育费用，给予贫困家庭更多的经济补贴；仅有极少部分被试对政府没有要求。

六 影响杭州都市女性生育心理的主要因素与分析

生育心理一方面受到整个社会的政治制度、经济结构、价值观以及文化传统等各种宏观因素的影响，表现出一定的规律性；另一方面也受各种个体因素的影响，即由于不同的人在社会结构中所处的位置不同，所经历的社会生活环境不同，所具有的价值观念和社会心理存在差异，因而在生育心理上表现出一定的差别和特殊性（周广亚，2011）。本研究将生育心理的影响因素分为社会因素（包括文化、政策、迁移流动、社会压力）、个人因素（婚育观、养老观、与工作休闲的冲突、培养质量、健康状况）和家庭因素（父母观念、父母健康状况、抚养成本）三个方面。

（一）社会因素

首先，是生育目的。在生育目的问题上，选择养儿防老和传宗接代的比例分别为19.73%和17.94%，满足老人心愿的比例为19.73%。满足亲子感情以及家庭完整等高层次精神需要的目的突出。选择为了满足亲子感情（44.84%）、巩固夫妻感情（26.91%）和获得完整人生体验（47.53%）三项的人数比例（92.37%）大大超过了选择传宗接代、养儿防老、满足老人心愿等其他生育目的选项的人数比例（60.54%）。她们认为，现在社会养老保险和医疗保险政策越来越好，根本不需要为自己未来的养老问题担忧。这表明传统的养儿防老和传宗接代观念逐渐淡化。观念的转变，不仅和传统社会向现代社会的转型、社会伦理观念的变迁有关，也说明了"80后"和"90后"作为社会现在和今后的中流砥柱，其精神层次在不断提高。此外，选择出于社会责任感的比例仅占5.83%，这表明生育的社会价值观的淡薄。我们也注意到，在已经生育一孩的家庭中，如果一孩是男孩，则已经满足了传统的家庭生育观，选择生育二孩则会体现出高层次的精神需求；如果一孩是女孩，家庭选择再生育二孩，则部分反映了传统观。其次，是对生育政策的看法。在对"单独二孩"新政的看法上，杭州都市女性中支持与反对者皆有。支持者认为中国目前已面临严重的老龄化问题，如果继续执行目前的计划生育政策，中国人口势必会呈几何级数下降，不利于我国人口的可持续发展。反对者认为没有必要生育二孩，他们认为中国已经是人口大国，环境、资源、就业等方面都承受着巨大的压力，应该注重下一代的质量而不是数量。另外，也有被试认为"单独二孩"政策存在严重的不公平性，是对非独夫妇生育权利的一种剥夺。

研究中我们发现，当进一步问及"如果政策允许，您选择生育二孩的意愿有多强"时，7.62%的人选择"非常强烈"，16.59%的人选择"比较强烈"，46.19%的人选择"一般"，10.09%的人选择"较不强烈"，4.26%的人选择"非常不强烈"，还有15.25%的人没有做出选择。由此可见，杭州都市女性的二孩生育意愿处于中等程度以下水平，开放生育政策与否对她们的生育意愿影响并不大。这意味着，生育二孩的比例在短期内是不会发生大的变化的，也正好印证了研究者提出的观点，"放开二胎，特别是'单独二孩'政策的实施，不会带来大的人口增加，人口的总体规模不会发生大的改变"（原新，2014）。

（二）个人因素

1. 理想子女数问题

研究人员1999年对浙江省生育意愿的调查发现，已婚育龄妇女主张生育两个孩子的占77.5%（沈费伟等，2013）。本次调查结果显示，主张生育两个孩子的占74.66%，认为生育3个或3个以上孩子为理想状态的仅占3.56%，另外还有2.91%的人选择不生育孩子。可见，生育两个孩子仍然是绝大部分家庭的愿望，"单独二孩"政策的实施有利于满足人们的生育愿望。调查中也有15.70%的杭州都市女性认为生育1个孩子是最理想的状态。这可能是因为人们更加关注子女的综合素质，家长希望自己的孩子能够享受到更好的教育。理想子女数的调查数据表明，"单独二孩"政策的实施有着深厚的人群基础，顺应了人们的生育需求，但能否付诸行动还要受其他因素的影响。高比例的两个孩子的理想愿望也表明，在非独夫妇中，生育二孩的渴望是普遍的。另外，生育1个孩子和不生育孩子的比例总和占了18.61%，推测到全体人群中，这一比例不低，值得重视。是否全面放开二胎需要研究者和政府做更多的深入分析。因为计划生育政策是社会政策，公正是社会公共政策的第一原则。虽然生育政策规定逐渐放松，但是全国范围定义的生育政策一直是在分城乡、省际、民族的差别中进行的，可以理解为这种差别体现着宽容，也体现着对另一群体在一定程度上的不公正性。以夫妇双方是否独生子女这一属性来确定生育孩子的数量本身就存在不公平。展望未来，"单独二孩"政策只是一个过渡性政策，生育政策还将继续调整，"普遍二孩"的时机将在未来某个节点上被释放（禹黄娇，2013）。预测观点："普遍二孩"生育政策调整的时间点取决于"单独二孩"政策的执行水平。国家需要认真考虑非独家庭的权利和感受，考虑生育权的公平性问题，考虑"70后"和"80后"女性生育权的回归问题。正如人口专家穆光宗（2014）教授所言：生育政策改革的智慧应该是千方百计保护生育二孩的积极性和行动力。

2. 理想生育年龄问题

在446位被调查对象中，2.24%的人认为21~23岁是生育孩子的理想年龄，42.83%的人选择了24~26岁，49.55%的人选择了27~29岁，5.38%的人选择了30~35岁，36岁及以上没人选择。在这部分人群中，60.02%的人已有孩子，39.98%的还没有孩子，由此可见，杭州都市女性晚婚晚育现象比较普遍。另外,调查发现,76.23%的未婚者选择在27~29岁生育,这也进一步说明了杭州大部分女性晚育。由于晚育,二孩生育的可能性也意味着会降低。一般而言,一个家庭中,一孩和二孩的生育间隔需要3~5年。晚育不利于二孩政策的推广。

3. 孩子的性别偏好问题

调查发现,对生育男孩的偏好比例为13.90%,对生育女孩的偏好比例为17.04%,69.06%的人选择顺其自然,即没有明显的性别偏好。由此可见,在杭女性生育女孩的偏好略高于男孩,而且绝大多数人已经没有严重的性别偏好。独生子女与非独生子女对孩子的性别偏好有所不同,35.46%的在杭独生子女更倾向于生育男孩,这一比例高于非独生子女对生育男孩的偏好(26.72%)。另外,我们注意到,选择生育1个男孩的占6.73%,选择生育1个女孩的占8.96%,选择生育2个女孩的人数(8人次)比选择生育2个男孩的人数(3人次)多。虽然比例不高,但与沈费伟等(2013)的研究结果类似,杭州"80后"女性更多地体现出生育女孩偏好。

4. 生育二孩的意愿问题

绝大部分在杭女性认为生育是人生的一项义务和责任。调查显示,杭州都市女性人群中,97.09%的人有生儿育女的观念,仅有2.91%的人选择不生育。在假设政策允许生育二胎的情况下,39.69%的人表示会付诸行动生育二孩,11.88%的人明确表示不会行动,另外48.43%的人表示不确定。由此可见,生育二孩的政策是受欢迎的,即使近一半的被试没有确定是否生育二孩,但其犹豫之中包含了生育的可能。可以推测,双非夫妇中将有不少人期待生育二孩,甚至会实施行动。但家庭经济条件制约了人们生育二孩的意愿。如果没有殷实的收入,在杭家庭基本上是不敢贸然生孩子的,更不用说生育二孩。

5. 工作/休闲与照顾孩子的冲突问题

当工作/休闲与照顾孩子发生冲突时,调查被试中,认为尽量兼顾但侧重于孩子的占了大多数,比例为59.64%;认为尽量兼顾但侧重于工作的占9.04%;认为工作过得去就行还是孩子重要的占31.32%。这表明,在杭女性更看重孩子的价值，若生育二孩与工作冲突，多数会放弃事业，成全生育行为。从另一个角度来看，政府和企业应该考虑能否在职员的生育福利上予以放宽条件，或者提供更加完备、合适的生育福利政策，以消除生育问题带来的不良影响。

（三）家庭因素

1. 父母的生育观念

夫妻双方父母的生育观念显然是影响都市女性生育心理和生育行为的重要因素。调查显示，17.26%的父母是重男轻女的，仅有3.59%的父母是重女轻男的，47.98%的父母认为男女平等，30.94%的父母认为生男生女无所谓，还有0.23%的被试在此题项上未做选择。这说明，中国现阶段呈现生育观念的现代化，对于是否生育二孩，家中老人的影响在减弱，传统的家庭观念地位在下降，生育二孩与否更多是由夫妻自主决定的。这应该与家庭规模小型化、核心家庭比例增加有关。在小家庭中，年轻夫妇在生育方面的自主性更大。另外，随着养老方式由以家庭为主向以社会为主的转变，子女性别对家庭和父母来说逐渐变得无关紧要，生育目的的私人性也将有所淡化。

2. 父母健康状况的问题

调查显示，有74%的人表示父母的健康状况允许他们帮忙带孩子，7.85%的人表示父母不会帮忙带孩子，选择不一定的比例为18.16%。这个结果表明，如果生育二孩，大部分家庭有老人可以帮忙，带小孩的问题并非难以解决。我们的研究结果与以往的研究结论并不一样，如刘鹏（2012）在对中国女性生育影响因素的研究中，得出父母是否健在对生育意愿有负的影响的结论，认为父母健在加重了子女赡养老人的负担，从而降低了其生育意愿。

3. 抚养因素问题

调查显示，35.87%的人认为养育孩子最大的苦恼是教育费用，12.33%的人认为是吃穿费用，12.56%的人认为是婚嫁费用，选择住房的占17.26%，认为养育孩子加大了自己的工作压力的占22.20%，认为养育孩子最苦恼的是精神负担的占39.01%，另外还有24.21%的人选择了"其他"这一选项。可以看出，在养育孩子的过程中，精神负担和教育费用居于前位。因此，愿意生育二孩的家庭首先应当具备较好的家庭经济环境。同时，养育孩子并不只是养育，还会给父母带来更多的担忧、压力等心理负担。因此，在被试的访谈中，一半以上的人认为，"如果不能给孩子提供一个良好的成长环境，还不如不生育"。

七 杭州女性生育心理公共政策支持的建议

当前杭州都市女性在生育心理上的特点表现为：①总体生育意愿水平处于中等程度以下，生育心理更偏向于社会意义；②女性年龄越小生育的意愿越强，初育年龄延后不利于二孩生育；③性别偏好已不明显；④在杭女性大多对"单独二孩"政策表示欢迎，蓝领女性比白领女性有更强的生育意愿；⑤受教育水平越高生育意愿就越低；⑥女性的生育意愿存在城乡之间的差别，已婚女性与未婚女性的生育意愿差异不显著；⑦生育目的呈多样化，传统的生育观影响性降低，生育观的现代化增强，大部分家庭夫妻共同决定是否选择二孩；⑧文化观念、政策、个人婚育观、养老观、家庭中父母健康状况与孩子抚养成本成为生育心理中的重要影响因素，在生育二孩问题上，个人的生育观和家庭经济因素对女性生育意愿影响较大。由此可见，教育、工资、医疗保险等对生育有负面的影响，而家庭、健康状况等对生育有正面的影响。考虑到在社会经济发展水平和教育发展水平较高的地区，以生育行为控制为导向的生育政策已不能很好地适应人口与发展的要求，其效果已逐渐降低，政府应重视通过改善影响生育的社会经济等非政策因素进行调控，生育管理应从直接管理生育行为转向构建稳定性低生育率的良好社会经济环境。特别是"单独二孩"调整方案落实到千家万户，势必会遇到政策对接的各类问题和矛盾，必须有充分的认知和准备，以及与之相配套的公共政策改革方案，如果没有相关制度的保障，新的计生政策也会沦为增加社会紧张感的源头（张哲，2014）。为此，建议从积极的人口政策角度出发，制定生育心理的公共政策支持政策，具体包括六个方面。

（一）在坚持实行计划生育基本国策的前提下，放开二孩政策，但严控多胎

经过30多年的生育控制，中国人口已经进入"低生育率、低惯性增长和老龄化加速"的时代。国际经验表明，鼓励甚至强制增加生育更难（李建新，2013）。二孩政策并不是不要计划生育，而是要求循序渐进，严控多胎，以促进人口、经济和社会均衡发展。杭州市政府应将国家生育政策与本市实际相结合，为求稳妥，可分步骤依次放开生育政策，应根据各地方的不同情况进行分类指导，把握好"度"。此外，二孩政策并非适用于社会每一个阶层的群体，而是政府对那些有意愿、有能力的群体提供的一个良好的人口政策。

但二孩政策隶属于计划生育政策的范畴，政府仍应继续实行奖惩分明的激励和责任追究制度。杭州市政府应依法实行人口和计划生育政策，完善监督机制，对违法生育的人群进行处罚，特别要加大对党员干部、公职人员、社会公众人物、高收入者等人群的处罚力度。与此同时，采取相应的激励机制，加大对独生子女家庭的补贴和奖励，如对已领取"独生子女父母光荣证"的父母，可领取每年不低于100元的独生子女为父母奖励费；对独生子女三级以上的伤病残，或子女死亡后未再生育，或收养子女家庭的夫妻，女方年满49周岁后，每人每年可以得到不低于2400元的特别辅助金，以鼓励计划生育人群（沈费伟等，2013）。

（二）政府要大力开展健康的生育文化宣传

新形势下，完善人口政策必须从转变思想观念开始。众多生育研究者都关注到了文化的影响，提出生育文化的力量大于生育政策的观点（穆光宗，2014）。生育观念借助文化来传播，可形成驱动群体主导生育行为的主流生育观念，而主流生育观念具有很强的稳定性、延续性与滞后性。决定群体主

流生育观念的本源力量来自经济、社会环境,能动的宣传教育与新兴生育文化建设会推动生育观念的加速转变(李建新,2013)。也就是说,文化对生育意愿的影响是非常深刻的,但其影响也具有惰性。鉴于此,我国政府应大力倡导和建设新型的生育文化活动。目前,"生男生女一样好""女儿也是传后人"等新型生育文化正改变着人们的生育观念,影响着人们的生育行为,被越来越多的人所接受。但这种新型生育文化并不能在短时间内完全取代传统生育文化,传统生育文化对人们的生育意愿和生育行为的影响作用不可小视,为此,杭州市政府要大力开展生育文化的宣传引导工作,发挥文化的积极功能,促进人口政策的有效实施。

从宣传内容上看,首先,对计划生育政策进行宣传,给民众讲解新的计划生育政策的实施原则、范围以及与之相配套的改革制度和措施。其次,结合杭州市生育意愿不高的现实,宣传生育二孩的积极意义,适当鼓励生育,并保护生育的生态多样性。再次,积极强化优生优育的观念,以促进人口素质的提升。可充分利用广播、影视、文艺和网络传播媒介,普及预防明显缺陷发生的有关科学知识,积极推进全民健康教育,预防和控制疾病的发生发展。最后,宣传生育目的的多样化,对人口结构特别是性别偏好做科学指导。

从宣传方式与途径上看,首先,可以通过典型示范方式开展,如举办经验交流会,请先进单位或典型人物做报告,介绍其经验和做法;也可以通过向各地发文件、通报事迹材料的方式,推广他们的经验和体会;还可以通过大众传播媒介,如网络、报纸、杂志、广播、电视等刊登、传播他们的先进事迹。其次,运用寓教于乐的方法开展宣传教育,可根据不同的内容,采用不同的形式进行,通过影视媒体、戏剧、文学、民间工艺品等,把人口国情、计划生育政策、先进工作经验、避孕节育和优生优育知识生动形象地表现出来,使群众在娱乐中接受潜移默化的教育。最后,把计划生育宣传教育与各项工作结合起来,渗透于社区生活的各个方面和计划生育的全过程,以扩大广度、增加深度,提高宣传教育的效益和效果。

（三）促进和推进"新家庭计划"建设

生育包括生殖与抚育两个部分，既是人口的再生产，也是社会文化的再生产。生育镶嵌于社会组织与文化观念体系之中，反过来又对其产生深远影响。因此，人们生育心理的变化始终与家庭结构和功能的变迁相伴而生。当代中国的家庭结构与功能发生了一系列重要的变化。在结构方面，这些变化包括家庭规模小型化和核心家庭重要性凸显、空巢家庭异军突起、隔代家庭与单亲家庭增加。在功能方面，这些变化包括家庭生育功能弱化而生产功能复归趋势明显，以及教育、消费功能增强而养老功能弱化（李文峰，2014）。显然，独生子女政策导致的低生育率已经不再适应家庭结构与功能的变化。穆光宗（2014）提出，中国不需要更低的生育率，需要的是能确保家庭结构健康和幸福发展、有利于人口优化发展和社会和谐发展的适度生育水平，主流家庭应该平均至少生育两个孩子。这意味着中国的家庭政策需要实现战略转移，即从家庭限制转向家庭发展，从计划生育转向优化生育，打造以四边形家庭结构为主、多边形和三角形结构为辅的健康家庭人口生态。在这样的生态中，不仅有夫妻关系、亲子关系，而且有兄弟姐妹关系。因此，中国需要及早告别政策性、强制性"一孩化"，开创以"二孩化"和"多样化"为特征的鼓励适度生育的新时代（穆光宗，2014）。在"新家庭计划"中，一胎化不宜提倡，更不该强制。二胎仅仅放开还是不够的，需要适当的鼓励，并保护生育的生态多样性（程刚，1993；张继春等，2013）。此外，绝不能忽略与"单独二孩"政策相适应的新生育观的培育。这意味着育龄群众能普遍接受生育两个孩子的生育观念，并将之作为"新家庭计划"中确保家庭结构健康和幸福发展的重要途径予以推广。生育意愿反映了育龄群众的生育观念，因此，新生育观的培育就可以反过来影响人们的生育意愿和生育行为，最终为有利于人口优化发展和社会和谐发展的适度生育水平的形成与维系创造条件。

促进和推进"新家庭计划"建设，必须进行家庭生育意愿调查，但生育意愿的调查结果不能直接作为政策制定和调整的依据，对生育意愿的研究结果分析，必须充分考虑到意愿与行为存在偏差的可能性，不能将生育意愿的调查结果等同于实际生育行为。同时，政府应当充分认识并利用生育观的重要性，从生育观的角度加强教育和宣传。生育意愿反映了育龄群众的生育观念，生育观的现代化是真正实现生育现代化的前提，为此，我们可以通过"新家庭计划"建设，逐步改变人们的生育价值观念，从完整家庭人员结构方面入手，促进家庭功能的发挥，从而促进生育的现代化。

（四）完善生育保险制度，合理配给公共医疗资源

现代的都市女性，绝大部分人群拥有自己的工作，无论是生育一孩还是生育二孩，都涉及职场工作与在家育婴的矛盾。因此，生育孩子就需要得到女性所在单位的支持。事实上，目前女性生育已经成为影响她们就业的重要障碍之一。由于生育孩子后家庭将面临经济压力，尤其是入托、上幼儿园、上学、购房等都需要资金支持，所以，政府应该在职场女性育婴福利方面做出努力。事实上，在二孩政策下，女性生育应当享有的相关保险福利能否落实本身就是一个问题。不仅如此，妻子生育后丈夫的生育责任能否得到落实，以支持家庭生育二孩的行为也是问题。我们认为，政府可以在制定生育保险制度、完善公共医疗体系等方面有所作为，以促进相关政策平稳落地。具体的作法可以是制定生育保险条例和提高生育保险待遇。目前，我国生育保险制度正处于新旧交替阶段，新制度（社会生育保险）正在逐渐取代旧制度（企业生育保险），但旧制度仍然占主导地位。只要女性的生育保险还是由企业负责，就很难避免对女性造成歧视。为此，杭州政府应建立政策性生育保险，并覆盖全体育龄群体。除了保证育龄妇女在生育期间的相应待遇和就业保护外，生育保险还应拓展到计划生育手术并发症、子女伤残死亡等领域。另外，还需积极完善、合理配给公共医疗资源。"单独二孩"政策要平稳落地，需要从一个完整的生育周期提供相应的医疗卫生方面的资源，包括四个方面。第一，孕前，要解除避孕节育措施。我国已婚育龄人群的长效避孕节育措施主要采用宫内节育器，符合新生育政策的夫妇在决定生育二孩前首先要通过手术取出宫内节育器，这将加大公共卫生和生殖健康服务量。

第二，孕期，增加的怀孕量势必会加大孕期常规健康检查、产前优生筛查、服用叶酸等公共卫生和计划生育工作量。第三，产中，出生量的加大会增加对产科医院、产床、产科医生、助产士的需求。同时，"单独二孩"政策执行后将有一定数量的 35 岁以上大龄妇女集中怀孕和生育，大龄孕产妇存在较高风险，加大了公共卫生服务的压力。第四，产后，会增加对儿科医院、幼儿园、学校等资源配置的需求（原新，2014）。政府、市场和家庭要对上述方面有充分的认识和准备，加大对公共医疗的资金投入，完善医疗保障体系。

（五）提供有保障的教育资源，完善社会养老体系

教育资源不足和分配不公问题已经引起了学术界和社会各界的广泛关注。"单独二孩"政策的实施将带来受教育人数可预期的增长，这将对原本就紧张的公共教育资源产生新的冲击。已有研究揭示出，幼托、幼保、幼儿教育等机构不能满足人民群众需要的问题已经凸显，能否享受到优质教育资源和承受子女教育成本成为人们是否选择生育二孩的关键。因此，政府应关注受教育人数与教育资源及其分配的关系，要通过一系列的政策、措施促进教育公平。目前有两方面的工作亟须开展。首先，需要加大国家财政对计划生育夫妇在就业、交通、食物、教育等领域的资助，包括资助儿童照料、育儿假、儿童/家庭津贴、家庭税收和住房津贴等。其次，在教育方面，应进一步树立"全面投资于人"的生育观念。政府应加大对学前教育和高中阶段的投入，促进教育公平。学前教育阶段的工作应密切配合健康家庭计划，落实早期教育的相关文件精神。在高中阶段，可努力完善奖学金、助学贷款、特殊困难补助和学费减免制度，保障贫困家庭学生的受教育权。此外，政府教育投入应逐渐向一般学校倾斜，保证均衡发展。

在放宽人口生育政策的同时，需要完善多层面的为老社会服务、关怀和保障体系（王云多，2011）。老龄化时代已经来临，大部分家庭可能同时需要承担养老与育幼两大成本。这就使得部分符合"单独二孩"政策的育龄群体即便有生育二胎的意愿，也不会有实际的生育行为。要让"单独二孩"政策落

地,就必须建立完善的社会保障体系,为婴幼儿和老年人提供一个更好的社会生活环境。

(六)做好政策衔接,转变计生工作方式

"单独二孩"政策要平稳落地,还需要在两个方面多下功夫,即做好政策衔接和转变计生工作方式。首先,生育政策是一系列公共政策的组合,诸如实施计划生育的原则、路径和方式,执行计划生育政策的激励措施,违反计划生育政策的处罚措施,相关部门在计划生育体制改革和政策调整中责、权、利的重新配置等(金易,2014)。不同的生育政策有与之相配套的公共政策体系。在实施"单独二孩"政策时,诸如单独夫妇的界定、申请二孩的程序、人口和计划生育条例的修订、计划生育激励措施和政策都需要重新调整。"单独二孩"政策是一个系统工程,政府应从实际出发,设计、调整与生育政策相配套的一揽子公共政策改革和衔接方案。同时,新政要求树立以人为本的理念,计生工作方式要从"管理型"向"服务型"转变(王海东,2014)。要变"堵"为"疏",计划生育宣传必须由"命令禁止型"向"倡导提示型"转变。面对新的人口问题,基层计生部门的工作重心应从"优生"向"优育"转移,发挥其在卫生宣教、生殖健康、妇婴保健、避孕节育、家政夫妇等方面的作用,从根本上改善人口结构与人口质量,切实促进人口的长期均衡发展。总之,在计划生育公共服务中要避免态度冷漠和强硬,应该本着以人为本的原则,注入人文关怀和情感关照,使计生工程真正成为一项民生工作。

参考文献

[1] 汪妍:《二胎政策与社会经济的可持续发展》,《青年与社会》2014年第1期。

[2] 穆光宗:《论我国人口生育政策的改革》,《华中师范大学学报》(人文社会科学版)2014年第1期。

[3] 周剑、吴晨:《关于二十年来生育观念研究的文献综述》,《湖北经济学院学

报》（人文社会科学版）2013 年第 6 期。

［4］陈卫、靳永爱：《中国妇女生育意愿与生育行为的差异及其影响因素》，《人口学刊》2011 年第 2 期。

［5］庄亚儿等：《当前我国城乡居民的生育意愿：基于 2013 年全国生育意愿调查》，《人口研究》2014 年第 3 期。

［6］张进辅、童琦、毕重增：《生育价值观的理论构建及问卷的初步编制》，《心理学报》2005 年第 5 期。

［7］张亮：《城市居民的二胎生育意愿及影响因素》，《湖南师范大学社会科学学报》2011 年第 5 期。

［8］"江苏生育意愿和生育行为研究"课题组：《低生育水平下的生育意愿研究》，《江苏社会科学》2008 年第 2 期。

［9］姚从容、吴帆、李建民：《我国城乡居民生育意愿调查研究综述：2000～2008》，《人口学刊》2010 年第 2 期。

［10］刘鹏：《中国女性生育影响因素研究》，《商业时代》2012 年第 6 期。

［11］郑真真：《中国育龄妇女的生育意愿研究》，《中国人口科学》2004 年第 5 期。

［12］冯琪、赖昭兴、敖贵文、黄莉：《企业青年流动人口生育意愿及其影响因素调查》，《中国计划生育学杂志》2013 年第 8 期。

［13］贾志科、吕红平：《论出生性别比失衡背后的生育意愿变迁》，《人口学刊》2012 年第 4 期。

［14］风笑天：《生育二胎："双独夫妇"的意愿及相关因素分析》，《社会科学》2010 年第 5 期。

［15］吕江洪、黄宝凤、石盛林：《一孩与二孩家庭育龄妇女生育意愿比较》，《人口学刊》2013 年第 1 期。

［16］赵琳华、吴瑞君、梁翠玲：《大城市"80 后"群体生育意愿现状及差异分析：以上海静安区为例》，《人口与社会》2014 年第 1 期。

［17］周广亚：《生育意愿及其影响因素的理论构建与调查设计》，《安阳师范学院学报》2011 年第 3 期。

［18］沈费伟、陈晓玲：《杭州市 80 后生育意愿的调查与思考》，《上海青年管理干部学院学报》2013 年第 3 期。

［19］禹黄娇：《计划生育政策研究述评》，《淮北职业技术学院学报》2013 年第 3 期。

［20］张哲：《"单独二孩"政策实施的影响及对策研究》，《法制与社会》2014 年第 2 期。

［21］李建新：《放开生育政策，促进人口长期均衡发展》，《南京人口管理干部学院学报》2013 年第 2 期。

［22］李文峰：《近年来我国关于家庭文化的研究综述》，《湖州师范学院学报》

2014年第7期。
[23] 程刚：《我国城市妇女的生育心理》，《湖北大学学报》（哲学社会科学版）1993年第5期。
[24] 张继春、张仕民：《人口均衡视角下家庭生育文化构建》，《经济研究导刊》2013年第22期。
[25] 原新：《"人口转型"后的计划生育政策走向》，《探索与争鸣》2014年第4期。
[26] 王云多：《家庭组成、生育决策与社会保障》，《四川师范大学学报》（社会科学版）2011年第1期。
[27] 王学义、王春蕊：《禀赋、场域与中国妇女生育意愿研究》，《人口学刊》2011年第1期。
[28] 廖庆忠、曹广忠、陶然：《流动人口生育意愿、性格偏好及其决定因素——来自全国四个主要城市化地区12城市大样本调查的证据》，《人口与发展》2012年第1期。
[29] 金易：《现行生育政策调整的依据及路径》，《学术交流》2014年第1期。
[30] 王海东：《深入贯彻十八届三中全会精神　大力推进计划生育家庭发展工作》，《人口与计划生育》2014年第3期。
[31] 陈越男：《高学历群体二胎生育影响因素分析——以成都市高校教师为例》，《中国科技博览》2010年第16期。
[32] John Bongaarts, "Fertility and Reproductive Preferences in Post-transitional Societies", *Population and Development Review*, 2001, 27.
[33] Downey, D. B., "When Bigger is not Better: Family Size, Parental Resources, and Childrens Educational Performance", *American Sociological Review*, 1995, 60.
[34] Morgan, S. P. and R. B. King, "Why have Children in the 21st Century? Biological Predisposition, Social Coercion, Rational Choice", *European Journal of Population*, 2001, 17.

家庭教育篇

Reports on Family Education

杭州市城乡家庭教育现状比较研究

林 应 侯公林*

摘 要: 本文采用问卷法,通过对杭州市余杭区、临安市桐庐县三个地区城区和农村家庭的家长进行随机问卷调查。此次共发放问卷300份,回收293份,有效问卷267份,其中城市人口为112人,农村人口为155人。

使用SPSS 13.0统计软件包对结果进行数据分析,着重分析城乡家庭教育的差异情况,特别是劳动技能教育、社会技能教育、道德情操教育、文化修养教育、性教育、心理健康教育、行为习惯教育、教育方式八个方面的差异情况。研究显示,城乡家庭教育在劳动技能教育、道德情操教育、教

---

* 林应,浙江理工大学心理系本科生。侯公林,教育学博士,浙江理工大学心理学教授。研究方向:管理与社会心理学。

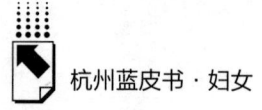

育方式上差异显著，而在社会技能教育、文化修养教育、性教育、心理健康教育、行为习惯教育上差异不显著。而在每个维度下的指标中，有部分指标存在显著差异，但也有部分指标差异不显著。总体而言，城乡家庭对道德情操教育较为重视，而对性教育重视程度不够。本文主要针对问卷结果进行城乡家庭教育差异的分析，找出差异存在的原因并提出合理的建议。

关键词： 家庭教育　城乡差异　城乡家庭教育一体化

一　背景

众所周知，家庭不仅是人们成长的场所，而且是人们学习如何成长的地方，每个人都不可能脱离家庭的影响而成长和发展。因此，家庭教育的重要性不言而喻。近年来，随着我国经济的发展和社会的进步，家庭教育问题日益受到父母和政府有关部门的关注。尤其是城乡家庭教育的差别问题，正逐渐成为人们关注的热点问题。杭州市妇联基于城乡家庭教育之间存在的不均衡性问题，从2012年开始将如何统筹解决城乡家庭教育一体化工作作为重要的研究课题。事实上，我国城乡教育的不均衡投入不仅发生在城乡家庭教育的各个方面，而且也涉及基础设施、社会环境、父母的文化水平等。

正因为家庭教育对孩子的影响是贯穿其一生的，因此，研究影响城乡不同家庭教育的因素，特别是研究城乡家庭在家庭教育方面存在的差异，对于政府决策城乡家庭教育一体化、制定各项政策、公平合理和科学地分配各类教育资源的投入、提高城乡不同环境家庭的家庭教育水平具有重要意义。

本文将以杭州市余杭区、临安市、桐庐县三个地区的城乡家庭为研究对象,在总结前人研究成果的基础上,采用问卷法展开城乡家庭教育状况的比较研究,分析影响城乡不同环境家庭的家庭教育因素,并在此基础上提出对策建议。

(一)家庭教育的定义

正如每一个概念的形成都有一个过程一样,家庭教育概念的形成也经历了一个漫长的过程。国内外的学者均对此做了大量的研究。在国外,自20世纪60年代起,大多数美国学者认为,家庭教育是家庭内部的事情,是对家庭成员进行家庭中的角色与责任的教育,以使每个人承担自己的义务,保证家庭的和睦。进入20世纪70年代之后,美国学者莱温(Levin)强调家庭教育应当增进人际关系,认为家庭教育是增进家庭生活并协助个人更加了解各种人际关系中的自己的一种教育方案。到了20世纪80年代后期,美国学者达林(Darling)更倾向于把家庭生活教育当成全面提升人的生活水平与生活素质的手段,指出家庭生活教育就是"透过个人与家庭各层面环境资源间的互动状况来保存及改善人类生活品质"。20世纪90年代后期以后的家庭教育则吸收了终身学习的思想,提出家庭教育不仅是家庭中的人际关系问题,而且是所有家庭成员适应社会的学习与成长活动(杨雄,2007)。在国内,内地与港台地区学者黄乃毓、顾明远等多人都对家庭教育的定义进行了探讨。这里笔者使用《中国大百科全书·教育》里的定义:家庭教育是指父母或其他年长者在家庭里自觉地、有意识地对子女进行的教育(中国大百科全书总编辑委员会教育编辑委员会,1985)。

(二)家庭教育对孩子的影响

研究表明,家庭教育对孩子成长的影响是巨大的。这些影响包括孩子的犯罪、情绪异常、认知发展、自尊等多个方面,而造成这些影响的因素众多,包括父母支持、家庭氛围、教养方式等。许多研究表明,家庭因素对孩子创造力的影响很大,在影响创造力的外部环境因素中,家庭因素对儿童创造力的影响引起了很多研究者的兴趣。还有研究表明，儿童创造力的流畅性和变通性在4年级至6年级，即9~11岁发展最为显著。而影响创造力的家庭环境因素主要有知识性、独立性、娱乐性、控制性和道德宗教观。国外对富于创造力的个体童年生活的研究也曾发现，"高创造性个体在其成长过程中，其家庭常不注意正式的宗教活动"（李金珍等，2004）。同时，教养方式对孩子的成长具有重要影响。教养方式是父母在对子女进行抚养和教育的日常活动中传达给子女的态度以及由父母行为所创造的情感氛围的集合体。像父母和孩子在临床和学校案例中被描述的那样，教养方式显著影响孩子的成就和表现（Lola, et al., 2008）。专制教养的父母往往表现出低温暖支持、高严厉要求，并常伴身体惩罚、言语责骂。研究还发现，专制教养与儿童的直接和间接攻击均存在正向联系。此外，纵容教养的父母对子女缺少管束，过于放任子女言行。研究还发现，母亲纵容与儿童的间接攻击正相关，而与直接攻击的联系不够一致。因此，父母教养在青少年攻击行为社会化过程中具有重要作用（李董平等，2012）。事实上，家庭教育对孩子的影响是多方面的。家长只有掌握了与家庭教育相关的知识，才能对孩子的身心健康和全面发展起到关键的作用。

（三）家庭教育的影响因素

骆风（2005）提出了由显性因素和隐性因素所组成的家庭教育评价指标体系。显性家庭教育因素包括家长教育观念、家庭教育内容、家庭教育方式和家庭教育策略，隐性家庭教育因素包括家庭人际关系、家长道德素质、家长文化素质、家长生活素质、家庭生活条件和家庭生活方式。可见，家庭教育的影响因素众多。影响家庭教育的因素主要表现在三个方面。第一，社会文化的影响。社会生活环境对人的社会化影响是巨大的。社会化就是个体由生物人转变为社会人的过程（黄艾丽等，2007）。家庭教育具有很强的文化传承性，上一代的教育方式会直接影响这一代人对子女的教育，很多家长仍采用自己被教育的方式来教育现在的孩子，以至于教育方式和方法落后，教育结果不理想。第二，家庭环境的影响。家庭环境包括的内容很多，家庭结构、家庭氛围、家长素质、家庭经济能力等都在家庭环境的范围内，以家长素质和家庭氛围为例。家长的素质对家庭教育的影响是巨大的，直接影响他们对子女的教育水平、教养态度、教育期望，家长素质高可以为子女创造一个良好的文化氛围。在家庭生活中，耳濡目染和父母的言传身教，更容易让子女在无形的熏陶中继承他们的文化资本（黄艾丽等，2007）。研究表明，那些与亲生父母生活在一起的孩子，成人之后找到工作的机会是父亲缺失家庭中孩子的大3倍，而他们获得稳定的经济地位的机会则比后者大1倍以上。不仅如此，父子互动能增加一个孩子的社会适应性、学业成就，甚至对子女成人后婚姻的稳定状况也有影响（王莉，2005）。在家庭氛围方面，美国学者库珀·史密斯曾对1748个家庭及其生活、教育进行了长达6年的研究，研究发现，那些后来成就突出的年轻人，他们童年时代的家庭生活和教育中的一个共同点是家庭民主气氛显著（柴玲玲，2006）。可见家庭环境的重要性。第三，大众传媒的影响。随着家庭教育重要性的体现，各级政府对其给予了极大的关注和帮助，这也使得电视、报纸、网络、广播等媒体对家庭教育的关注和报道日益增加。但是这些报道并不都是积极向上、引导家长正确地进行家庭教育的，有一些为了提高收视率和销量等而着重报道家暴、未成年犯罪等案例和一些未经证实的教育方法，造成了负面影响。

二 研究方法

（一）研究目的

家庭教育对孩子的影响贯穿一生，包括孩子的气质类型、学业成绩、交友状况等方面，可见家庭教育的重要性非同一般。影响家庭教育的因素较多，如各类教育资源的投入、各类政策的颁布、父母的教育方式、家庭教育的氛围、经济投入、社会环境以及家长本身的素质等都会影响城乡家庭教育的成果。而现今城乡家庭教育的差距较大，在很多方面有着明显的差距，如经济、家庭教育的基础建设等方面，因此，本文从城乡居民家庭教育的现状出发，比较城乡家庭教育的差距，在此基础上进行现状分析，找出原因并提出相应的解决方案，最终为城乡家庭教育的发展提供帮助。

（二）研究内容

主要包括用专用量表从劳动技能教育、社会技能教育、道德情操教育、文化修养教育、性教育、心理健康教育、行为习惯教育、教育方式八个维度评价目前杭州市城乡家庭教育的现状及城乡差距。研究的内容主要有以下三方面：一是对城乡家庭教育的现状进行调查；二是分析城乡家庭教育之间的差距及存在的问题；三是在第二点的基础上提出具有针对性的解决方法。

（三）研究方法与研究对象

1. 研究方法

首先，运用文献资料法，通过文献数据库、期刊网、书籍、报纸、杂志以及网络资源对有关城乡家庭教育的相关文献进行查阅、整理和分析，了解我国城乡家庭教育的现状以及影响因素。其次，运用标准化的《家庭教育状况自我评价指标体系》评价工具[①]，对杭州市城乡家庭教育的现状进行调查和比较。

2. 评价问卷来源及信度、效度

问卷共包括两部分：第一部分为基本情况调查，包括年龄、学历、职业、家庭孩子个数、家庭年收入及家庭教育状况评价6个题目；第二部分为

---

① 侯公林、裴卉青、朱红：《中国母亲对于家庭教育观念的实证性研究》，《中国校外教育》2012年第6期，第24~25页。

家庭教育状况评价表，分为八个维度，依次为劳动技能教育（1~7小题）、社会技能教育（8~16小题）、道德情操教育（17~41小题）、文化修养教育（42~49小题）、性教育（50~58小题）、心理健康教育（59~72小题）、行为习惯教育（73~80小题）和教育方式（81~96小题），共96个题目。量表按Likert五级计分法，以自陈式量表的方式呈现，具体评价分值见表1。

表1 父母对家庭教育质量主观评价问卷的评分标准

项目	5	4	3	2	1
对被测变量的满意度符合程度	非常符合	比较符合	一般	不太符合	不符合

对问卷使用克伦巴赫 α 系数进行一致性检验。克伦巴赫 α 系数是由美国心理学家克伦巴赫提出的一种计算测验题项内部一致性的指标，等于所有可能的分半信度系数的平均值，通常情况下取值为0~1（黄希庭等，2010）。取值在0.9以上，表示量表的信度很好；取值为0.8~0.9，表示量表的信度可以接受；取值为0.7~0.8，表示量表有些项目需要修订；取值在0.7以下，表示量表有些项目需要抛弃。

问卷经检验后发现，八个维度的系数不同，分别为：劳动技能教育维度的系数为0.899；社会技能教育维度的系数为0.908；道德情操教育维度的系数为0.960；文化修养教育维度的系数为0.864；性教育维度的系数为0.914，心理健康教育维度的系数为0.920；行为习惯教育维度的系数为0.862；教育方式维度的系数为0.941。可见，问卷信度较高。

3. 研究对象与问卷发放

被试采用方便取样法，在杭州市余杭区妇联、临安市妇联和桐庐县妇联的帮助下，对来自余杭区、临安市、桐庐县三个地区城区和农村家庭的家长进行问卷调查，被试对象以母亲为主，均为父辈，无祖辈参与。

采用团体测量法来发放问卷，问卷共发放300份，回收293份，其中有效问卷267份。所有被试填写问卷完毕后，都将获得一份小礼物。

三 研究结果

（一）描述统计结果

本部分为基本情况调查，包括年龄、学历、职业、家庭孩子个数、家庭年收入及家庭教育状况评价6个题目。根据统计结果可以发现，学历方面的总体情况是中学学历的人数最多，有145人，超过半数；大专和大学本科及以上学历的人数有108人，占总人数的40.4%；而小学学历的人数最少，仅14人，占总人数的5.24%。可见，家长们的知识水平总体不高。但城市和农村家长在学历方面存在较大的差别，城市低学历家长较少，大专及以上学历的人数有79人，占城市总人数的70.54%；而农村高学历家长中，大专及以上学历的人数仅29人，占农村总人数的18.71%。城市家长的文化水平普遍高于农村家长的文化水平（见表2）。

表2 填写者的学历分布

学历	频次（人数）		
	城市	农村	总计
小学	2	12	14
中学	31	114	145
大专	26	29	55
大学本科及以上	53	0	53
总　计	112	155	267

在家庭收入方面，由于家庭收入的隐私性，可能会有家长不愿意填写真实情况或进行虚假填写，但是基于研究需要，我们还是做了统计，杭州市城市和农村居民的家庭年收入处于杭州市基本生活水平线上。但相比较而言，城市家庭年收入基本呈现正态分布的趋势，年收入为10万~20万元的家庭数量最多，占总体数量的36.61%；而农村家庭年收入在5万元以下的家庭数量最多，占总体数量的51.95%。结果显示，在文化水平和经济水平方

面，城市家庭都比农村家庭更占优势，这种优势无疑会对杭州市城乡不同家庭的家庭教育产生影响（见表3）。

表3　填写者的家庭年收入分布

家庭年收入	频次（人数）		
	城市	农村	总计
5万元（含）以下	19	80	99
5万～10万元（含）	27	47	74
10万～20万元（含）	41	16	57
20万元以上	25	11	36
未填写	0	1	1
总　　计	112	155	267

（二）方差分析结果

从获得的数据结果来看，城乡家庭在家庭教育8个维度上的得分全部在3分以上，这说明所有家庭在家庭教育方面已经做到一定程度的重视。在总共16个维度中，城乡家庭中得分超过4分的有4个，得分在3分以上不足4分的有12个。其中，在城市家庭的8个维度中，得分高于4分的有3个，分别为道德情操教育、行为习惯教育和教育方式；农村家庭得分高于4分的仅道德情操教育1个。城乡家庭在劳动技能教育（$p=0.002$）、道德情操教育（$p=0.009$）、教育方式（$p=0.000$）方面的主效应显著，而在社会技能教育、文化修养教育、性教育、心理健康教育、行为习惯教育方面的主效应不显著。结合平均分分析，在劳动技能教育方面，农村家庭比城市家庭更为注重；而在道德情操教育和教育方式方面，城市家庭比农村家庭更为注重。

从各维度上家庭教育得分状况来看，城市家庭得分排序为道德情操教育、教育方式、行为习惯教育、心理健康教育、社会技能教育、文化修养教育、劳动技能教育、性教育；农村家庭得分排序为道德情操教育、行为习惯教育、社会技能教育、教育方式、心理健康教育、劳动技能教育、文化修养教育、性教育。从结果中发现，城乡家庭最注重的方面均为道德情操教育，最忽视的方面均为性教育。这说明城乡家长对家庭教育的认知是相近的（见表4）。

表4 城市与农村家庭教育在八维度下的总方差分析

维度	城市(N=112)		农村(N=155)		F	p
	均值	标准差	均值	标准差		
劳动技能教育	3.53	0.753	3.81	0.654	10.171	0.002**
社会技能教育	3.86	0.648	3.91	0.565	0.551	0.458
道德情操教育	4.31	0.482	4.16	0.445	6.938	0.009**
文化修养教育	3.79	0.587	3.69	0.580	2.053	0.153
性教育	3.33	0.886	3.52	0.811	3.258	0.072
心理健康教育	3.99	0.564	3.87	0.519	3.146	0.077
行为习惯教育	4.07	0.498	3.97	0.586	1.963	0.162
教育方式	4.12	0.569	3.89	0.510	12.447	0.000**

注：*在显著性水平为0.05时（双尾），相关显著；**在显著性水平为0.01时（双尾），相关显著。

（三）各维度下的方差分析

1. 城乡家庭对孩子劳动技能教育的比较

根据城乡家庭对孩子劳动技能教育维度评价得分结果，经分析发现，在城乡家庭的总共14项指标中，有1项得分高于4分，有13项得分高于3分但低于4分。其中，城市家庭7项指标得分全部高于3分且低于4分，没有一项指标得分高于4分；农村家庭有1项得分超过4分，6项得分高于3分低于4分。这表明城乡家庭都给予孩子劳动技能教育方面的家庭教育，但比较劳动技能教育7个方面的得分发现，农村家庭的得分均高于城市家庭，特别是在教孩子做饭（$p=0.001$）、教孩子打扫卫生（$p=0.004$）、教孩子洗衣服（$p=0.000$）、教育孩子自己的事情自己做（$p=0.007$）4个方面，城乡家庭差异显著。可见，农村家庭比城市家庭更重视对孩子的劳动技能教育。这可能与农村家庭需要孩子帮助劳动，以及城市家长更注重孩子的学业成绩有关。

在各项指标得分的排序上，城市家庭分别为教育孩子学习自己购物、教育孩子自己的事情自己做、培养孩子的独立生活能力、培养孩子的劳动意识、教孩子打扫卫生、教孩子洗衣服、教孩子做饭；农村家庭分别为教育孩子自己的事情自己做、培养孩子的独立生活能力、教育孩子学习自己购物、教孩子打扫卫生、教孩子洗衣服、培养孩子的劳动意识、教孩子做饭。

从排序来看，尽管城乡家庭各有侧重，但是教育孩子学习自己购物、教育孩子自己的事情自己做、培养孩子的独立生活能力3项最基本的生存技能指标是所有家庭最为关注的（见表5）。

表5　城市与农村在劳动技能教育维度上的方差分析

分类	城市(N=112)		农村(N=155)		F	p
	均值	标准差	均值	标准差		
1. 培养孩子的独立生活能力	3.72	0.872	3.89	0.778	2.710	0.101
2. 培养孩子的劳动意识	3.52	0.880	3.68	0.797	2.386	0.124
3. 教育孩子学习自己购物	3.76	0.841	3.86	0.793	0.966	0.327
4. 教育孩子自己的事情自己做	3.76	0.808	4.02	0.734	7.518	0.007**
5. 教孩子打扫卫生	3.47	0.958	3.81	0.883	8.614	0.004**
6. 教孩子洗衣服	3.31	1.115	3.80	0.893	15.697	0.000**
7. 教孩子做饭	3.19	1.127	3.61	0.963	10.985	0.001**

注：*在显著性水平为0.05时（双尾），相关显著；**在显著性水平为0.01时（双尾），相关显著。

2. 城乡家庭对孩子社会技能教育的比较

根据城乡家庭对孩子社会技能教育维度评价得分结果，经分析发现，城乡家庭的总共18项指标中，有5项得分高于4分（含），有13项得分高于3分但低于4分。其中，城市家庭9项指标中有2项得分高于4分，7项得分高于3分但低于4分；农村家庭9项指标中有3项得分超过4分（含），6项得分高于3分但低于4分。这表明城乡家庭在社会技能教育方面都达到及格，比劳动技能教育更重视，但是仍需加强。比较城乡家庭的社会技能教育状况可以发现，农村家庭比城市家庭在传授孩子生活中必要的急救知识（$p=0.005$）、教孩子如何安全使用电器和煤气（$p=0.020$）两个指标上做得更好，但在其他指标上差异并不明显。

在各项指标得分的排序上，城市家庭分别为教孩子树立保护自己的意识、教孩子如何与他人沟通、教孩子如何解决同伴之间的矛盾、教孩子如何选择朋友、鼓励孩子参加社会活动、教育孩子学习如何防范和规避危险、培养孩子应对陌生人的技能、教孩子如何安全使用电器和煤气、传授孩子生活中必要的急救知识；农村家庭分别为教孩子如何解决同伴之间的矛盾、教孩子如何与他人沟通、鼓励孩子参加社会活动、教孩子树立保护自己的意识、教孩子如何安全使用电器和煤气、教孩子如何选择朋友、教育孩子学习如何防范和规避危险、培养孩子应对陌生人的技能、传授孩子生活中必要的急救知识。

从城乡家庭情况来看，尽管在各项指标上有所侧重，但是教孩子如何与他人沟通、教孩子如何解决同伴之间的矛盾、教孩子树立保护自己的意识3项指标是所有城乡家庭最为重视的（见表6）。

表6 城市与农村在社会技能教育维度上的方差分析

分类	城市（N=112）		农村（N=155）		F	p
	均值	标准差	均值	标准差		
8. 教孩子如何解决同伴之间的矛盾	3.99	0.729	4.01	0.693	0.062	0.804
9. 教育孩子学习如何防范和规避危险	3.92	0.761	3.86	0.748	0.348	0.556
10. 培养孩子应对陌生人的技能	3.76	0.872	3.77	0.828	0.007	0.933
11. 传授孩子生活中必要的急救知识	3.40	1.000	3.73	0.878	8.039	0.005**
12. 教孩子如何安全使用电器和煤气	3.68	0.932	3.93	0.815	5.441	0.020*
13. 教孩子如何与他人沟通	4.02	0.782	4.01	0.629	0.017	0.895
14. 教孩子如何选择朋友	3.96	0.776	3.93	0.757	0.077	0.782
15. 教孩子树立保护自己的意识	4.04	0.663	3.99	0.712	0.450	0.503
16. 鼓励孩子参加社会活动	3.96	0.859	4.00	0.764	0.128	0.721

注：* 在显著性水平为0.05时（双尾），相关显著；** 在显著性水平为0.01时（双尾），相关显著。

3. 城乡家庭对孩子道德情操教育的比较

分析道德情操教育维度的得分结果可以发现，杭州市城乡家庭在对孩子的道德情操教育方面比较重视，城市家庭在这25项指标中的得分均高于4

分,农村家庭仅在教育孩子与别人分享利益、教育孩子在事情没有弄清以前不要轻易下结论、帮助孩子建立是非标准3项指标上的得分低于4分,但均高于3分。比较城乡家庭教育的状况,城市家庭在教育孩子与别人分享利益($p=0.004$)、培养孩子遵守社会秩序($p=0.009$)、培养孩子谦让的品质($p=0.003$)、教育孩子要有爱心($p=0.011$)、教育孩子对待他人要宽容($p=0.044$)、教育孩子勇于承认自己的错误($p=0.022$)、教育孩子帮助自己的伙伴($p=0.011$)、教育孩子学会感恩($p=0.001$)、培养孩子的责任心($p=0.021$)、培养孩子的集体观念($p=0.035$)、教育孩子要遵守社会规范和法律($p=0.023$)、帮助孩子建立是非标准($p=0.010$)、教育孩子礼貌待人($p=0.021$)、教育孩子不说脏话($p=0.025$)14个方面显著高于农村家庭。而且在其他的几项指标中,城市家庭的得分均高于农村家庭,但未达到显著性差异。

在各项指标得分的排序上,我们选择得分最高的3个项目进行比较,结果发现城市家庭分别为教育孩子要尊敬长辈、教育孩子礼貌待人、教育孩子要有爱心;农村家庭分别为教育孩子要尊敬长辈、教育孩子礼貌待人、教育孩子不说谎。

同样,在各项指标得分的排序上,我们选择得分最低的3个项目进行比较,结果发现,城市家庭分别为教育孩子在事情没有弄清以前不要轻易下结论、培养孩子不怕困难的意志、教育孩子关心公益活动;农村家庭分别为教育孩子与别人分享利益、教育孩子在事情没有弄清以前不要轻易下结论、帮助孩子建立是非标准。由此可见,城乡家庭在道德情操教育方面重视与不重视的内容基本一致(见表7)。

表7 城市与农村在道德情操教育维度上的方差分析

分类	城市(N=112)		农村(N=155)		F	p
	均值	标准差	均值	标准差		
17. 教育孩子与别人分享利益	4.21	0.690	3.94	0.808	8.335	0.004**
18. 教育孩子遵守社会秩序	4.38	0.587	4.18	0.608	6.837	0.009**
19. 培养孩子谦让的品质	4.32	0.604	4.09	0.648	8.751	0.003**

续表

分类	城市(N=112) 均值	标准差	农村(N=155) 均值	标准差	F	p
20. 教育孩子守信用	4.37	0.600	4.28	0.567	1.301	0.255
21. 教育孩子关心公益活动	4.13	0.854	4.09	0.706	0.208	0.649
22. 教育孩子在做事情时必须有始有终	4.23	0.697	4.11	0.587	2.413	0.122
23. 教育孩子在事情没有弄清以前不要轻易下结论	4.03	0.677	3.97	0.664	0.401	0.527
24. 培养孩子节约的美德	4.16	0.730	4.14	0.608	0.052	0.819
25. 教育孩子要有爱心	4.46	0.599	4.27	0.617	6.539	0.011*
26. 教育孩子要守时	4.26	0.640	4.16	0.586	1.668	0.198
27. 教育孩子对待他人要宽容	4.36	0.613	4.21	0.546	4.088	0.044*
28. 教育孩子勇于承认自己的错误	4.28	0.647	4.10	0.622	5.269	0.022*
29. 教育孩子帮助自己的伙伴	4.27	0.615	4.06	0.651	6.638	0.011*
30. 教育孩子热爱祖国	4.30	0.641	4.17	0.560	3.069	0.081
31. 教育孩子学会感恩	4.41	0.609	4.16	0.619	10.711	0.001**
32. 培养孩子的责任心	4.32	0.661	4.14	0.635	5.387	0.021*
33. 教育孩子不能打人	4.27	0.723	4.17	0.633	1.444	0.231
34. 培养孩子的集体观念	4.27	0.671	4.09	0.678	4.499	0.035*
35. 教育孩子要遵守社会规范和法律	4.38	0.659	4.19	0.625	5.231	0.023*
36. 帮助孩子建立是非标准	4.22	0.694	3.99	0.764	6.699	0.010**
37. 培养孩子不怕困难的意志	4.08	0.818	4.00	0.655	0.793	0.374
38. 教育孩子要尊敬长辈	4.54	0.568	4.40	0.630	3.717	0.055
39. 教育孩子礼貌待人	4.54	0.584	4.36	0.623	5.370	0.021*
40. 教育孩子不说脏话	4.45	0.641	4.27	0.617	5.086	0.025*
41. 教育孩子不说谎	4.41	0.651	4.32	0.652	1.369	0.243

注：* 在显著性水平为 0.05 时（双尾），相关显著；** 在显著性水平为 0.01 时（双尾），相关显著。

4. 城乡家庭对孩子文化修养教育的比较

分析城乡家庭对孩子进行文化修养教育的结果后发现，所有家庭在文化修养教育方面的投入总体尚可。在总共 16 项指标中，得分超过 4 分的有 2 项，得分超过 3 分但不足 4 分的有 14 项。其中，城市家庭在 8 项指标中，有 1 项得分超过 4 分，得分超过 3 分但不足 4 分的有 7 项；而农村家庭在 8 项指标中，有 1 项得分超过 4 分，得分超过 3 分但不足 4 分的有 7 项。无论是城市家庭还是农村家庭，在鼓励孩子参加体育运动这一指标上的得分均高于4分。同时，城乡家庭在文化修养教育维度上的差距较小，特别是在鼓励孩子了解国家的历史、鼓励孩子关注社会和政治与时事方面的知识两项指标上的得分一致，仅在对孩子进行优良的传统文化知识教育这一指标上的差异显著（$p=0.027$）。结果本身足以说明杭州市城乡家庭在文化修养教育方面的投入需要加强。

在各项指标得分的排序上，城市家庭分别为鼓励孩子参加体育运动、对孩子进行优良的传统文化知识教育、教育孩子要尊重科学、鼓励孩子了解国家的历史、鼓励孩子提问和探索未知的世界、鼓励孩子关注社会和政治与时事方面的知识、鼓励孩子多看世界名著、培养孩子的音乐素养；农村家庭分别为鼓励孩子参加体育运动、教育孩子要尊重科学、对孩子进行优良的传统文化知识教育、鼓励孩子了解国家的历史、鼓励孩子关注社会和政治与时事方面的知识、鼓励孩子多看世界名著、培养孩子的音乐素养、鼓励孩子提问和探索未知的世界。

根据以上城乡家庭在文化修养教育维度上各项指标得分的排序结果可以发现，所有家庭在培养孩子的音乐素养、鼓励孩子多看世界名著、鼓励孩子参加体育运动3项指标的认识上是一致的，尽管各组之间得分水平存在差异，但是对于重要性的认识差别不大（见表8）。

表8　城市与农村在文化修养教育维度上的方差分析

分类	城市（N=112）		农村（N=155）		F	p
	均值	标准差	均值	标准差		
42. 鼓励孩子参加体育运动	4.17	0.656	4.08	0.674	1.077	0.300
43. 培养孩子的音乐素养	3.62	0.932	3.47	0.935	1.570	0.211
44. 教育孩子要尊重科学	3.90	0.782	3.79	0.693	1.597	0.207
45. 对孩子进行优良的传统文化知识教育	3.99	0.704	3.79	0.764	4.945	0.027*
46. 鼓励孩子提问和探索未知的世界	3.66	0.789	3.46	0.884	3.732	0.054
47. 鼓励孩子多看世界名著	3.63	0.930	3.55	0.861	0.513	0.475
48. 鼓励孩子了解国家的历史	3.67	0.853	3.67	0.815	0.000	0.990
49. 鼓励孩子关注社会和政治与时事方面的知识	3.66	0.906	3.66	0.800	0.001	0.971

注：*在显著性水平为0.05时（双尾），相关显著；**在显著性水平为0.01时（双尾），相关显著。

5.城乡家庭对孩子性教育的比较

根据城乡家庭对孩子进行性教育的结果,经分析后发现,在总共18项指标中,没有得分超过4分的,得分超过3分但不足4分的有17项,得分超过2分但不足3分的有1项。其中,城市家庭在9项指标中,没有得分超过4分的,得分超过3分但不足4分的有8项,得分超过2分但不足3分的有1项;而农村家庭在9项指标中,没有得分超过4分的,得分超过3分但不足4分的有9项。可见,城乡家庭在性教育方面投入较少,特别是在教孩子正确使用避孕用品这一指标上,城乡家庭都做得较欠缺,城市家庭仅2.66分,未达到3分的及格分;农村家庭得分也仅3.08分,但城乡之间的差距已经达到显著性差异($p=0.009$)。可见城市家庭在这一方面的重视程度之低。另外,在教育孩子不要接触色情的东西($p=0.001$)、教育孩子预防性病的知识($p=0.018$)、教育孩子对自己的性行为后果负责($p=0.006$)3项指标上城乡家庭也达到显著性差异,结合平均分,发现农村家庭在这几个指标上明显比城市家庭更为重视。

在各项指标得分的排序上,城市家庭分别为教育孩子树立生理卫生意识、教育孩子建立正确的异性同伴关系、教育孩子不要接触色情的东西、培养孩子的性别角色特征、教育孩子对自己的性行为后果负责、培养孩子正常的性倾向、为孩子讲解月经或遗精的生理知识、教育孩子预防性病的知识、教孩子正确使用避孕用品;农村家庭分别为教育孩子不要接触色情的东西、教育孩子建立正确的异性同伴关系、教育孩子树立生理卫生意识、教育孩子对自己的性行为后果负责、培养孩子的性别角色特征、教育孩子预防性病的知识、培养孩子正常的性倾向、为孩子讲解月经或遗精的生理知识、教孩子正确使用避孕用品。

根据城乡家庭在性教育各项指标上的得分排序结果,城乡家庭在培养孩子正常的性倾向、为孩子讲解月经或遗精的生理知识、教育孩子预防性病的知识、教孩子正确使用避孕用品4项指标的认识上是一致的,都未对这4项指标有足够的认识(见表9)。

表9 城市与农村在性教育维度上的方差分析

分类	城市（N=112）		农村（N=155）		F	p
	均值	标准差	均值	标准差		
50. 教育孩子树立生理卫生意识	3.88	0.871	3.82	0.879	0.263	0.609
51. 教育孩子建立正确的异性同伴关系	3.76	0.923	3.85	0.782	0.679	0.411
52. 教孩子正确使用避孕用品	2.66	1.249	3.08	1.302	6.891	0.009**
53. 培养孩子正常的性倾向	3.21	1.204	3.29	1.162	0.270	0.604
54. 教育孩子不要接触色情的东西	3.51	1.082	3.91	0.885	11.036	0.001**
55. 教育孩子预防性病的知识	3.08	1.267	3.43	1.140	5.640	0.018*
56. 培养孩子的性别角色特征	3.49	1.065	3.48	0.996	0.012	0.915
57. 教育孩子对自己的性行为后果负责	3.25	1.263	3.65	1.043	7.810	0.006**
58. 为孩子讲解月经或遗精的生理知识	3.16	1.270	3.21	1.247	0.086	0.769

注：* 在显著性水平为0.05时（双尾），相关显著；** 在显著性水平为0.01时（双尾），相关显著。

6. 城乡家庭对孩子心理健康教育的比较

根据城乡家庭对孩子心理健康教育维度的得分结果，经分析发现，在总共28项指标中，得分超过4分的有11项，得分超过3分但不足4分的也有17项。其中，城市家庭在14项指标中，得分超过4分的有7项，得分超过3分但不足4分的也有7项，可见城市家庭在心理健康教育方面比较重视；而农村家庭在14项指标中，有4项得分超过4分，得分超过3分但不足4分的有10项，可见农村家庭在这一维度上也是比较重视的。经对比发现，城乡家庭在教育孩子学会欣赏他人（$p=0.023$）、对孩子没有不切合他（她）能力实际的期望（$p=0.001$）两项指标中差异显著。

在各项指标得分的排序上，我们选择得分最高的3个项目进行比较，结果发现，城市家庭分别为教育孩子不要赌博和不接触毒品、不让孩子有不良的嗜好、教育孩子正确认识自己的优点和缺点；农村家庭为教育孩子不要赌博和不接触毒品、教育孩子正确认识自己的优点和缺点、不让孩子有不良的嗜好。

同样，在各项指标得分的排序上，我们选择得分最低的3个项目进行比较,结果发现,城市家庭分别为有正确地应对孩子青春期叛逆的方法、每天给孩子充分交流的时间、不把自己的不良情绪转嫁给孩子;农村家庭分别为对孩子没有不切合他(她)能力实际的期望、每天给孩子充分交流的时间、有正确地应对孩子青春期叛逆的方法。

比较城乡家庭重视的和忽视的3项指标可以发现,在重视的指标中前三位是相同的,而忽视的前三项指标中也仅有一项不重合。可见,在心理健康教育方面,城乡家庭的家长认知也基本一致(见表10)。

表10 城市与农村在心理健康教育维度上的方差分析

分类	城市(N=112)		农村(N=155)		F	p
	均值	标准差	均值	标准差		
59. 不让孩子有不良的嗜好	4.19	0.665	4.02	0.734	3.690	0.056
60. 教育孩子学会欣赏他人	4.06	0.751	3.85	0.774	5.256	0.023*
61. 对孩子没有不切合他(她)能力实际的期望	3.92	0.725	3.55	0.934	12.326	0.001**
62. 培养孩子合理的消费观念	4.04	0.676	3.92	0.674	2.358	0.126
63. 夫妻之间对孩子的教育有一致的标准	3.90	0.849	3.79	0.702	1.454	0.229
64. 每天给孩子充分交流的时间	3.70	0.957	3.59	0.896	0.914	0.340
65. 培养孩子承受挫折和失败的能力	3.86	0.769	3.75	0.776	1.138	0.287
66. 教育孩子要能够接受别人的批评	4.08	0.699	3.95	0.682	2.384	0.124
67. 教育孩子不要赌博和不接触毒品	4.35	0.768	4.35	0.609	0.000	0.998
68. 教育孩子正确认识自己的优点和缺点	4.16	0.692	4.03	0.613	2.825	0.094
69. 教育孩子要学会倾听和尊重他人的意见	4.13	0.673	4.01	0.655	1.863	0.173
70. 不把自己的不良情绪转嫁给孩子	3.85	0.851	3.89	0.761	0.180	0.672
71. 有正确地应对孩子青春期叛逆的方法	3.68	0.882	3.72	0.888	0.117	0.733
72. 不把学习成绩作为判断孩子成长的唯一标准	3.96	0.914	3.81	0.828	1.763	0.185

注:*在显著性水平为0.05时(双尾),相关显著;**在显著性水平为0.01时(双尾),相关显著。

7. 城乡家庭对孩子行为习惯教育的比较

分析城乡家庭在孩子行为习惯教育维度上的得分结果发现,在总共16项指标中,有10项指标得分高于4分,6项指标得分高于3分但低于4

分。这表明父母对孩子的行为习惯教育是比较重视的。其中,城市家庭的8项指标中有6项指标的得分高于4分,农村家庭中有4项指标的得分高于4分,可见城市家庭较农村家庭更为重视对孩子进行行为习惯教育。在这8项指标中,培养孩子的家庭意识($p=0.042$)、指导孩子有节制地娱乐($p=0.033$)两项指标达到显著性差异。

在各项指标得分的排序上,城市家庭分别为禁止孩子抽烟和喝酒、培养孩子的家庭意识、培养孩子养成良好的卫生习惯、督促孩子按时完成作业、培养孩子形成良好的生活作息规律、指导孩子有节制地娱乐、指导孩子有节制地使用电脑、及时纠正孩子的偏食和挑食;农村家庭分别为禁止孩子抽烟和喝酒、培养孩子养成良好的卫生习惯、培养孩子的家庭意识、培养孩子形成良好的生活作息规律、督促孩子按时完成作业、指导孩子有节制地使用电脑、及时纠正孩子的偏食和挑食、指导孩子有节制地娱乐。

从排序的结果可以发现,城乡家庭家长们最为重视的指标分别为禁止孩子抽烟和喝酒、培养孩子的家庭意识、培养孩子养成良好的卫生习惯3项;最不重视的指标分别为指导孩子有节制地娱乐、指导孩子有节制地使用电脑、及时纠正孩子的偏食和挑食3项。总体状况基本一致(见表11)。

表11 城市与农村在行为习惯教育维度上的方差分析

分类	城市(N=112)		农村(N=155)		F	p
	均值	标准差	均值	标准差		
73. 指导孩子有节制地使用电脑	3.93	0.802	3.90	0.812	0.064	0.800
74. 及时纠正孩子的偏食和挑食	3.83	0.815	3.89	0.689	0.422	0.517
75. 培养孩子养成良好的卫生习惯	4.11	0.620	4.05	0.724	0.536	0.465
76. 禁止孩子抽烟和喝酒	4.27	0.900	4.10	0.952	2.197	0.139
77. 培养孩子的家庭意识	4.21	0.621	4.05	0.696	4.193	0.042*
78. 督促孩子按时完成作业	4.11	0.752	3.98	0.957	1.354	0.246
79. 培养孩子形成良好的生活作息规律	4.08	0.659	4.01	0.743	0.706	0.401
80. 指导孩子有节制地娱乐	4.00	0.644	3.81	0.782	4.604	0.033*

注:*在显著性水平为0.05时(双尾),相关显著;**在显著性水平为0.01时(双尾),相关显著。

8. 城乡家庭对孩子教育方式的比较

根据城乡家庭对孩子教育方式维度上的得分结果，经分析发现，在总共32项指标中，有17项得分高于4分（含），15项得分高于3分但低于4分。其中，城市家庭的16项指标中有14项得分超过4分，2项得分高于3分但低于4分；农村家庭有3项得分超过4分，13项得分高于3分但低于4分。可见，城乡家庭在教育方式上差距较大。方差分析显示，16项指标中有14项指标差异显著，仅2项指标（不用物质利诱的方式来教育孩子、不娇宠和溺爱孩子）未达到显著性差异。

在各项指标得分的排序上，我们选择得分最高的3个项目进行比较，结果发现，城市家庭分别为鼓励孩子做正确的事情、尊重孩子的人格、尊重孩子的爱好；农村家庭分别为尊重孩子的人格、鼓励孩子做正确的事情、用讲道理的方式教育孩子。可见，城乡家庭关于教育方式的重视指标相类似。

同样，在各项指标得分的排序上，我们选择得分最低的3个项目进行比较，结果发现，城市家庭分别为不用物质利诱的方式来教育孩子、不以父母的缺点作为教育孩子的例证、在家庭重大问题上会听取孩子的意见；农村家庭分别为不以父母的缺点作为教育孩子的例证、不打骂孩子、在家庭重大问题上会听取孩子的意见。可见，城乡家庭关于教育方式的忽视指标相类似。

以上结果显示，城乡家庭在教育方式上的认识基本一致，但是城市家庭比农村家庭更多地付诸行动（见表12）。

表12 城市与农村在教育方式维度上的方差分析

分类	城市（N=112）		农村（N=155）		F	p
	均值	标准差	均值	标准差		
81. 用讲道理的方式教育孩子	4.21	0.818	4.02	0.608	4.543	0.034*
82. 尊重孩子的人格	4.30	0.708	4.04	0.580	11.249	0.001**
83. 以身作则，为孩子做榜样	4.16	0.800	3.94	0.610	6.804	0.010**
84. 经常跟孩子沟通和谈心	4.12	0.803	3.89	0.726	5.753	0.017*
85. 不打骂孩子	4.05	0.909	3.72	0.826	9.594	0.002**

续表

分类	城市(N=112)		农村(N=155)		F	p
	均值	标准差	均值	标准差		
86. 不恐吓孩子	4.19	0.777	3.89	0.726	10.268	0.002**
87. 在家庭重大问题上会听取孩子的意见	4.00	0.759	3.78	0.705	5.899	0.016*
88. 鼓励孩子做正确的事情	4.31	0.698	4.04	0.643	10.961	0.001**
89. 不说让孩子丧失自信的话	4.15	0.750	3.90	0.662	8.190	0.005**
90. 教育孩子反省自己的行为	4.14	0.708	3.84	0.760	11.016	0.001**
91. 不以父母的缺点作为教育孩子的例证	3.91	0.812	3.70	0.869	3.915	0.049*
92. 注重与学校老师做好沟通工作	4.02	0.816	3.81	0.898	3.886	0.050*
93. 尊重孩子的爱好	4.26	0.654	3.98	0.707	10.723	0.001**
94. 不用物质利诱的方式来教育孩子	3.90	0.782	3.81	0.722	1.057	0.305
95. 不娇宠和溺爱孩子	4.06	0.688	3.92	0.707	2.602	0.108
96. 在合适的场合下表扬孩子	4.14	0.721	3.90	0.771	6.629	0.011*

注：*在显著性水平为0.05时（双尾），相关显著；**在显著性水平为0.01时（双尾），相关显著。

四 杭州市城乡家庭教育差异的原因分析

（一）城乡家庭的经济差异问题

根据城乡家庭收入分析，城市与农村家庭经济收入差距明显。城市家庭中收入在5万元（含）以下的仅19户，占城市被访总人数的17.0%；年收入在10万元以上的有66户，占城市被访总人数的58.9%。而农村家庭中收入在5万元（含）以下的有80户，占农村被访总人数的51.6%；年收入在10万元以上的有27户，占农村被访总人数的17.4%。可见，城乡家庭经济差距巨大。

经济上的差异使得很多家庭教育的模块同时表现出城乡之间的差异，也决定了家庭教育的投资情况。从投资角度分析，精神层面的教育投入包括精力、时间、情感等方面的给予（张燕等，2011）。例如，母亲在家教育孩子投入了大量的精力和情感，这也使得家中孩子接触家务、提高劳动技能的机会减少。同时，因为农村居民的经济收入多与体力劳动的付出有密切的关系，因此，农村家长对劳动技能教育更为重视。此外，经济实力的差距对教育投入中的物质投入也有重要影响。物质投入包括支付学习等方面的费用、损失机会成本（失去目前挣钱等方面的机会）（张燕等，2011）。农村经济落后，导致农村的家长需要长时间地进行生产活动，从而减少了对孩子细节方面的教育，如行为习惯教育、心理健康教育等。同时，由于经济因素的影响，城市家庭较多地进行了兴趣班等方面的培训，而农村家庭则只能将教育的重任交由学校。

（二）城乡家庭的家长文化素质问题

从城乡家长受教育水平来看，被调查的家庭中，城市家长的学历为小学的仅2人，占城市被访总人数的1.8%；大专及以上学历的有79人，占城市被访总人数的70.5%。农村家长的学历为小学的有12人，占农村被访总人数的7.7%；大专及以上学历的仅有29人，占农村被访总人数的18.7%。可见，城乡家长的文化素质存在差距。家长文化素质不同会产生职业上的差别，又会直接影响家庭教育的水平，正是这样的差距使得在文化修养教育维度中对孩子进行优良的传统文化知识教育指标有显著性差异。

家长文化素质的高低、知识面的广阔与否，也会使他们在心理健康教育方面有不同的认识。城市的快节奏生活容易造成孩子心理上的压力，城市家长更能了解心理健康的重要性。因此，在心理健康教育维度上，城市家庭有7项指标得分高于4分，而农村仅4项。有研究表明，高文化水平的家长接触到正确的教育方式的机会比低文化水平的家长高。例如，孩子性格中的情绪调节异常和父亲性格中的沮丧情绪及婚姻的不满足是影响父亲专制教养的因素，从而造成孩子的攻击性（Hongli Li，2001），也就是说，孩子的情绪调节异常和父亲的专制教养是相互影响的。相反，低文化水平的家长更可能倾向于"棍棒教育"，而教育方式在城乡之间差异的显著性更好地说明了这一点。

另外，高教育水平和高文化涵养使得家长在遇到家庭教育难题时懂得寻找合适的方法，比起信息相对落后闭塞的农村，城市家长可以寻求帮助的途径更多，包括网络、求助专家等方式。家长文化素质的不同，直接导致其在教育孩子时的态度、方式上的不同，特别是家长的言行对孩子潜移默化的影响是不可估量的，而这些方式的不同往往容易导致孩子在性格、学业等行为上的不同。

（三）社会环境对家庭教育的影响

在现在的社会发展中，社会环境所起的作用越来越重要，很多方面不再仅仅依赖于父母的家庭教育，还受到社会文化背景以及网络、电视等沟通渠道的影响。电视作为大众传媒中最具影响力的一种，它所提供的内容在教育过程中具有极强的浸润性。电视节目中呈现的各种内容会通过长期浸润的方式渗入人们的心灵深处，使人们不自觉地接受文化知识、价值观念、道德伦理等信息，成为他们的内在精神要素和理解社会的思维方式，从而在日常生活中实践自己在电视节目中所学的内容（张仁汉，2011）。孩子与家长生活的环境、家庭的结构等都将影响孩子的各个方面，不仅如此，在这个过程中，家长的思想也会随着社会环境的变化而变化，从而间接影响家庭教育的各个方面，包括教养方式和行为习惯等。城乡之间存在的信息量、社会环境资源、文化生活水平等诸多方面的差异，也是造成城乡家庭教育差距的重要原因。

（四）城乡家庭的家庭教育硬件建设差异问题

从以上实证研究的结果还可以发现，尽管在劳动技能教育（$p=0.002$）、道德情操教育（$p=0.009$）、教育方式（$p=0.000$）维度上主效应显著，但在社会技能教育、文化修养教育、性教育、心理健康教育、行为习惯教育维度上主效应不显著，与主效应显著的因素相似的是在各个维度下的影响因子有部分显著。可见，在家庭教育的方式上个人的想法与行为是不同的，有些可能是错误的，而有些可能是正确的，但是如果在家长教育孩子之前就能对家长进行相应的建议和指导的话，那么家庭教育对孩子形成正面影响的可能性就会增加。

国外有一些比较好的经验可以借鉴,例如,美国早在 1897 年就已经建立的全国家长教师联合会,该组织主要的工作内容之一是学校为学生主动培训家长。日本在 1952 年成立了 PTA(Parent Teacher Association),即父母与教师联合会,该联合会致力于维护学校与家庭、社区的联系和创造一个有利于青少年成长的环境(杨桂梅,2004)。澳大利亚已设计改革学校和社区的关系,社区参与学校教育,让学校、父母和社区共同教学与学习(Crump et al.,2006)。土耳其也建立了家长教师协会(PTA)和学校家长协会(SPA)等来帮助家长和学生解决问题,营造良好的学习环境(Fatma Ozmen,et al. 2010)。近年来,国内一些城市建立了家长学校,以促进家长关于家庭教育相关知识的学习。据杭州市妇女联合会得到的 2011 年的数据,杭州市现有家长学校 3009 所,其中 872 个社区中共有 851 个社区有家长学校;村镇的有 622 所,流动人口的有 47 所,留守的有 16 所。虽然在数量上城乡之间的差距还是有一定距离的,但是总体的趋势上都是在发展家长学校。

家长学校除了在数量上有差距外,在质量上也有一定的差距。家长学校教师素质、场地以及教学用具上的差距使城乡家长学校之间存在较大的差距。除此之外,与城乡家庭教育有关的很多方面都存在差距,如图书馆、博物馆的规模和数量。

(五)城乡教育二元结构等制度原因导致家庭教育存在差异

城乡教育二元结构是我国基本的教育国情,是当前推进教育公平政策的主要障碍(褚宏启,2010)。而城乡教育二元结构的根源是城乡二元经济社会结构。由于城乡二元经济社会结构通过多种制度约束而加以凝固化,导致城乡居民社会政治生活中的不平等待遇、城乡经济关系上的不等价交换以及城乡文化教育方面的不平等境况(石忆邵,2003)。制度上的影响因素直接导致经济、资源等的城乡差距,从而影响家庭教育的基础建设和投入,进而影响家庭教育的质量。

五　进一步推进杭州市城乡家庭教育一体化的建议

（一）进一步推进杭州市城乡一体化建设

城乡一体化是指在尊重发展差异的基础上，将城乡作为一个整体统筹规划、综合布局，促进城乡生产发展有机互补、生活水平大体相当、现代文明广泛扩展，使城乡居民共享现代文明生活方式，促进城乡经济社会共同发展的过程（李伟，2010）。城乡差距的存在在很大程度上是因为城乡二元制度的存在，因此，首先需要改革制度。只有消除城乡二元制度，才能使城乡居民享受同等的待遇和设施。此外，历史因素导致的长期城乡差距使得农村在教育上的投入落后于城市，因此，应该对城乡教育给予均衡的教育经费投入，通过实际行动缩小城乡差距。政府可以通过鼓励农民自己提高经济效益、为农村家庭提供技术支持、减少税收、给予经济补贴等方式，提高农村家庭的经济收入，从而使农村孩子获得更好的受教育的机会。同时，重视加大农村教育资源的投入，让农村的家长也获得科学养育孩子的知识，提高家庭教育的水平。事实上，当农村家庭的经济条件获得改善时，他们在家庭教育上的投入才会增加，孩子才能更容易地享受好的教育。

（二）城乡家庭教育一体化建设应该涵盖城区和农村

一直以来，人们对城乡差别的认识主要是指生活在城区和农村两个不同空间的人群之间的差别。但是，改革开放以来，随着城市经济的快速发展，大量的农村人口作为外来务工人员进入城市，成为城市中一种新的人口群落。尽管都生活在城区，但城区人口与外来务工人员家庭之间在经济收入、教育资源、受教育水平方面都存在极大的差异，构成了新的城区内的城乡差别。经济收入、教育投入等影响家庭教育的因素都与国家的教育制度有着千丝万缕的联系，要推进家庭教育一体化，除了要重视解决杭州市存在的传统的城乡教育一体化问题外，还应该重视城区中事实存在的本地家庭与外来务工人员家庭的教育差异问题。城乡教育一体化是城乡一体化在教育发展领域的要求和目标，是随着城乡一体化建设的演进与发展逐步清晰、明确的（上海市妇联，2011）。杭州市的城乡教育一体化建设，应该把城乡教育作为一个整体，统筹谋划、综合考虑，通过体制创新和政策调整，优化配置城乡教育资源，促进其合理流动，最终实现城乡教育均衡、协调、可持续发展（张金英等，2010）。同时，在城乡教育一体化过程中，不仅要统筹杭州市城乡教育发展，缩小城市与农村家庭的教育差距，也要将统筹城市居民和外来务工人员及其子女的教育问题作为杭州市城乡教育一体化的重要内容之一，缩小城市内部"城里人"与"乡下人"的教育差距（林存银等，2011）。农村家庭和外来务工人员子女受教育条件与城区家庭的孩子逐步一致，是体现教育公平的重要方面，也是提高这些家庭父母的家庭教育水平的重要途径，对于改善杭州市的人口素质、实现社会和谐具有重要意义。

（三）重视培养和提高农村家庭父母的教养能力

目前，由于人们对孩子的发展存在着家庭教育方式方法上的误区，尤其是农村家庭获得科学的家庭教育方法的机会更少，城市和农村家庭教育无疑存在很大的差距。政府和有关部门可以通过在城市和农村建立家长学校的方法，给家长学习家庭教育的机会，改变家长长久以来溺爱、"棍棒教育"等的错误教导方式，也可以通过家长学校或者其他自我增值的方法，提高家长的素质，从而提高家庭教育的教育效果。除此之外，由于农村环境相对简单，信息较为闭塞，因此，在农村多开发一些适合家庭教育的大众传媒方式，可谓事半功倍。当然，在选择相应的途径时，需要进行删选，如进一步加强社会管理，利用一些社会组织和志愿者的力量，到农村去为那些有需要的家长提供咨询，并通过一些现场课程教学，帮助农村家长提高家庭教育水平。当然，如果能够在农村家庭教育过程中，结合一些好的、体现中华文化传统美德的文化知识方面的教育，将更有利于孩子的健康成长。同样，今天在城市生活的孩子面对巨大的信息量，城市的社会环境无疑会对孩子的成长造成影响，因此，筛选对孩子有利的信息并让他们接受，在营造有助于孩子成长的良好社会环境方面显得尤为重要。

六　结论

通过对城乡家庭教育状况的差异研究，我们得出以下几个结论。

第一，城乡家庭对家庭教育的重视程度在劳动技能教育、道德情操教育、教育方式三个维度上存在显著差异，其他五个维度无显著差异，但是在这些差异显著的维度上，劳动技能教育是农村优于城市，其他两个维度则相反。城乡家庭家长在家庭教育无显著差异的维度上的侧重点也有所不同。

第二，城市家庭相对于农村家庭的教育方式差别较大，绝大多数城市家庭的家庭教育做得比农村家庭多。这可能是城市家庭自身的经济、环境、文化优势导致的。农村虽然在经济等大范围的环境方面不如城市优越，但是其利用自身的经验，在劳动技能教育、社会技能教育等方面做得比城市家庭要好些。

第三，城乡家庭家长在性教育，特别是"教孩子正确使用避孕用品"方面重视不够，这将对孩子今后健康的性行为产生影响。

第四，城乡家庭在家庭教育上的差距是由很多因素造成的，如经济、制度等，城乡教育一体化则是一个较好地缩小家庭教育差距的方法。

参考文献

［1］杨雄：《当前我国家庭教育面临的挑战、问题与对策》，《探索与争鸣》2007年第2期。

［2］中国大百科全书总编辑委员会教育编辑委员会编《中国大百科全书·教育》，中国大百科全书出版社，1985。

［3］李金珍、王文忠、施建农：《儿童实用创造力发展及其与家庭环境的关系》，《心理学报》2004年第6期。

［4］李董平、张卫、李丹黎：《教养方式、气质对青少年攻击的影响：独特、差别

与中介效应检验》,《心理学报》2012年第2期。

［5］骆风:《论建立我国家庭教育的评价指标体系》,《学术研究》2005年第6期。

［6］黄艾丽、杜学元:《关于我国城乡家庭教育差异的比较分析》,《宜春学院学报》2007年第1期。

［7］王莉:《国外父亲教养方式研究的现状和趋势》,《心理科学进展》2005年第3期。

［8］柴玲玲:《当代家庭教育误区及对策》,《社会纵横》2006年第7期。

［9］黄希庭、张志杰主编《心理学研究方法》(第2版),高等教育出版社,2010。

［10］张燕、刘伟民、吕国光:《社会分层与家庭教育投入关系研究综述——以云南民族地区为例》,《牡丹江师范学院学报》2011年第5期。

［11］张仁汉:《关于正确防治电视暴力负面影响的思考》,《中国广播电视学刊》2011年第12期。

［12］杨桂梅:《日本PTA的经验及启示》,《日本问题研究》2004年第2期。

［13］褚宏启:《教育制度改革与城乡教育一体化——打破城乡教育二元结构的制度瓶颈》,《教育研究》2010年第11期。

［14］石忆邵:《城乡一体化理论与实践:回眸与评析》,《城市规划会刊》2003年第1期。

［15］李伟:《关于城乡一体化问题研究综述》,《经济研究参考》2010年第42期。

［16］上海市妇联:《在参与社会管理中拓展家庭教育工作》,《中国妇运》2011年第11期。

［17］张金英、陈通:《城乡教育一体化的理论与指标体系建构》,《中国农机化》2010年第4期。

［18］林存银、褚宏启:《城乡教育一体化及其制度保障》,《教育科学研究》2011年第5期。

［19］Lola, Brown, Iyengar, "Parenting Styles: The Impact on Student Achievement", *Marriage and Family Review*, 2008, 1 (43).

［20］Hongli Li, Lei Chang, "Paternal Harsh Parenting in Relation to Paternal Versus Child Characteristics: The Moderating Effect of Paternal Resemblance Belief", *Acta Psychologica Sinica*, 2007, 39 (3).

［21］S. J. Crump, K. J. Eltis, "Schools, Parents and Community: Teaching and Learning Together?", *International Journal of Educational Research*, 2006, 1 (25).

［22］Fatma Ozmen, Cevdet Canpolat, "The Efficiency of School-parent Associations (SPA) at schools", *Procedia Social and Behavioral Sciences*, 2010, (9).

附录

家庭教育状况调查问卷

尊敬的家长：

您好！

家庭教育是孩子成长的重要环节，良好的家庭教育对于孩子的成长具有非常重要的意义。为了评价杭州市家庭教育的现状，我们需要您对问卷中各个项目的内容进行评分，以便我们为政府提供提高杭州市家庭教育方面的意见和建议。您的意见对于我们将是非常宝贵的。

本问卷采取不记名的方式，您被访问纯属随机抽取的结果，问卷的回答无对错之分，只要按照您的真实想法和实际情况填写即可，请不必顾虑。

非常感谢您的支持与合作！

杭州市妇女联合会
2012 年 10 月

一 基本情况（请在相应的选项上打"√"）

  1. 我的年龄：□20~30 岁　□31~40 岁　□41~50 岁
    □51~60 岁　□61 岁以上

  2. 我的学历：□小学　□初中　□高中　□大专　□大学本科及以上

  3. 我的职业：□企业中高层管理人员或技术人员　□企业生产工人
    □国家机关和事业单位工作人员　□农业生产者

  4. 我们家有____个孩子：□1 个　□2 个　□3 个　□4 个

  5. 家庭年收入：□5 万元（含）以下　□5 万~10 万元（含）　□10 万~20 万元（含）　□20 万元以上

  6. 如果对我们家的家庭教育状况做个评价，我认为是：
    □非常好　□比较好　□一般　□不太好　□很不好

二 请根据以下指标，对自己的家庭教育的实际情况进行评价，并在相应的选项上打"√"

劳动技能教育	非常符合	符合	比较符合	不太符合	不符合
1. 培养孩子的独立生活能力					
2. 培养孩子的劳动意识					
3. 教育孩子学习自己购物					
4. 教育孩子自己的事情自己做					
5. 教孩子打扫卫生					
6. 教孩子洗衣服					
7. 教孩子做饭					
社会技能教育	非常符合	符合	比较符合	不太符合	不符合
8. 教孩子如何解决同伴之间的矛盾					
9. 教育孩子学习如何防范和规避危险					
10. 培养孩子应对陌生人的技能					
11. 传授孩子生活中必要的急救知识					
12. 教孩子如何安全使用电器和煤气					
13. 教孩子如何与他人沟通					
14. 教孩子如何选择朋友					
15. 教孩子树立保护自己的意识					
16. 鼓励孩子参加社会活动					
道德情操教育	非常符合	符合	比较符合	不太符合	不符合
17. 教育孩子与别人分享利益					
18. 教育孩子遵守社会秩序					
19. 培养孩子谦让的品质					
20. 教育孩子守信用					
21. 教育孩子关心公益活动					
22. 教育孩子在做事情时必须有始有终					
23. 教育孩子在事情没有弄清以前不要轻易下结论					
24. 培养孩子节约的美德					
25. 教育孩子要有爱心					
26. 教育孩子要守时					
27. 教育孩子对待他人要宽容					
28. 教育孩子勇于承认自己的错误					
29. 教育孩子帮助自己的伙伴					

续表

劳动技能教育	非常符合	符合	比较符合	不太符合	不符合
30. 教育孩子热爱祖国					
31. 教育孩子学会感恩					
32. 培养孩子的责任心					
33. 教育孩子不能打人					
34. 培养孩子的集体观念					
35. 教育孩子要遵守社会规范和法律					
36. 帮助孩子建立是非标准					
37. 培养孩子不怕困难的意志					
38. 教育孩子要尊敬长辈					
39. 教育孩子礼貌待人					
40. 教育孩子不说脏话					
41. 教育孩子不说谎					
文化修养教育	非常符合	符合	比较符合	不太符合	不符合
42. 鼓励孩子参加体育运动					
43. 培养孩子的音乐素养					
44. 教育孩子要尊重科学					
45. 对孩子进行优良的传统文化知识教育					
46. 鼓励孩子提问和探索未知的世界					
47. 鼓励孩子多看世界名著					
48. 鼓励孩子了解国家的历史					
49. 鼓励孩子关注社会和政治与时事方面的知识					
性教育	非常符合	符合	比较符合	不太符合	不符合
50. 教育孩子树立生理卫生意识					
51. 教育孩子建立正确的异性同伴关系					
52. 教孩子正确使用避孕用品					
53. 培养孩子正常的性倾向					
54. 教育孩子不要接触色情的东西					
55. 教育孩子预防性病的知识					
56. 培养孩子的性别角色特征					
57. 教育孩子对自己的性行为后果负责					
58. 为孩子讲解月经或遗精的生理知识					

续表

道德情操教育	非常符合	符合	比较符合	不太符合	不符合
心理健康教育	非常符合	符合	比较符合	不太符合	不符合
59. 不让孩子有不良的嗜好					
60. 教育孩子学会欣赏他人					
61. 对孩子没有不切合他（她）能力实际的期望					
62. 培养孩子合理的消费观念					
63. 夫妻之间对孩子的教育有一致的标准					
64. 每天给孩子充分交流的时间					
65. 培养孩子承受挫折和失败的能力					
66. 教育孩子要能够接受别人的批评					
67. 教育孩子不要赌博和不接触毒品					
68. 教育孩子正确认识自己的优点和缺点					
69. 教育孩子要学会倾听和尊重他人的意见					
70. 不把自己的不良情绪转嫁给孩子					
71. 有正确地应对孩子青春期叛逆的方法					
72. 不把学习成绩作为判断孩子成长的唯一标准					
行为习惯教育	非常符合	符合	比较符合	不太符合	不符合
73. 指导孩子有节制地使用电脑					
74. 及时纠正孩子的偏食和挑食					
75. 培养孩子养成良好的卫生习惯					
76. 禁止孩子抽烟和喝酒					
77. 培养孩子的家庭意识					
78. 督促孩子按时完成作业					
79. 培养孩子形成良好的生活作息规律					
80. 指导孩子有节制地娱乐					
教育方式	非常符合	符合	比较符合	不太符合	不符合
81. 用讲道理的方式教育孩子					
82. 尊重孩子的人格					
83. 以身作则，为孩子做榜样					
84. 经常跟孩子沟通和谈心					
85. 不打骂孩子					
86. 不恐吓孩子					

续表

	心理健康	非常符合	符合	比较符合	不太符合	不符合
87.	在家庭重大问题上会听取孩子的意见					
88.	鼓励孩子做正确的事情					
89.	不说让孩子丧失自信的话					
90.	教育孩子反省自己的行为					
91.	不以父母的缺点作为教育孩子的例证					
92.	注重与学校老师做好沟通工作					
93.	尊重孩子的爱好					
94.	不用物质利诱的方式来教育孩子					
95.	不娇宠和溺爱孩子					
96.	在合适的场合下表扬孩子					

请检查问卷所有部分，以免漏填。再次感谢您的合作！

养 老 篇

Reports of Aged Caring

B.8
杭州空巢家庭居家养老现状、问题及对策研究

赵路国*

摘 要： 近年来，随着杭州市人口老龄化进程的加快和家庭养老功能的弱化，空巢家庭不断增加，空巢老人的养老问题也越来越受到社会的关注，这个特殊群体的生活状况及其带来的社会问题日益凸显，成为社会养老保障服务体系迫切需要解决的难题。杭州市近年来大力推进居家养老服务工作，通过加强社区居家养老服务站、老年食堂、托老所等居家养老设施建设，逐步建立起以居家养老为基础、社区服务为依托、机构养老为补充、政府扶持为后盾的养老服务体系，为解决空巢老人养老问题提供了思路。但是，由于空巢家庭的特殊性和

---

* 赵路国，浙江树人大学人文学院讲师，研究方向：老年社会工作。

居家养老的不完善性，空巢家庭在居家养老过程中仍存在居家养老观念淡薄、养老服务面狭窄、养老服务设施不完善、养老服务人员专业化水平低、养老资金匮乏、养老组织体系缺乏配合等问题。通过调研，本文认为扩大宣传、丰富养老内容、加强和完善社区养老设施建设、加强养老服务人才队伍建设、拓展资金来源、提高政府管理水平等对于推进杭州市的居家养老工程具有重要意义。

关键词： 人口老龄化　空巢家庭　居家养老

按照国际通用标准，60岁以上人口占总人口的比例达到10%，或者65岁以上人口占总人口的比例达到7%，就表明该国家或地区已进入老龄化社会。杭州老龄化速度较快，早在1987年就已进入老龄化社会，比全国平均水平提前了整整11年。截至2013年底，杭州市60岁以上老年人口为134.88万人，占总人口为数的19.10%[①]，比全国平均高出4个多百分点。为积极应对老龄化问题，让杭城老年人享受"幸福养老"，杭州出台了《杭州市社会养老服务体系"十二五"规划（2011~2015）》，提出了"9064"的养老服务事业发展目标，也就是说，杭州力争到"十二五"末期，构建起"9064"的养老格局，即在老年人口中，以社区为依托、社会服务为协助的自主居家养老占90%，享受政府购买服务的居家养老占6%，入住养老机构集中养老占4%。到2015年末，达到每百名老年人拥有养老床位4张，各区建有1所起示范作用的养老机构，城乡社会居民养老服务网点建设实现全覆盖，老年人普遍享受到居家养老服务。

社区居家养老是以老年人居住的社区为依托，在社区里就近提供老年人所需的生活照料、家政服务、文体活动以及康复保健等服务项目。在居家养老服务中，高龄老人、失能老人、空巢老人是服务的重点对象，特别是空巢老人，

---

① 《杭州市2013年老龄事业统计公报》。

近年来随着人口老龄化进程的加快和家庭养老功能的弱化，空巢家庭越来越多，与之相应的家庭与社会问题也越来越多，如无人照料、疾病无人过问、物质生活困难、缺乏精神安慰、孤独寂寞等一系列问题，特别是高龄、独居、体弱多病的空巢老人表现尤为突出。空巢老人这个特殊群体的生活状况及其带来的社会问题日益凸显，成为社会养老保障服务体系迫切需要解决的难题。分析当下杭州空巢家庭居家养老实施中的现状及存在问题，对于进一步完善杭州居家养老服务政策、不断提高空巢老年人口的生活质量、应对人口老龄化高峰期的到来、建设"美丽杭州、幸福养老"目标具有重要意义。

一 杭州空巢家庭居家养老总体状况

1. 人口老龄化发展迅速，养老需求迫切

杭州户籍人口中，60岁以上老年人口总数由2009年底的113.20万人增长到2013年底的134.88万人，老年人口占总人口的比例由2009年的16.56%提高到2013年底的19.10%，五年间，老年人增长21.68万人，占比提高2.54个百分点。杭州市老龄化程度排在前三位的是上城区、西湖区、拱墅区，老年人口占总人口的比例分别达到26.24%、24.19%、22.67%，远远高于全国平均发展速度，养老需求十分迫切（见表1）。

表1 2009~2013年杭州市老龄人口情况（户籍人口）

年份	总人口（万人）	老龄人口（万人）	占全市总人口的比例（%）
2009	683.38	113.20	16.56
2010	689.12	118.02	17.13
2011	695.71	123.72	17.78
2012	700.52	127.89	18.26
2013	706.18	134.88	19.10

资料来源：历年《杭州统计年鉴》。

2. 家庭空巢化趋势明显，纯老年人家庭日益增多

杭州户籍人口中，2011年纯老年人家庭的老年人为20.18万人，占老

年人口的16.31%；2012年纯老年人家庭的老年人为26.19万人，占老年人口的20.48%；2013年纯老年人家庭的老年人为24.88万人，占老年人口的18.45%，其中城镇为18.62万人，农村为6.26万人，纯老年人口数居前三位的是上城区、江干区、萧山区，分别是3.6万人、3.48万人、2.84万人（见表2）。有别于户籍人口统计，在实际居住过程中，受个人经济能力、居家意愿、家庭关系、赡养观念、社会住房条件、户籍制度改革、政策安排等诸多因素的影响，家庭空巢化比例还会更高。由此可见，在人口老龄化加速发展的进程中，杭州老年家庭"空巢化"现象日益凸显，纯老年人家庭日益增多，而传统的多代同堂家庭模式渐趋弱化。2013年7月1日起施行的《老年人权益保障法》将"常回家看看"写入法律，要求与老年人分开居住的家庭成员应当经常看望或者问候老人，不常看望老人属于违法。这彰显了政府对空巢现象的高度关注以及对老年人的民生关怀，也意味着空巢已成为老年人之殇，它往往伴随着生活中的照料缺失与精神上的孤独寂寥，需要全社会加以关注。

表2　2011~2013年杭州市纯老年人家庭人口数情况一览表（户籍人口）

年份	纯老年人家庭人口数(万人)	老龄人口(万人)	占老龄人口的比例(%)
2011	20.18	123.72	16.31
2012	26.19	127.89	20.48
2013	24.88	134.88	18.45

资料来源：历年《浙江省老年人口和老龄事业统计公报》。

3. 政府重视居家养老建设

杭州市作为宜居城市，近年来大力推进居家养老服务工作，加强社区居家养老服务站、老年食堂、托老所等居家养老设施建设，逐步建立起以居家养老为基础、社区服务为依托、机构养老为补充、政府扶持为后盾的养老服务体系，在建设"美丽杭州、幸福养老"、解决空巢家庭养老问题的过程中发挥了巨大的作用。截至2013年底，全市建立了城市社区居家养老服务站1267个、农村社区星光老年之家3524个，全市共有居家养老服务专职护理人员5184人，志愿者服务队伍2746支、志愿者15.91万人，居家养老服务站（点）涵盖区域老年人

101.64万人，50.03万名老年人享受居家养老服务，其中7.30万人享受政府购买、补贴服务，各级政府补贴总额达14742.6万元。全市建有城市、农村社区居家养老服务照料中心510家，为方便老年人就餐服务的老年食堂863个，为老年人提供就（配、送）餐服务205.03万人次。

4. 空巢老人问题较多，心理问题突出

随着人口政策的变化和跨地域社会流动的加剧，空巢老人越来越多，进入空巢的老年人越来越年轻，空巢期也越来越长，与之相应的社会问题也越来越多，如无人照料、疾病无人过问、物质生活困难、缺乏精神安慰、孤独寂寞等一系列问题，特别是高龄、独居、体弱多病的空巢老人表现尤为突出。根据西湖区北山街道社区卫生服务中心在宝石社区所做的调查，该社区共有空巢老人198户，通过向180位老年人发放调查问卷，最终回收152份，结果显示，从身体上看，95%的老年人身患慢性疾病；从心理上看，近九成老年人自认为衰老无用，八成有孤独感，七成有焦虑抑郁情绪。

二 杭州空巢家庭居家养老研究对象与方法

为了更好地反映杭州市空巢家庭的实际情况和存在的问题，我们从定性和定量两个角度对杭州市空巢家庭老人居家养老现状进行了研究。我们在杭州六个主城区——上城区、下城区、拱墅区、江干区、西湖区、滨江区选取空巢家庭老人及政府、社区相关工作人员作为调查研究对象，采用结构式访谈法、问卷调查法开展研究，并运用分层抽样与随机抽样相结合的方法选取调查研究对象。

1. 结构式访谈法

一是面向政府、社区相关工作人员，从养老服务提供者层面开展调查，主要涉及服务对象的覆盖面、资金的投入、服务的评估、保障的措施等方面；二是面向空巢家庭老人，从养老服务使用者层面开展调查，主要涉及生活照料服务、医疗保健服务、家政服务、紧急救助服务、精神慰藉服务、其他具体养老服务的使用情况以及对服务的满意度。采用结构式访谈法，自行设计结构式访谈提纲，共完成面向政府、社区相关工作人员的访谈41人，面向空巢家庭老人的访谈42人。

2. 问卷调查法

问卷调查的内容主要包括生活照料服务、医疗保健服务、家政服务、紧急救助服务、精神慰藉服务、其他具体养老服务的使用情况以及对服务的满意度等。在调查过程中，考虑到空巢老人的特殊性，如听力问题、理解问题等，采用自填式与代填式相结合的方式，对自行填写问卷有困难的老人，由调查者协助代为完成。采用分层抽样与随机抽样相结合的方法选取调查研究对象，共发放问卷240份，回收问卷207份，均为有效问卷，有效回收率为86.25%。主要运用SPSS 13.0统计软件和EXCEL办公软件进行数据定量分析。

被调查对象的性别结构、年龄结构、学历结构、职业结构、子女结构、区域结构见表3~表8。

（1）性别结构

表3 您的性别

单位：人，%

项目		频数	百分比	有效百分比	累计百分比
有效	男	109	52.7	52.7	52.7
	女	98	47.3	47.3	100
	合计	207	100	100	—

（2）年龄结构

表4 您的年龄

单位：人，%

项目		频数	百分比	有效百分比	累计百分比
有效	60~69岁	41	19.8	19.8	19.8
	70~79岁	95	45.9	45.9	65.7
	80岁及以上	71	34.3	34.3	100
	合计	207	100	100	—

(3) 学历结构

表 5　您的文化程度

单位：人，%

	项目	频数	百分比	有效百分比	累计百分比
有效	不识字	33	15.9	15.9	15.9
	私塾	14	6.8	6.8	22.7
	小学	75	36.2	36.2	58.9
	初中	41	19.8	19.8	78.7
	中专/高中	19	9.2	9.2	87.9
	大专及以上	20	9.7	9.7	97.6
	其他	5	2.4	2.4	100
	合计	207	100	100	—

(4) 职业结构

表 6　您以前的职业身份是

单位：人，%

	项目	频数	百分比	有效百分比	累计百分比
有效	农民	45	21.7	21.7	21.7
	乡镇企业退休职工	58	28.0	28.0	49.8
	国营大集体企业职工	53	25.6	25.6	75.4
	文化教育、医疗系统从业人员	24	11.6	11.6	87.0
	机关干部	10	4.8	4.8	91.8
	个体户	11	5.3	5.3	97.1
	其他	6	2.9	2.9	100
	合计	207	100	100	—

(5) 子女结构

表 7　您现在有几个子女

单位：人，%

	项目	频数	百分比	有效百分比	累计百分比
有效	0个	3	1.4	1.4	1.4
	1个	36	17.4	17.4	18.8
	2个	95	45.9	45.9	64.7
	4个	73	35.3	35.3	100
	合计	207	100	100	—

(6) 区域结构

表8　您现在住哪个区

单位：人，%

项目		频数	百分比	有效百分比	累计百分比
有效	上城区	35	16.9	16.9	16.9
	下城区	35	16.9	16.9	33.8
	拱墅区	34	16.4	16.4	50.2
	西湖区	34	16.4	16.4	66.7
	江干区	33	15.9	15.9	82.6
	滨江区	36	17.4	17.4	100
	合　计	207	100	100	—

三　杭州空巢家庭居家养老现状及分析

（一）空巢老人方面

1. 高龄空巢老人日益增加，缺乏自理能力的人数增多

随着社会经济的快速发展和医疗水平的不断提高，高龄空巢老人数量逐渐增加，与一般老年人相比，他们需要社会提供更贴心、更细致、更专业的养老服务。随着年龄的增长，空巢老人的生活自理能力逐步下降，80岁及以上的空巢老人身体健康且可以照顾家人的占1.4%，能自理的占25.4%，需要别人适当帮助的占59.2%，完全需要别人照顾的占12.7%（见表9）。

2. 空巢老人收入的主要来源是离退休金、子女赡养

离退休金、子女赡养、养老保险、政府或社会救助、务工或投资收入是空巢老人收入的主要来源，其中离退休金、子女赡养是最主要的收入来源，分别占36%、34%。另外，养老保险占16%，政府或社会救助占12%，务工或投资收入、其他各占1%（见图1）。由此可见，养老资金主要还是靠空巢老人自身及其家庭来提供，政府或社会救助只占其中一小部分。同时也说明，尽管空巢，但并不意味着老人与子女脱离关系，子女对老人的经济赡养依然存在。

表9 您的年龄与您目前的生活自理能力交叉制表

项目			您目前的生活自理能力					合计
			能自理	需要别人适当帮助	完全需要别人照顾	身体健康且可以照顾家人	其他	
您的年龄	60~69岁	计数(人)	29	1	2	9	0	41
		所占比重(%)	70.7	2.4	4.9	22.0	0	100
	70~79岁	计数(人)	56	36	0	3	0	95
		所占比重(%)	58.9	37.9	0	3.2	0	100
	80岁及以上	计数(人)	18	42	9	1	1	71
		所占比重(%)	25.4	59.2	12.7	1.4	1.4	100
合计		计数(人)	103	79	11	13	1	207
		所占比重(%)	49.8	38.2	5.3	6.3	0.5	100

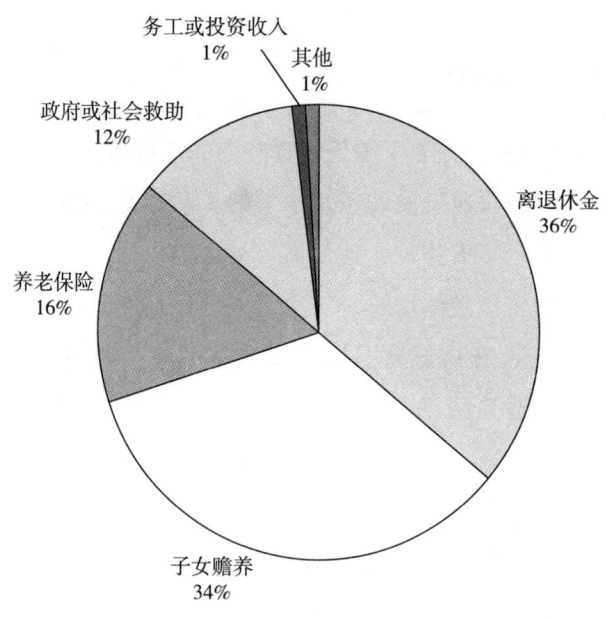

图1 空巢老人收入的主要来源

3. 空巢老人经济状况良好

空巢老人在经济状况方面够用有余的占43.5%，大致够用的占45.9%，只有4.3%的人有些困难，这说明杭州空巢老人经济条件良好，并没有因空巢而受到影响（见表10）。因此，社区居家养老服务不能仅仅停留在经济支持上面，杭州空巢老人"不差钱"，社区更应该在医疗保健、精神慰藉等其他方面加大投入。

表10 您觉得自己的经济状况如何

单位：人，%

项目		频数	百分比	有效百分比	累计百分比
有效	够用有余	90	43.5	43.5	43.5
	大致够用	95	45.9	45.9	89.4
	有些困难	9	4.3	4.3	93.7
	其他	13	6.3	6.3	100
	合 计	207	100	100	—

4. 空巢老人最希望获得医疗保健、社会照料服务

对于"在居家养老服务中，您最希望社区提供或强化哪项服务"这一问题的选项，110人选择了医疗保健服务，92人选择了生活照料服务，其余选项从高到低分别是家政维修服务、精神慰藉服务、紧急救助服务、其他（见图2）。由此可见，空巢老人最关心的还是医疗保健问题，对于老年人来

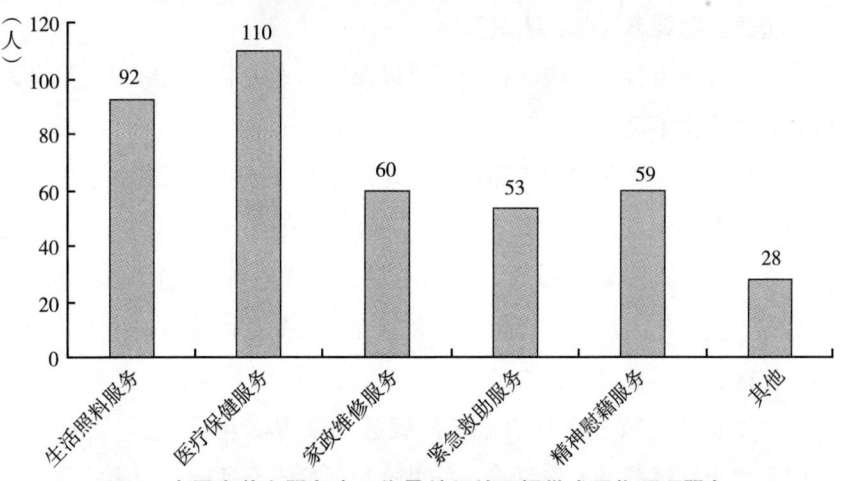

图2 在居家养老服务中，您最希望社区提供或强化哪项服务

说，健康是第一位的，其次是生活照料，年纪大了，有人照料很重要，社区应根据空巢老人的需求来开展相关服务工作。

（二）居家养老方面

近年来，杭州大力推进居家养老服务工作，经过近六年的实践和发展，全市居家养老服务呈现规划分层设计、机制科学完善、设施全面覆盖、供给不断创新、服务智能提升五大特点。一是明确"三个主体"，即明确家庭养老的主体地位、明确政府的主导职能、明确社会力量的主体参与，规划分层设计；二是建立"三项制度"，即建立统一的评估制度、建立养老服务补贴制度、建立农村居家养老服务制度，机制科学完善；三是深化"三个内容"，即深化养老服务设施建设、深化养老设施布点规划、深化居家养老服务照料中心改造提升，设施全面覆盖；四是实现"三个转变"，即服务内容从单一居家养老向养医融合转变、照料中心从"建起来"向"用起来"转变、志愿互助从个别化向普遍化转变，供给不断创新；五是采用"三个模式"，即采用"统一标准、购买服务"的项目创建模式、"市级监管、各区招标"的项目实施模式、"自愿申请、免费发放"的项目运作模式，服务智能提升。政府尽量通过各项服务来满足老人的需要，但是在推进杭州空巢老人居家养老服务中仍存在诸多问题。

1. 居家养老观念淡薄，认识不足

目前，杭州市各级政府、社会各界以及空巢老人和子女等对空巢老人社区居家养老认识不足。

首先是政府一些职能部门和社区管理部门对开展社区居家养老服务的重要性和迫切性认识不足，对其产生和发展的认识还不够，以至于在政策支持、资金投入、人员管理等方面考虑不足，工作停留在表面，未能深入开展。更有一些工作人员存在应付心理和行为，服务意识淡薄，认为养老不应该扔给社区，如某社区工作人员在接受调查中说，"希望孩子能够担起老人养老的主要责任，孩子在身边比任何服务都来得实在"。这句话有一定道理，但是作为社区养老工作负责人员讲这句话是不合适的，因为养老不仅是家庭问题,而且是社会问题,社区居家养老就是要以社区为依托,发挥社区力量为老人服务,解决养老难题。

其次是空巢老人对居家养老认识不足。对于"您认为以何种方式养老更为幸福舒适"这一问题的选项,选择社区居家养老的有35人,占16.9%;选择传统家庭养老的有162人,占78.3%;选择机构养老的有3人,占1.4%(见表11)。由此可见,在空巢老人心中,传统家庭养老依然占据第一位,居家养老观念淡薄。对于"您是否了解'居家养老'这一养老模式"这一问题的选项,选择很了解的有4人,占1.9%;选择比较了解的有27人,占13.0%;选择了解一点的有82人,占39.6%;选择听说过但不了解的有59人,占28.5%;选择从未听说过的有32人,占15.5%(见表12)。由此可见,绝大多数老年人不太了解居家养老。

表11 您认为以何种方式养老更为幸福舒适

单位:人,%

	项目	频数	百分比	有效百分比	累计百分比
有效	传统家庭养老	162	78.3	78.3	78.3
	社区居家养老	35	16.9	16.9	95.2
	机构养老	3	1.4	1.4	96.6
	其他	7	3.4	3.4	100
	合计	207	100	100	—

表12 您是否了解"居家养老"这一养老模式

单位:人,%

	项目	频数	百分比	有效百分比	累计百分比
有效	很了解	4	1.9	1.9	1.9
	比较了解	27	13.0	13.0	14.9
	了解一点	82	39.6	39.6	54.5
	听说过但不了解	59	28.5	28.5	83.0
	从未听说过	32	15.5	15.5	98.5
	其他	3	1.4	1.4	100
	合计	207	100	100	—

最后是家庭成员对空巢老人居家养老认识不足。在调研中发现,除了空巢老人对居家养老认识不足之外,家庭成员也存在认识不足的情况。他们认为养老是自己家庭的事,把社区当作政府机构,认为靠政府和社区帮扶会很没有面子,也会给外界留下子女不孝的印象,并且对社区服务质量持怀疑态度,如社区日托养老中心往往门可罗雀,家庭成员不愿把老人送到那里。当空巢老人需要照顾服务时,不在身边的子女的第一反应是到市场上请个保姆,由保姆来照顾老人,而不是依靠社区居家养老。

2. 提供的居家养老服务面狭窄,服务单一

首先是服务对象的狭窄。社区居家养老服务主要是由民政部门牵头实施、组织管理的,随着财政支持力度的加大,享受居家养老服务的对象也从传统的"三无"人员、优抚对象及特殊贡献群体逐步扩大到低收入群体等边缘群体,但是这种剩余式福利提供模式是不可能将所有老人都包括在内的。如杭州市西湖区提供的"两小时居家养老服务"的服务对象是户籍在本社区且年满80周岁的空巢、独居、孤寡老人,"居家养老服务券"的发放对象是户籍在本社区且为常住户口"四级救助圈"内的失能(残疾)、孤寡、高龄(80周岁及以上)、空巢(独居)等老人,以及60周岁及以上的重点优抚对象、老劳模、经济困难的老居(村)干、区离休干部和除上述人员以外的其他高龄老人(有特殊贡献的高龄老人)。在被调查的空巢老人群体中,只有59.9%的人享受过服务机构(社会组织)提供的居家养老服务(见表13)。

表13　您是否享受过服务机构(社会组织)提供的居家养老服务

单位:人,%

项目		频数	百分比	有效百分比	累计百分比
有效	是	124	59.9	59.9	59.9
	否	75	36.2	36.2	96.1
	其他	8	3.9	3.9	100
	合计	207	100	100	—

其次是服务组织的狭窄。截至2013年12月底,杭州市社会组织总数达到16615家,其中等级注册5153家,备案11462家①。其中能提供居家养老服务的社会组织更少。一方面,基层政府要完成上级政府的考核任务,只能依靠为数不多的社会组织及企业,对于服务的品质关注不多,根本没有竞争可言;另一方面,政府为了完成数量上的指标,有限的资金要购买到尽可能多的服务,服务价格一再被压低,使得企业利润微薄甚至无利可图,需要负债运营,也就无法吸引优秀的服务组织及企业加入居家养老服务当中。

最后是服务内容的狭窄。社区居家养老服务面狭窄,服务内容单一,且缺乏个性化服务。杭州市于2003年开始进行社区居家养老服务的尝试,2008年开始推广实施。在调查中发现,杭州市社区居家养老的优越性得到肯定,其普及度也较令人满意。但是目前社区提供的服务主要是满足社区中自理能力较差的老年人的基本需求,养老服务开展的内容十分有限,虽然承诺的服务内容和项目较多,但实际上真正提供给老年人的服务往往比较单一。例如,大多数老年人仅知道社区有"星光老年之家",而"星光老年之家"就是棋牌室,社区所提供的居家养老服务内容与老年人的需求之间存在一定程度的错位,满足不了老年人多样化的需求。另外,空巢老人作为特殊群体,其生理、心理、生活都与一般老人有所差异,需求也有所不同,但在实际社区工作中,并没有将其与一般老人加以区别。即使是同一个社区的空巢老人,因为各自的家庭背景、身体状况、个人收入及子女状况等不同,需求也可能完全不同,政府目前提供的"自上而下"的服务输送,是基于供给的角度,而不是根据老人的具体需求,很难满足老人多样化的现实需求,个性化服务提供比较缺乏。

3. 社区养老服务设施不完善,活动场地狭小

社区养老服务设施陈旧,缺乏人性化无障碍设施以及配套的照料设施,社区中没有专门为老年人提供的健身娱乐场所和设施,老年人经常是在小区

---

① 《2013年杭州市社会组织发展十件大事》,浙江省民间组织信息网,2014年1月24日,http://mjzz.zjol.com.cn/system/2014/01/24/019829730.shtml。

街边或楼下自行活动，如遇冬天或阴雨天，老年人则只能闲坐在家，没有可供老年人健身娱乐的适宜的室内活动场地。社区医疗卫生机构大多设施简陋，诊疗水平有限，仅仅能够配配药，建建医疗档案，难以满足老年人的医疗健康需求。

调查发现，由于各区发展不平衡，旧有小区服务设施匮乏，新建小区较少有养老设施规划，已有的服务设施也并无统一标准，养老服务设施需进一步完善。特别是20世纪80年代建设的老旧小区，基础设施相对落后，大都不能提供专门的场地以满足居家养老服务工作的需求，社区只能在原有基础上利用原有场地，成立兼容式的居家养老服务站，这在一定程度上制约了服务功能的拓展。老年人开展舞蹈、歌咏、戏曲、乒乓等文体活动的社区多功能活动室、老年文化体育设施等，在多数社区中都很稀缺。开展老年人的活动，往往受到场地、器材等因素的影响，真正参与进来的人数少，长久下来，老年人的积极性也就大打折扣了。

4. 服务人员专业化水平低，专业素质有待提高

调查发现，目前杭州市养老人员主要由两部分组成。一是"40、50"人员。杭州市实施一岗解双难，既解决了一些"40、50"人员的再就业问题，也缓解了一些岗位的招工难问题。二是通过招标、社会化服务，中标的社会组织所派出的护理员。但是，现有养老服务队伍整体素质不高，文化程度普遍较低，年纪较大，流失较快，不受尊重，待遇低下，大多不具备专业管理、护理知识，更缺乏老年护理员专业职业资格证书，职业化建设滞后，只能开展一般的家政服务，无法开展有效的、有针对性的养老服务，难以满足老年人更高层次的居家养老需求。调查中发现，杭州社会福利中心的养老护理员中，45岁以上的占70%，初中及以下文化程度的占90%，学历最高的为中专生。同时，由于居家养老服务组织经营不理想，养老服务人员工作繁杂、待遇低下，难以吸引有一定文化知识的中青年人进入这一行业，进一步限制了为老服务水平的提高。另外，目前为老服务项目偏重于日常生活护理和家政服务，缺乏医疗保健、精神慰藉等服务，这些方面的服务人才严重缺乏。

对于"你希望居家养老服务人员应具备哪些基本素质"这一问题的选项，有164人选择了服务态度好，有140人选择了对老人有爱心，有139人选择了有责任心，其余选项从高到低分别是有专业能力、有良好的沟通能力、其他（见图3）。由此可见，服务态度、爱心、责任心是空巢老人最看重的，甚至其重要程度远远超过了专业能力，这也是为老服务人员最应该掌握的。

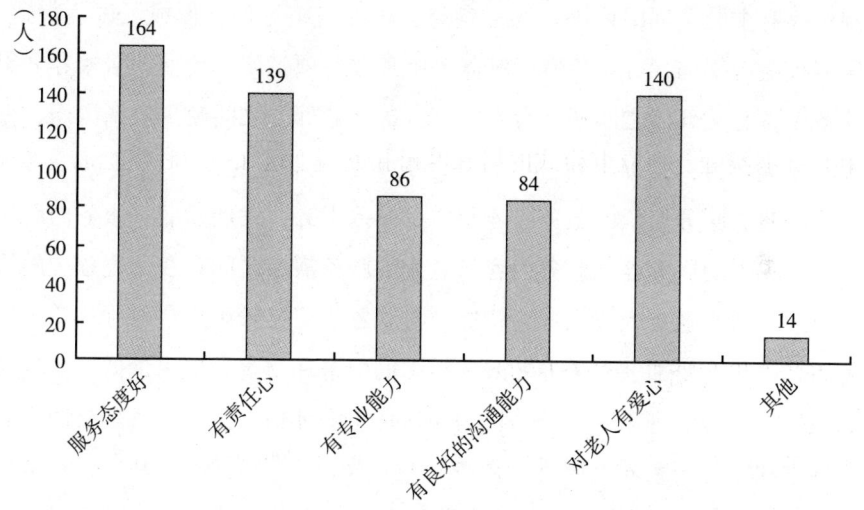

图3　你希望居家养老服务人员应具备哪些基本素质

5. 社区养老资金匮乏，主要靠政府埋单

资金匮乏是制约我国城市居家养老服务业的重要因素，社区养老主要靠政府埋单，虽然政府投入逐年加大，但是针对老年人日益增长的养老服务需求，这部分投入仍然处于较低水平，无法满足社区居家养老软硬件设施方面的配备。目前，杭州居家养老服务的资金来源主要有四个方面：一是财政拨款；二是彩票公益金资助；三是社会捐助；四是市场化运作。这些资金的用途又大致分为三个方面：一是用来支持各级居家养老服务中心的建设；二是用来补贴接受服务的老年人支付的服务费用；三是用来支付居家养老服务人员的报酬。目前的资金数量普遍较少，补贴的服务对象数量也比较少，如果要扩大补贴服务对象的范围，提高补贴标准，则需要进一步拓宽资金来源渠

道和增加资金总量。与一般老人相比，空巢老人需要政府更多的投入和支持。在调查中，社区工作人员也纷纷表示，要想提高居家养老服务水平，政府必须加大资金投入，在人力、物力、财力上给予支持。

6. 居家养老服务组织体系缺乏配合，管理不到位

居家养老服务组织体系的运转需要衔接规范。杭州居家养老服务的工作机制是政府主导、部门协同、社会参与、民间组织运作，形成了区、街道、社区三级组织架构，分工负责居家养老服务的各项工作。目前，居家养老组织体系中各有关部门之间缺乏有效配合，各涉老部门之间缺少协调沟通，没有真正形成合力，管理不到位。另外，居家养老服务组织机构需进一步规范，目前此类服务组织的服务内容和质量参差不齐，发展滞后，服务内容单一，其所提供的居家养老服务内容与老人的服务需求之间存在一定程度的错位或差距。由于老年人收入普遍较低，对服务价格比较敏感，对服务质量要求较高，因此需要加大先进养老服务组织的引进和培育，推出价低、质好的服务项目，最好引进第三方评估机构，深化组织评估、监督和管理机制，进一步推进和完善居家养老服务。调查中我们发现一个案例：2014年9月16日，营业面积达300平方米的杭州最大的老年食堂"文新街道老年食堂"歇业，暂时退出了居民的生活舞台。文新街道地处杭州西湖区，现辖12个居民社区和2个股份经济合作社。承担老年食堂运营的香樟社区现有居民6000余人，其中老年人占比在三成以上。然而，从2009年食堂创办至今，已是第二次更换经营者，原定于2015年6月到期的承包合同被提前终止。对于承包商的选择，社区当时也是煞费苦心，从当初有意向的多家餐饮公司中精心挑选了一家成功经营过单位食堂的餐饮公司。随后，街道不仅在店面装修及房租费用方面给予承包商较大优惠，还出钱为其更换了清洁效果更好的抽油烟机，并改造了下水管道，修建了专用蓄水池。"为保持食堂的公益性质，我们也没少投入人力、物力、财力，不知为何还是经营不下去。"社区厉书记无奈地说道①。由此可见，对社区食堂这样的服务组织如何进行培

---

① 王庆丽：《杭州一老年食堂关门引思考　老年食堂路在何方》，《经济日报》2014年9月16日。

育和管理、如何处理好政企权责关系,值得政府管理部门深思。

7. 居家养老服务的主要问题是服务项目少、设施不完善、宣传不到位

对于"您认为您所在城区的居家养老服务主要存在哪些问题"这一问题的选项,有93人选择了"服务项目少",有90人选择了"硬件服务设施不完善",有67人选择了"宣传不到位",其余选项从高到低依次是"自费服务价格高""管理不到位""服务质量差""服务人员素质低""其他"(见图4)。由此可见,对于空巢老人来说,他们更关心的是服务项目与服务设施,社区居家养老服务应在这些方面加以改善。

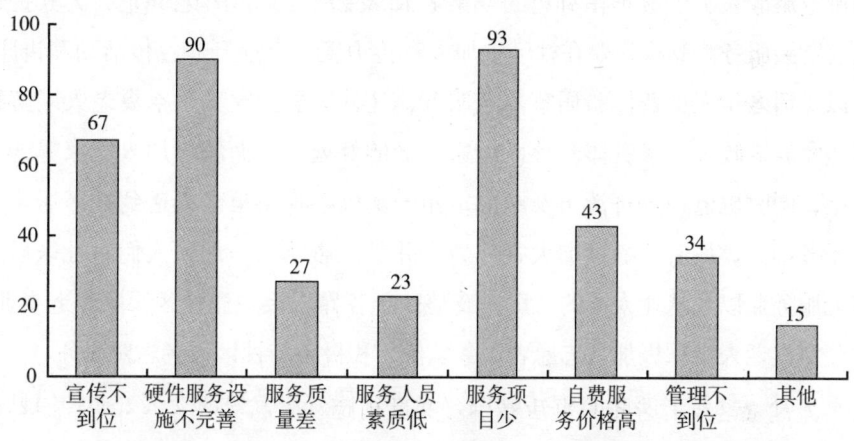

图4　您认为您所在城区的居家养老服务主要存在哪些问题

四　推进杭州市空巢家庭居家养老的对策建议

杭州市在空巢家庭居家养老方面存在的问题并非特殊的地域性现象,而是我国目前存在的普遍性社会问题。相比较而言,杭州市的居家养老工作走在全国前列,如上城区养老服务体系已成为"全国标准",其《居家养老服务与管理规范》通过了国标验收。作为发达地区,同时作为老年人养老权利保障走在全国前列的地区,杭州有理由继续保持先进,不断创新,不断完善空巢家庭居家养老机制,构建老人满意、子女放心、社会认可、各方肯定的居家养老服务体系。

1. 扩大宣传,加强对居家养老的认识

针对"对社区居家养老观念淡薄和认识不到位"问题,首先,相关政府职能部门和社区服务部门要加强对空巢家庭社区居家养老服务的重要性和迫切性的认识,明晰政府的权责,适当转移部分行政职能,把不该管、管不了、管不好的公共服务事项交给社会组织和市场主体来承担。对于空巢老人,不仅要进一步明确政府的主导职能,推进养老事业发展,而且还要针对困难空巢老人、子女不在身边的空巢老人,主动承担起养老职责,为其提供政府购买服务。其次,要在社区中加大宣传力度,定期开展宣传活动和讲座,可以邀请老年人免费体验居家养老服务,让社区居民尤其是空巢老人了解社区居家养老政策,亲身体验社区居家养老的好处,从而积极加入居家养老行列中,同时也进一步打消子女顾虑,让子女放心将空巢老人送到社区居家养老服务中心。最后,继续加大宣传力度并扩大影响力,加强人们对社区居家养老服务业以及从业人员的认识,鼓励社会各界积极关注社区居家养老事业,关爱空巢老人,积极加入志愿者服务队伍,积极参与社区养老志愿服务。

另外,要进一步拓宽宣传领域,改进宣传方法,要改变过去那种信息传播单一、宣传方式及手段僵化、"挂条幅、写标语"的宣传方式,要充分利用现代化技术,针对老年人的身心特点,利用大众传统媒体、互联网络、手机信息平台等现代技术,运用微信、微博等现代通信交流工具,从文字信息、图片信息、视频信息多个角度全面宣传社区居家养老工作,在全社会营造为老服务的良好氛围,进一步增强宣传实效,达到广而告之。

2. 丰富养老内容,提供多元化养老服务

针对"居家养老服务面狭窄,服务单一"问题,要进一步丰富居家养老的服务内容,加强和改进居家养老服务方式,拓宽社区居家养老服务覆盖面,积极培育、鼓励和支持各类社会组织、服务团体、非营利机构、服务性企业投入养老服务行业,提供多元化养老服务。

首先是服务内容的多元化。要构建分层分类的居家养老服务网络,根据老年人的不同需求，提供不同的养老服务。要优先考虑空巢老人最关心的医疗保健服务、社区照料服务，服务内容要从单一居家养老向养医融合发展，要整合社区居家养老服务照料中心和卫生服务中心，积极推广社区老年保障计划，以"家庭医生签约制"为老年人提供上门诊疗服务。要在社区中多开展教育、文化、体育、旅游等有利于老年人身心健康的形式多样的服务活动，帮助空巢老人克服自我老化心理，改变不良生活习惯和行为方式，提高空巢老人的生活满意度，降低他们的孤独感和社会隔离感，形成良好的精神面貌和乐观的心态，从而使身心受益，真正实现"老有所为、老有所乐"。另外，社区可以为那些丧偶的空巢老人多组织一些老年联谊会，积极鼓励和支持他们追求黄昏恋，对于子女不在身边的空巢老人来说，老伴起着不可替代的作用，两个老人相互扶持和照顾，可以使晚年生活更加幸福美好。

其次是服务方式的多元化。要改变过去一成不变的、坐等老人上门的养老工作方式，尝试运用多元化的养老方式，如上门服务、定制化服务，以社会组织机构为主体，以街道、社区养老设施为依托，以老年人信息采集、能力评估及服务设计为前提，通过政府购买服务与市场化运作相结合，向空巢老人提供菜单式、套餐式服务，这样有利于实现社区养老服务设施的功能设置与老年人的实际需求有效衔接，有利于缓解老年人多样化的服务需求与社区养老服务供给能力不足间的矛盾。例如，下城区社会组织服务中心和《浙江老年报》于2013年共同打造的"小棉袄"项目，以发展服务民生的公益性社会组织为平台，以聚合为老服务资源为手段，以实施个性化服务套餐为牵引，针对不同老年人群体的服务需求，推出家政服务、健康服务、日常照料、心灵陪护、法律服务等"8+1"套餐供老年人自行选择，为辖区所有老年人"零距离"提供低偿及个性化居家养老服务，这种服务方式受到了广大老年人的肯定与欢迎，应多加推广。

3. 加强和完善社区养老设施建设

针对"社区养老服务设施不完善，活动场地狭小"问题，要根据《关于加快推进养老服务事业发展的意见》、《杭州市养老设施布点规划》（2010~2020）、《城市社区居家养老服务照料中心建设与管理规范》等文件精神，因地制宜地做好社区养老设施的建设工作。一是要合理规划设施，把养老服务设施建设作为与幼儿园、中小学等社区配套设施同等重要的内容，纳入社区配套用房建设范围，将老年人服务中心、老年人活动中心、养老服务网点作为强制性内容予以确定，并且根据老年人口的预期数量，配置足够的面积，并留出发展空间。二是要改造提升居家养老服务站、托老所、星光老年之家等现有服务设施，建成综合性居家养老服务照料中心，满足老年人日益增长的服务需求。三是要加快资源整合，对现有养老资源进行有效整合，社区和小区之间要互通有无，互相补充，资源共享，切实提高养老服务设施的利用效率和服务效益。

4. 加强养老服务人才队伍建设

针对"服务人员专业化水平低，专业素质有待提高"问题，要进一步加强养老服务人才队伍建设，提升养老服务队伍的职业道德、服务意识和专业水平。高素质、专业化的人才是社区居家养老服务优质和发展的保证。第一，要对现有社区居家养老服务人员进行在职培训，培训内容包括养老护理员的职业道德、老年人生理和心理特点、老年人基本护理方法、老年人专业护理知识、老年人的营养需求和常见疾病、临终关怀等，使养老服务人员掌握专业的护理和服务技能，并定期开展反馈评估。第二，要完善居家养老服务员、助老员持证上岗和定期培训制度，对具有初级、中级、高级职称的养老护理员建立养老护理岗位津贴递增机制，提升服务人员的综合素质和服务水平。第三，要落实大学生护理员入职奖励优惠政策，鼓励大学生进入养老行业，从而提高养老护理员的整体素质。第四，要引进专业社会工作者和医疗护理等专业化人员，加强老年社会工作者专业人才的培养，让他们在关键部门和岗位充分发挥专业特长和带动示范作用。第五，要鼓励志愿者参与为老服务，成立杭州"银龄互助"老年志愿者协会，以低龄老人结对帮扶高龄老人的形式，补充居家养老服务的供给，探索完善"时间银行"储蓄机制，志愿者服务时间采取利息支取的方式，优先换取免费服务以及实物兑换，鼓励各行各业、各年龄阶层的志愿者群体参与为老服务。还可以充分利用浙江省家政服务人才培养培训联盟等平台和组织，加强养老服务人才队伍建设。

5. 拓展资金来源，实现资金筹措渠道多元化

针对"社区养老资金匮乏，主要靠政府埋单"问题，要进一步拓展资金来源，实现资金筹措渠道多元化。调查中，很多社区工作人员反映"能用的钱实在是太少了，很多想办的事只能暂时搁置下来""希望政府能加强人力、物力、财力支持"等。如此一来，社区的养老项目怎能不单一，服务水平又怎能上得去呢？尤其是对于空巢老人这个特殊群体来说，需要的社区养老服务更多、更细，然而，如今的社区可支配资金这么少，想发展都困难，又怎么可能为空巢老人提供更多、更优质的养老服务呢？因此，第一，要充分发挥政府的主导作用，积极争取财政投入，将居家养老服务建设支持资金纳入政府财政预算，适当调整各级财政支出结构，提高养老保障支出在各级财政支出中的比例，建立推进居家养老服务发展的公共财政投入保障机制，让社区有更多的钱为城市空巢老人办更多的事。第二，要充分发挥彩票公益金的资助作用，创新公益金使用新模式，如深圳开展的以福彩公益金购买社会组织服务模式，深圳民政局开展的社工服务、居家养老服务以及"老有"系列计划，就是通过公益金投入开发的项目，这些项目在运作若干年形成非常成熟、稳定的项目后，将纳入财政预算给予保障，公益金再从中退出，转而开拓新的项目。第三，要广泛动员社区网络资源，倡导鼓励社区内企业、社区成员、成功人士等积极捐助，使社会捐赠的积极性进一步提高，以提升和增进老年人社区服务水平，促进居家养老环境逐步改善。第四，要充分运用税收优惠等政策，建立社区养老服务公共基金，鼓励企业、个人和其他组织向该基金捐款，从而获得更多的市场化资金投入，以补充政府养老负担能力的不足。第五，要加强对养老资金的管理监督，提高资金的利用率，杜绝奢靡之风，杜绝铺张浪费，让有限的资金真正用到实处。另外，社区养老服务也应倡导无偿、低偿、有偿服务相结合，基本保障和优质服务相结合，按照服务内容和服务人群实行分类，努力实现以服务养服务。

6. 完善机制，提高政府的管理水平

（1）搭建养老服务信息服务平台

政府可以充分利用现代信息技术，搭建杭州市养老服务信息服务综合平台，对全市60岁以上的空巢老人进行统计登记，将其基本情况、家庭结构、经济来源、身体状况、服务需求等资料录入电脑，建立数据信息库，并及时更新，对老人情况及时跟踪记录，真正实现"补贴随人走，服务零遗漏"的贴心服务。同时，将社区居家养老信息放到网上，将社区居家养老服务政策、服务设施、服务项目、收费标准等在网上公布，供老年人及其家人选择。另外，此平台上还可以发布居家养老服务员供给和需求信息，实行双向选择，搭建养老护理员就业桥梁，真正实现"智慧养老""数字养老"。

(2) 加强各类老年协会建设，发挥协会作用

在现有条件下，如何为杭州空巢老人提供有效的服务，帮助他们解决一些实际的困难，是值得我们认真研究的问题。通过调查，我们发现老年协会能够在这方面发挥积极作用，如杭州"银龄互助"老年志愿者协会以低龄老人结对帮扶高龄老人的形式，有力地补充了居家养老服务的供给。老年协会是基层老年人的群众组织，具有与老年人联系密切、熟悉老年人及其家庭的情况、了解老年人的需求等方面的优势，能够充分发挥老年人自我管理、自我教育、自我服务的积极作用。要以"乐龄工程"建设为抓手，加强老年协会会长和骨干的业务知识培训和文化知识学习，改善基层老年协会活动设施，提高老年协会开展为老服务、做好老年群众工作、参与社会事务的能力。

(3) 建立科学评估体系

要建立完整的养老服务评价标准体系，对养老服务组织机构的建设、服务、等级等进行评估，建立完善的行业监管制度，加强行业自身管理。要在空巢家庭居家养老服务监管体系中引进社会第三方评估机构，对养老组织机构的运营管理、服务质量等进行专业化的评估，以此作为政府给予财政奖励、补贴、优惠等政策扶持的依据，从而提高养老服务的质量，提高空巢老人的满意度和幸福感。

(4) 推动社会工作职业化

根据国内外的先进经验，专业社会工作者作为和谐社会的重要基石，在

居家养老服务中发挥了重大作用。例如,可以运用专业个案工作的方法,为老人排解心理困苦,提供心理支持;可以运用小组工作的方法,为老人组织活动,提供小组动力;可以运用社区工作的方法,为老人谋取福利,创造良好的社区生活环境。因此,政府要大力推动社会工作职业化建设,加强社会工作职业教育,实施社会工作师职业资格考试,培养社会工作专业人才队伍,培育社会工作专业组织,并推动政府向社会工作组织出资购买社会工作服务岗位和服务项目,从而使专业社会工作者进入空巢家庭居家养老服务领域,为空巢老人提供专业服务。

五 结论与思考

　　社区居家养老模式是为应对我国人口老龄化、高龄化、空巢化及各种现行养老模式面临诸多困境的态势下产生的一种新型养老模式,目前正处于起步阶段。杭州市作为宜居城市,在居家养老方面走在了全国的前列。近年来,杭州市大力推进居家养老服务工作,加强社区居家养老服务站、老年食堂、托老所等居家养老设施建设,逐步建立起以居家养老为基础、社区服务为依托、机构养老为补充、政府扶持为后盾的养老服务体系,在建设"美丽杭州、幸福养老"、解决空巢家庭养老问题的过程中发挥了巨大的作用。在我国"未富先老"的社会经济背景下,针对我国老年人尤其是城市空巢老人,这种养老模式无论从传统文化观念、养老覆盖范围、社会支持体系、经济成本还是社会效益等方面,较之传统家庭养老、机构养老等其他养老模式都具有一定的优越性,在现阶段以及未来相当长的一段时期内,也将是我国长期倡导并推行的主流养老模式。

　　但是,从目前来看,由于对这个问题认识不足、政策扶持力度不够、资金匮乏、社会各界参与不够、社区力量薄弱等一系列问题,再加上空巢家庭的特殊性,所以大力推进社区居家养老模式还存在一定的困难。杭州空巢家庭在居家养老过程中存在的居家养老观念淡薄、养老服务面狭窄、养老服务设施不完善、养老服务人员专业化水平低、养老资金匮乏、养老组织体系缺乏配合等问题也制约了居家养老模式的开展。因此,扩大宣传、丰富养老内容、加强和完善社区养老设施建设、加强养老服务人才队伍建设、拓展资金来源、提高政府管理水平等对于解决社会老龄化问题和让老年人老有所养具有重要的意义。

目前,社会上一些企业和组织利用老年人需要关注和情感的心理弱点,把养老服务当作一种产业,甚至欺骗老年人以达到敛财的目的,这些都是政府和社会应该引起重视的方面。家家都有老人,人人都会变老,每个人都是老龄化社会的组成部分,研究老龄化问题其实就是研究我们自己[①]。未来人口老龄化、高龄化、空巢化态势将进一步加剧,不管我们是否愿意积极面对这些严峻的形势,我们都不可能也无法回避。我们不能把老龄化问题仅仅看作专属于老年人的问题,而应该把老龄化看作全社会的现象。空巢老人的养老问题是一个系统工程,也是一个需要家庭、社区、社会、政府以及空巢老人自身共同努力加以解决的综合性问题。由此可见,如果杭州市政府和各级管理部门都对城市老龄化问题加以重视,准确把握老龄化的发展规律和趋势,直面空巢现象,并在管理理念、政策法规、社会支持等方面不断进行探索和实践,创造出一种具有杭州特色的、更为完善的、适合杭州城市空巢家庭的社区居家养老模式,那么杭州市空巢家庭居家养老服务方面的工作便可以做得更多、做得更好。

参考文献

[1] 费孝通:《家庭结构变动中的老年赡养问题——再论中国家庭结构的变动》,《北京大学学报》1983年第3期。

[2] 穆光中:《挑战孤独空巢家庭》,河北人民出版社,2002。

[3] 谭琳:《新"空巢"家庭——一个值得关注的社会人口现象》,《人口研究》2002年第4期。

---

① 〔美〕戴维·L.德克尔:《老年社会学》沈健译,天津人民出版社,1986,第8~9页。

［4］赵芳、许芸：《城市空巢老人生活状况和社会支持体系分析》，《南京师范大学学报》2003年第3期。

［5］黄润龙：《我国空巢老人家庭状态》，《人口与经济》2005年第2期。

［6］张良礼：《应对人口老龄化》，社会科学文献出版社，2006。

［7］仝利民：《老年社会工作》，华东理工大学出版社，2006。

［8］张小强：《政府购买服务与社会化养老体系的构建》，《中国民政》2006年第2期。

［9］何斯、王德文：《空巢老年人健康状况实证研究及政策建议——福州市社区空巢老年人健康状况调查》，《南方人口》2006年第4期。

［10］张秀萍、柳中权：《建立空巢老人社区生活支持体系的研究》，《东北大学学报》2006年第11期。

［11］张晓峰：《建立政府购买服务制度完善居家养老服务体系》，《社会福利》2007年第8期。

［12］周新宏：《杭州市区社会养老设施现状及发展对策研究》，《西北人口》2007年第28期。

［13］姚远：《从宏观角度认识我国政府对居家养老方式的选择》，《人口研究》2008年第2期。

［14］万军：《大力推进政府购买公共服务：公共治理变革之道》，《新视野》2009年第6期。

［15］王浦劬、〔美〕莱斯特·M.萨拉蒙等：《政府向社会组织购买公共服务研究：中国与全球经验分析》，北京大学出版社，2010。

［16］祁峰：《和谐社会视域下中国城市居家养老研究》，大连海事大学博士学位论文，2010。

［17］王立华：《推进西湖区居家养老服务工作研究》，《杭州研究》2011年第3期。

［18］曹煜玲：《中国城市养老服务体系研究》，东北财经大学博士学位论文，2011。

［19］王美云：《杭州城市养老服务模式的创新——基于多中心治理理论的视角》，《中外企业家》2011年第20期。

［20］刘晓静：《我国空巢家庭养老问题研究——基于社会生态系统理论》，《人民论坛》2013年第14期。

［21］张晖：《居家养老服务输送机制研究：基于杭州的经验》，浙江大学出版社，2014。

［22］陈雪萍：《以社区为基础的老年人长期照护体系构建：基于杭州市的实证分析》，浙江大学出版社，2014。

B.9
城市空巢家庭精神养老问题研究
——基于杭州市的实证分析

吴兰花*

摘　要： 人口老龄化是21世纪中国面临的严峻现实。健康老龄化是建设和谐社会的重要内容。健康老龄化不仅包括老年个体温饱的解决、生活照料的满足，还包括精神的满足和愉悦。本文以杭州市区空巢老人为研究对象，采用文献法、问卷法、访谈法等，在获取实证调研材料的基础上，对空巢家庭精神养老的现状进行了分析。首先，对空巢老人的心理状态进行了描述，发现精神需求是现阶段空巢老人的迫切需求，独居、丧偶或离异的空巢老人心理孤独感更加强烈；其次，从情感慰藉、人格尊重、成就安心等方面讨论了空巢老人精神养老的现状，发现城市空巢家庭精神养老面临的问题主要有子女精神关爱较少、社区心理卫生服务不能满足空巢老人的精神需求、社会对空巢老人存在漠视现象、独居空巢老人再婚困难、老年福利设施和机构有待完善、空巢老人社会参与度较低等。在此基础上提出的对策建议有：弘扬"尊老、敬老"的社会风尚；发挥空巢老人自身的能动性，积极养老；加强亲情关爱；建立邻里互助精神养老模式；健全社区组织，完善社区基础设施；加大政府支持力度；建

---

* 吴兰花，浙江经济职业技术学院副教授，研究方向：心理健康与发展。

立和健全精神养老法律法规；等等。

关键词： 空巢家庭 精神养老 杭州市 实证分析

国际上通常把60岁以上人口占总人口的比例达到10%，或65岁以上人口占总人口的比例达到7%，作为国家或地区进入老龄社会的标准。第六次全国人口普查数据显示，截至2010年11月，我国大陆31个省、自治区、直辖市人口总量为13.40亿人，60岁及以上人口为1.78亿人，占大陆总人口数的13.28%，远远超过了老龄化国家水平。预计到2020年，我国老年人口将达到2.48亿人，老龄化水平将达到17.17%；到2051年，中国老年人口规模将达到峰值4.37亿人，老龄化水平基本稳定在31%左右。

《杭州市2013年老龄事业统计公报》显示，全市60岁以上老年人口为134.88万人，占总人口数的19.10%，比上年增加6.99万人，增长5.47%。全市纯老年人口家庭的老年人为24.88万人，占老年人口的18.45%，其中城镇老年人口为18.62万人，农村老年人口为6.26万人。空巢家庭是指无子女或虽有子女但子女长大成人后离开老人另立门户，剩下老人独自居住的家庭。随着老年人口的增加，杭州市的空巢家庭越来越多。养老是一个很大的课题，但归根结底，无非可分为物质养老和精神养老两大类型。杭州作为我国经济发达地区，老年人的物质需求基本得到了满足，而从各项研究报告中发现，老年人尤其是空巢老人的精神生活存在很多问题。空巢家庭最大的特点是子女不在身边，缺乏精神慰藉。正因为如此，空巢老人往往容易出现孤独寂寞、消沉抑郁、焦虑悲观等不良情绪，由此引发"空巢综合征"。这些问题单纯依靠空巢老人个体的力量是不足以解决的。空巢家庭的精神养老问题是一个重要的社会问题，也是摆在政府面前的一个重要课题，是解决我国人口老龄化问题的重要内容。

我国自20世纪90年代起，养老问题的研究重点开始从经济供养向精神养老方面转移。精神养老又称精神赡养或精神慰藉、情感慰藉，是指关注老年人的心理需求和精神需求，并尽量给予慰藉和满足。本文在实证调研的基础上探讨杭州市空巢家庭精神养老问题，对于丰富空巢老人的精神文化生活、改善空巢老人的精神健康和晚年生活、促进两代人之间的理解与互动、制定和完善相关养老政策等具有重要意义。

一　研究背景

1. 精神养老的概念

精神养老思想在中国古代就已涉及，与传统"孝"文化有着紧密的关系。"孝子之养也，乐其心，不违其志"（《礼记》），"乐其心，不违其志"就是让父母、长辈心情愉悦，不违背他们的意愿，重在顺从。"今之孝者，是谓能养。至于犬马，皆能有养；不敬，何以别乎？"（《论语》）意思是说如果把孝理解为单纯的物质上的养老，那么像犬马那样的动物也能做到，不能做到敬爱老人，那就和犬马那样的动物没什么区别了。孔子认为没有"敬"就没有"养"，重在敬。"父母在，不远游"（《论语》），说的就是希望子女在身边给予老人精神上的慰藉。"大孝尊亲，其次弗辱，其下能养"（《礼记》），明确把"孝"划分为三个等级和层次。最高等级的是尊重老人，其次是不打骂、侮辱父母，而对老人物质上的"养"仅仅是"孝"的最低等级。也就是说，古人认为"养"并不是或者说并不完全是"孝"，真正的"孝"还必须注重老人精神上的愉悦和满足，这正是我们所说的精神养老问题。

穆光宗（2004）教授认为，所谓精神赡养，简单说就是要关注老年人心理上或精神上的需求，并尽量给予慰藉和满足，使老年人能够心情舒畅、精神愉快，心理处于最佳功能状态。李瑞芬等（2006）认为，精神赡养就是家庭、单位、社会乃至政府共同关注老年人心理和精神上的各种需求，与经济供养和生活照料相比，精神赡养具有相对的独立性和较少的替代性，在各种老年群体中都不同程度地以特定方式表现出他们的精神需求，也直接关系着老年人的健康状况、生活质量和幸福程度。它有几个层面的内容，分别是对老人的尊重、在情感上给老人的慰藉和子女的成功。米秋花（2006）认为，精神赡养是指赡养人对被赡养人在感情、心理等方面给予关心，使被赡养人能够得到精神上的慰藉。本文中的精神养老是指家庭和社会关注老年人的心理需求和情感需求，满足老年人的精神生活，使其愉悦、开心地生活。

2. 精神养老的内容

穆光宗（2004）认为，精神赡养包括三个维度，即人格尊重、成就安心和情感慰藉。人格尊重是指老年人有自主决策个人事务（如再婚、以何种方式养老等）和得到他人尊重（如参与家事、受到他人礼待等）的权利；成就安心是指子女很好地成就自己的人生，做到事业有成、婚姻美满、家庭和睦来满足父母的期待心理；情感慰藉指的是希望子女能通过言语和行为表达对自己的关心，让他们感到温暖和幸福，满足老年人对家庭亲情、天伦之乐的亲情需求。他将精神赡养分为家庭和社会两个层面进行分析并且将中国传统的孝道与之进行比较。邵南（2006）认为，关注当代老年人的精神慰藉就要关注老年人最基本的健康需求，从亲情、友情、爱情等方面感到老有所依的依存需求，作为生存第一价值的尊重需求，作为老年人最好的精神营养的自我实现需求，以及通过重组人际关系改善精神状态的交往需求。他还指出当代老年人对精神上的需求是非常强烈的，针对这些需求，他认为应该从个人、家庭、社会三方面出发重视对老年人的精神慰藉。现代社会的精神赡养范围更加广泛、内容更加丰富，不仅包括传统的家庭亲情慰藉，而且重视尊重和保护老年人的各项权利，帮助他们实现自身价值，形成了整个社会的尊老、养老、爱老的良好道德氛围。

3. 物质养老和精神养老的关系

"养老"包括"物质养老"和"精神养老"两大领域。物质养老主要是指子女及其他家庭成员、社会成员在经济上给予老年人帮助和支持，保障他们的正常生活的赡养形式。精神养老则是与物质养老相对应的养老形式。老年人要生活得美满幸福并且有尊严，既要有能够满足其基本生活需要甚至达到丰衣足食的物质方面的保障，又要做到精神养老，能够心情愉悦地颐养天年，二者缺一不可。

物质养老是精神养老的基础。在没有得到基本物质保障的情况下，根本无法实现精神养老。精神养老是物质养老更高层次的体现，物质养老万万不能替代精神养老。我国老年人的养老，是从物质养老到精神养老的渐进过程。但需要注意的是，并不是物质养老在先、精神养老在后。物质养老和精神养老是一种伴生关系。这种伴生关系，决定了从物质养老开始，就存在精神养老的要求。在物质保障十分贫乏的阶段，物质养老成为养老的首要任务；在人们取得了基本物质保障以后，精神养老的要求就更为强烈。对于许多老年人，子女在物质上提供大力帮助，不愁吃、不愁喝、不愁玩，但就是快乐不起来。究其原因，是由于子女们用物质养老代替了精神养老，没有考虑老年人的精神需要和心里的孤独。

物质养老和精神养老的一个最大区别是精神养老难以衡量。物质养老主要是指赡养人对被赡养人经济上的供养，这种养老可以通过看得见、摸得着的物质载体实现，如货币、食品、衣物及其他生活用品等。但精神养老往往是通过语言的交流和沟通、情感的关怀和慰藉及心理的理解等方式来实现的，这些都是抽象的，很难用各种指标来量化，无法用定量的方法来判定它的实现程度，更多地依靠被赡养人的主观感受来评判。

从空巢老人的需要来看，以往研究大多只注重空巢老人的生理需要和安全需要。近年来，随着中国人口老龄化速度的不断加快，老龄问题越来越严峻，政府提出了"老有所养"的概念，要在满足老年人经济供养和生活照料需求的基础上，注重满足老年人精神方面的需求，做到物质和精神都得到满足。

二 城市空巢家庭精神养老现状

（一）研究设计

1. 研究对象

随机抽取杭州市4个城区6个街道15个社区的居家空巢老人。纳入标准：年龄≥60周岁；无子女或不与子女居住在一起的老人；居住于杭州市城市社区；能独立阅读或在研究者帮助下完成问卷填写；自愿参加本次调研。排除标准：严重躯体疾病；老年痴呆、精神分裂、人格障碍、抑郁等严重精神疾病；不同意参加本次调研。本次调研共发放问卷260份，有效回收219份，问卷有效率为84.2%。被试基本情况如下。

本次接受调查的空巢老人中，男性85人（38.8%），女性134人（61.2%）；年龄最小的60岁，最大的94岁，平均年龄为70.86岁，其中60～69岁的低龄老人100人（45.7%），70～79岁的中龄老人91人（41.6%），80岁及以上的高龄老人28人（12.8%）；退休前职业分别为干部36人（16.4%），工人148人（67.6%），知识分子19人（8.7%），农民10人（4.6%），其他6人（2.7%）；受教育程度分别为未上学17人（7.8%），小学52人（23.7%），初中78人（35.6%），高中或中专44人（20.1%），大专及以上28人（12.8%）；已婚（原配）188人（85.8%），丧偶23人（10.5%），离异4人（1.8%），再婚4人（1.8%），未婚0人；一个人居住27人（12.3%），与配偶居住192人（87.7%），没有调查到与保姆居住的情况；无子女的6人（2.7%），有1个子女的84人（38.4%），有2个子女的97人（44.3%），有3个子女及以上的32人（14.6%）；生活来源主要为自己或配偶的有196人（89.5%），为子女的有18人（8.2%），为亲戚朋友及其他的有5人（2.3%）；对经济状况满意的有137人（62.6%），一般的有66人（30.1%），不满意的有16人（7.3%）。

2. 研究方法

（1）文献法

查阅国内外有关空巢老人、精神养老、精神需求的最新研究进展，分析城市空巢老人精神养老和精神需求的现状及不足，探讨城市空巢老人精神养老的影响因素，并对解决城市空巢老人精神养老问题的对策和建议进行梳理。

（2）问卷法

问卷内容主要包括三部分：第一部分为空巢家庭老人的基本情况，包括性别、年龄、婚姻状况、子女数量、居住方式、生活来源等;第二部分为空巢家庭的精神需求,主要包括情感需求、人际交往需求、文化娱乐需求、尊重需求、自我实现需求等;第三部分为空巢家庭的精神养老现状,包括子女探望父母频率和打电话频率、再婚问题、家事决策问题、与亲友及邻里的尊重和互动问题、社区和社会的精神养老情况等。

被调查者在调查人员的指导下完成问卷评定,对文化程度低或视力不佳者,由调查人员对各个问题代读并解释,并由被调查者做出相应的回答。

(3) 访谈法

根据自编访谈提纲进行,主要包括一些开放式的问题:①您觉得您的精神生活状况如何?②您觉得自己有精神困扰吗?您有精神困扰时,一般找谁倾诉?③您平时有哪些业余活动?您所在的社区经常组织活动吗?④家庭遇到"大事"时,子女会征求您的意见吗?他们会采纳您的意见吗?⑤您考虑过再婚吗?子女对您再婚问题持什么态度?(专门针对丧偶或离异空巢老人)⑥子女在工作上取得的成就能让您满意吗?⑦子女在经营生活方面能让您满意吗?⑧您觉得子女关心您的情感需求吗?⑨就关怀老年人精神需求、提高老年人精神生活满意度方面,您觉得子女、社区、政府还有哪些地方需要完善?等等。

(二)研究结果与分析

1. 心理状态

情绪是人们对客观事物是否符合自己的需要而产生的态度和体验,寂寞、孤独、空虚是老年期一个主要的消极心理特征。调查表明,高达70.3%的空巢老人感觉孤独。卡方检验表明,空巢老人的孤独感受婚姻状况和居住方式($\chi^2 = 58.402$,$p = 0.000$)的影响,丧偶或离异、独居空巢老人的孤独感尤为强烈,有配偶且与配偶同住的空巢老人孤独感较弱。可见,精神需求是空巢老人现阶段比较迫切的需求。

2. 情感慰藉

情感慰藉是空巢老人普遍而强烈的精神需求。西方一些研究结果也表明,情感支持比生活照料和经济支持更能促进老年人的精神健康。情感需求一般通过配偶、子女、亲戚朋友、邻里及社区等来满足。

(1) 老伴和子女是城市空巢老人的主要情感支柱

从表1~表3可以看出,老伴关爱、子女孝敬是空巢老人情感慰藉不可缺少的部分。空巢老人寂寞时,首先想到的交流对象是老伴,希望与老伴说说心里话;其次是子女,希望子女回家探望或打电话聊聊天,诉说心中的孤独与苦闷;其余依次是寻求亲朋好友、邻居的帮助。但是,也有少数空巢老人不交流。访谈中了解到,父母与子女"分而不离"即子女与父母住在同一社区,或住得非常近,这种情况下子女能够经常性地探望和照料父母。这是一种有效的方式,也得到日本政府的提倡,它有一个形象的称呼——"一碗汤"的距离。空巢老人也表示,"晚上,儿女们下班后过来一起吃饭、聊天,说说白天发生的事情、工作情况,然后回家休息,我们很高兴。"但少数空巢老人表示,由于子女距离较远,很长时间才探望他们一次。此外,电话也是子女对父母表达"孝心"的重要工具,是为老年人提供精神支柱的主要渠道。通过电话交流,能够对父母起到一定的情感安慰作用,同时也可以减轻子女对父母的牵挂和担心。确实,正如李银河(2005)所说,在中国,即使是夫妻轴关系的重要性超过了亲子轴关系,我们的亲子关系的亲密度也是西方社会中的亲子关系难以企及的。

表1 寂寞时最希望与谁交流

项 目	频数	百分比(%)	有效百分比(%)	累计百分比(%)
配 偶	132	60.3	60.3	60.3
子 女	53	24.2	24.2	84.5
亲朋好友	24	11.0	11.0	95.5
邻 居	7	3.2	3.2	98.7
不 交 流	3	1.4	1.4	100
合 计	219	100	100	—

表2 子女探望频率

项目	频数	百分比(%)	有效百分比(%)	累计百分比(%)
经常	47	21.5	22.1	22.1
一般	122	55.7	57.3	79.4
偶尔	32	14.6	15.0	94.4
极少	12	5.5	5.6	100.0
合计	213	97.3	100	—

表3 子女打电话频率

项目	频数	百分比(%)	有效百分比(%)	累计百分比(%)
经常	142	64.8	67.0	67.0
一般	55	25.1	25.9	92.9
偶尔	10	4.6	4.7	97.6
根本不打	5	2.3	2.4	100
合计	212	96.8	100	—

从表4可以看出，老人与子女聊天的内容主要是"自己和老伴的身体状况"（75.0%）、"孙辈状况"（50.0%）、"子女的生活状况"（42.0%）"子女的工作状况"（39.6%），"自己的苦恼和心事""子女的苦恼和心事"则较少涉及，分别只占13.2%和9.4%。男性老人、女性老人和子女交流的话题也不一样，女性老人和子女交流彼此间的苦恼和心事较多，男性老人则主要交流子女的工作状况和孙辈状况。也就是说，女性老人和子女的交流更侧重感情方面。很多空巢老人不想给压力大和生活负担较重的子女增加负担，而隐瞒了一些心事，这也使得子女无法了解父母的真实想法。"不想和子女聊自己的苦恼和心事，因为说了的话，他们更牵挂、更担忧。"正因为如此，18.3%的子女对父母的心事"不清楚"，16.4%的子女对父母的心事"不了解"（见表5）。

表4 不同性别的空巢老人与子女聊天内容所占百分比

单位：%

性别	自己和老伴的身体状况	自己和老伴的经济状况	自己的苦恼和心事	子女的生活状况
男	74.3	6.9	7.2	42.7
女	76.9	2.4	19.2	39.2
合计	75.0	6.1	13.2	42.0

续表

性别	子女的工作状况	子女的苦恼和心事	孙辈状况	其他
男	45.1	8.5	53.7	3.7
女	38.5	10.0	47.7	2.3
合计	39.6	9.4	50.0	2.8

表5 子女了解老人心事的程度

项目	频数	百分比(%)	有效百分比(%)	累计百分比(%)
非常了解	37	16.9	17.4	17.4
了解	102	46.6	47.9	65.3
不清楚	39	17.8	18.3	83.6
不了解	35	16.0	16.4	100
合计	213	97.3	100	—

(2) 亲朋好友和邻居是空巢老人重要的精神支柱

人是群体性动物,交往是人们社会生活的重要组成部分,通过交往得到思想交流、情绪宣泄和精神慰藉。从表6、表7可以看出,72.1%的空巢老人希望扩大自己的交际圈,且性别差异显著,年龄差异不显著。性别差异显著,可能是因为女性比男性的感情更易外露,因而更想和子女、亲朋好友、邻居聊天和谈心。

表6 性别和是否想拓展社会交往的交互分析

项目		是否想拓展社会交往		
		想	一般	不想
男	频数	52	28	5
	百分比(%)	61.2	32.9	5.9
女	频数	106	26	2
	百分比(%)	79.1	19.4	1.5
合计	频数	158	54	7
	百分比(%)	72.1	24.7	3.2
		$\chi^2 = 9.319, p = 0.009$		

表7 年龄和是否想拓展社会交往的交互分析

项目		是否想拓展社会交往		
		想	一般	不想
60~69岁	频数	75	24	1
	百分比(%)	75.0	24.0	1.0
70~79岁	频数	64	22	5
	百分比(%)	70.3	24.2	5.5
80~89岁	频数	19	8	1
	百分比(%)	67.9	28.6	3.6
合计	频数	158	54	7
	百分比(%)	72.1	24.7	3.2
$\chi^2=3.451, p=0.485$				

亲朋好友、邻里之间的相互交流和关心，可以帮助空巢老人打发时间、消除寂寞，并使其感受到温暖。但是，由于年龄大，且距离不是很近，空巢老人与亲朋好友之间经常走访的比例不高，只有39.7%（见表8）。同时，由于老年人的警惕心理，以及原来认识的邻居或搬家或去世等，经常和邻居交往的比例也不是很高，为53.0%（见表9）。"平时每家都关着门，门打开的时候会互相打个招呼，慰问一下。"访谈中还发现，空巢老人和邻里交往大多限于公园散步、户外锻炼、一起买菜、购物等。也就是说，空巢老人很少或基本不串门。有空巢老人表示，"我在家的时间就是吃饭、睡觉。吃完饭，我就去公园溜达了。因为公园里有很多邻居，可以一起聊聊天、说说话"。尽管如此，仍有70.3%的空巢老人对目前的邻里关系表示满意（见表10）。这可能与空巢老人考虑到安全因素也不想和他人建立较亲密联系，因而对邻里关系期望值不高有关。

表8 亲友走访频次分析

项目	频数	百分比(%)	有效百分比(%)	累计百分比(%)
经常	87	39.7	39.7	39.7
一般	104	47.5	47.5	87.2
很少	28	12.8	12.8	100
合计	219	100	100	—

表9 邻里交往频次分析

项目	频数	百分比(%)	有效百分比(%)	累计百分比(%)
经　常	116	53.0	53.0	53.0
一　般	92	42.0	42.0	95.0
很　少	11	5.0	5.0	100
合　计	219	100	100	—

表10 邻里关系满意度

项目	频数	百分比(%)	有效百分比(%)	累计百分比(%)
满　意	154	70.3	70.3	70.3
一　般	44	20.1	20.1	90.4
不满意	21	9.6	9.6	100
合　计	219	100	100	—

（3）社区的情感慰藉

近年来，社区养老服务功能受到社会的高度重视，政府也鼓励社区养老。本文将社区的情感慰藉具体体现为社区心理卫生服务。

从表11～表13可以看出，89.0%的空巢老人认为社区有必要开展心理卫生服务，但真正开展心理卫生服务的社区只有69.9%，少了近20个百分点，且只有51.0%的空巢老人对社区心理卫生服务表示满意。可以看出，社区心理卫生服务没有满足空巢老人的要求，没有起到真正的心理慰藉和情感慰藉的作用，社区心理卫生服务尤其是老年心理服务效果亟须提高。

表11 开展心理卫生服务是否有必要

项目	频数	百分比(%)	有效百分比(%)	累计百分比(%)
有	195	89.0	89.0	89.0
没　有	24	11.0	11.0	100
合　计	219	100	100	—

表12 社区是否有心理卫生服务的频次分析

项目	频数	百分比(%)	有效百分比(%)	累计百分比(%)
有	153	69.9	69.9	69.9
不清楚	47	21.5	21.5	91.3
没　有	19	8.7	8.7	100
合　计	219	100	100	—

表 13　社区心理卫生服务满意度分析

项目	频数	百分比(%)	有效百分比(%)	累计百分比(%)
满意	102	46.6	51.0	51.0
一般	75	34.2	37.5	88.5
不满意	23	10.5	11.5	100
合计	200	91.3	100	—

3. 人格尊重

"人格尊重"满足的是老年人的"自尊需求"。空巢老人作为独立的生命个体,只要在没有危害的前提下,应尊重他们有自己的生活方式和思维方式。

(1) 他人尊重

每个人都希望自己在社会上有一定的社会地位,获得他人尊重,空巢老人也不例外,希望得到他人尊重的比例为85.8%。卡方分析表明,空巢老人想得到他人尊重的愿望在性别上差异显著,年龄上差异不显著(见表14和表15)。在性别上,女性更希望得到他人尊重。这可能与传统性别角色有关,一般来说,女性在家庭中的地位不如男性,步入老年后,女性更害怕因为年老而受到子女及他人嫌弃。虽然年龄不是影响空巢老人尊重需求的重要因素,但从百分比看,年龄越大,希望获得他人尊重的比例也越高。这可能是因为老年人随着年龄的增加,"老而无用"的感受越来越强烈,害怕子女及他人嫌弃自己,因而更希望得到他人尊重。

表 14　性别和是否想得到他人尊重的交互分析

项目		是否想得到他人尊重		
		想	一般	不想
男	频数	69	12	4
	百分比(%)	81.2	14.1	4.7
女	频数	119	15	0
	百分比(%)	88.8	11.2	0
合计	频数	188	27	4
	百分比(%)	85.8	12.3	1.8
		$\chi^2 = 7.019, p = 0.030$		

表15 年龄和是否想得到他人尊重的交互分析

项目		是否想拓展社会交往		
		想	一般	不想
60~69岁	频数	83	16	1
	百分比(%)	83.0	16.0	1.0
70~79岁	频数	80	8	3
	百分比(%)	87.9	8.8	3.3
80~89岁	频数	25	3	0
	百分比(%)	89.3	10.7	0
合 计	频数	188	27	4
	百分比(%)	85.8	12.3	1.8
		$\chi^2=4.217, p=0.377$		

从表16、表17可以看出，72.6%的邻里尊重空巢老人，这表明邻里对空巢老人还是比较尊重的；空巢老人认为"尊老、敬老"的社会风气"好"的为46.6%，"一般"的为50.7%，"不好"的为2.7%。可见，"尊老、敬老"的社会风气还需进一步培养。

表16 邻里对老人的尊重程度

项 目	频数	百分比(%)	有效百分比(%)	累计百分比(%)
尊 重	159	72.6	72.6	72.6
一 般	60	27.4	27.4	100
合 计	219	100	100	—

表17 对"尊老、敬老"的社会风气认可的程度

项 目	频数	百分比(%)	有效百分比(%)	累计百分比(%)
好	102	46.6	46.6	46.6
一 般	111	50.7	50.7	97.3
不 好	6	2.7	2.7	100
合 计	219	100	100	—

（2）再婚自主权

再婚问题是衡量老年人自主决策权的一个重要维度。婚姻自由是法律赋予公民的一种权利。丧偶和离异后，老年人同样有追求爱情和重组家庭的权

利。但是，老年人的再婚问题却是一个比较敏感的话题。

表 18 和表 19 是针对离异或丧偶空巢老人进行的调研，本次调研共收集到 23 位丧偶老人和 4 位离异老人的信息。从表 18 看，想再婚的老人占丧偶或离异老人的 14.8%。"想找个说话的人""不想回家就一个人，太孤单了""想生活上有个依靠，情感上有个依赖"，他们非常渴望配偶的生活支持和精神支持。访谈时，我们发现谈到再婚话题时，明显感觉出空巢老人透露出很多无奈，自主权受到较大影响。可以感受到，丧偶和离异空巢老人虽然选择想再婚的比例只有 14.8%，但内心深处还是希望再婚，找个老伴。总的来说，空巢老人不想再婚的原因主要有以下几点：一是年龄大了；二是不想给子女及后代添麻烦；三是社会舆论的影响。卡方分析表明，女性对再婚问题更为消极（$\chi^2 = 5.731$，$p = 0.047$），这可能与女性受"三从四德""从一而终"等封建思想影响有关。研究还发现，80 岁以上的高龄老人全部不想再婚，这可能与高龄老人再婚更容易受到社会议论，甚至是指责和嘲笑有关。表 19 显示，明确赞成父母再婚的子女仅占 11.1%。可以看出，丧偶和离异空巢老人综合考虑了上述因素后，往往放弃了再婚自主权。

表 18　离异或丧偶空巢老人想再婚的比例

项 目	频数	百分比(%)	有效百分比(%)	累计百分比(%)
想	4	14.8	14.8	14.8
一般	17	63.0	63.0	77.8
不想	6	22.2	22.2	100
合计	27	100	100	—

表 19　子女对父母再婚的态度

项 目	频数	百分比(%)	有效百分比(%)	累计百分比(%)
赞成	3	11.1	11.1	11.1
无所谓	17	63.0	63.0	74.1
反对	7	25.9	25.9	100
合计	27	100	100	—

(3) 养老自主权

从表20可以看出，75.3%的空巢老人可以决定自己去哪里养老，但仍然有24.7%的空巢老人无法决定自己在哪里养老。访谈中发现，很多空巢老人表示，"将来年龄大了，自己照顾不了自己的时候，就只能去养老院了"。可见，空巢老人的养老自主权主要有在自己家里独自生活和去养老院生活两种选择，而是否和子女生活在一起却往往由不得自己选择。

表20 是否有权利决定去哪里养老

项 目	频数	百分比(%)	有效百分比(%)	累计百分比(%)
有	165	75.3	75.3	75.3
没有	54	24.7	24.7	100
合计	219	100	100	—

(4) 家事决策权

从表21和表22可以看出，空巢老人想参与家事决策的比例为74.9%，可见空巢老人参与家事决策的愿望比较强烈。卡方分析表明，空巢老人参与家事决策的愿望在性别上差异显著，年龄上差异不显著。在性别上，女性空巢老人参与家事决策的愿望比男性空巢老人更强烈，这可能与传统性别角色有关。一般来说，男性在家庭事务上具有较大的决策权，女性往往只有服从的权利，因而女性空巢老人的愿望更强烈些。

表21 性别和想参与家事决策的交互分析

项目		是否想参与家事决策		
		想	一般	不想
男	频数	56	27	2
	百分比(%)	65.9	31.8	2.4
女	频数	108	23	3
	百分比(%)	80.6	17.2	2.2
合计	频数	164	50	5
	百分比(%)	74.9	22.8	2.3
		$\chi^2 = 6.363, p = 0.042$		

表22　年龄和想参与家事决策的交互分析

项目		是否想参与家事决策		
		想	一般	不想
60~69岁	频数	74	24	2
	百分比(%)	74.0	24.0	2.0
70~79岁	频数	71	17	3
	百分比(%)	78.0	18.7	3.3
80~89岁	频数	19	9	0
	百分比(%)	67.9	32.1	0
合　计	频数	164	50	5
	百分比(%)	74.9	22.8	2.3
		$\chi^2 = 3.208, p = 0.524$		

表23表明，只有39.1%的空巢老人的子女会采纳他们提出的建议，且空巢老人参与家事决策满意度在子女是否采纳其决策、建议上差异显著。也就是说，如果子女对空巢老人的建议、决策采纳的话，那么空巢老人参与家事决策的满意度也高。

表23　决策被子女采纳和参与家事决策满意度的交互分析

项目		参与家事决策满意度			
		非常满意	基本满意	一般	不满意
采　纳	频数	50	67	11	0
	百分比(%)	39.1	52.3	8.6	0
一　般	频数	4	35	26	1
	百分比(%)	6.1	53.0	39.4	1.5
不采纳	频数	0	0	5	14
	百分比(%)	0	0	26.3	73.7
合　计	频数	54	102	42	15
	百分比(%)	25.4	47.9	19.7	7.0

(5) 社会参与

"活动理论"认为，老年人应该积极参与社会活动，只有参与，才能使老年人重新认识自我，保持生命活力。许多老年人退休后仍有为社会、为家庭做贡献的想法与愿望。

从表24~表26可以看出，54.8%的空巢老人希望做一些力所能及的工作以发挥余热，但真正实现兼职的只有16.4%。这可能与老年人年龄大、文化低以及老年劳动力市场和老年人才服务市场缺乏等有关。在是否想参与社会工作方面，性别差异不显著，年龄和教育程度差异显著。从年龄差异看，刚退休的低龄空巢老人继续参加社会工作发挥余热的较多，但随着年龄的增加，就没有多少精力继续工作以发挥余热。从教育程度看，高中或中专文化程度的空巢老人想工作的愿望最强烈，真正实现兼职的比例也最高，这可能是因为现在很多单位返聘老年人的时候，一般都要求有点文化。大专及以上文化的空巢老人想工作的愿望和实现兼职的比例都低于高中或中专文化程度的空巢老人，这可能是因为文化程度高的空巢老人，退休前所从事职业的责任和压力较大，退休后希望生活轻松，也可能与他们对返聘工作要求较高有关。

表24 不同性别的空巢老人是否想参加社会工作与实际兼职的差异分析

项目		是否想参加社会工作			是否兼职	
		想	一般	不想	是	否
男	频数	40	28	17	13	72
	百分比(%)	47.1	32.9	20.0	15.3	84.7
女	频数	80	33	21	23	111
	百分比(%)	59.7	24.6	15.7	17.2	82.8
合计	频数	120	61	38	36	183
	百分比(%)	54.8	27.9	17.4	16.4	83.6
		$\chi^2 = 3.369, p = 0.185$			$\chi^2 = 0.132, p = 0.716$	

表25 不同年龄的空巢老人是否想参加社会工作与实际兼职的差异分析

项目		是否想参加社会工作			是否兼职	
		想	一般	不想	是	否
60~69岁	频数	65	28	7	22	78
	百分比(%)	65.0	28.0	7.0	22.0	78.0
70~79岁	频数	45	29	17	14	77
	百分比(%)	49.5	31.9	18.7	15.4	84.6
80~89岁	频数	10	4	14	0	28
	百分比(%)	35.7	14.3	50.0	0	100
合计	频数	120	61	38	36	183
	百分比(%)	54.8	27.9	17.4	16.4	83.6
		$\chi^2=30.082, p=0.000$			$\chi^2=7.834, p=0.020$	

表26 不同教育程度的空巢老人是否想参加社会工作与实际兼职的差异分析

项目		是否想参加社会工作			是否兼职	
		想	一般	不想	是	否
没上学	频数	7	5	5	0	17
	百分比(%)	41.2	29.4	29.4	0	100
小学	频数	25	8	19	3	49
	百分比(%)	48.1	15.4	36.5	5.8	94.2
初中	频数	43	25	10	16	62
	百分比(%)	55.1	32.1	12.8	20.5	79.5
高中或中专	频数	31	10	3	12	32
	百分比(%)	70.5	22.7	6.8	27.3	72.7
大专及以上	频数	14	13	1	5	23
	百分比(%)	50.0	46.4	3.6	17.9	82.1
合计	频数	120	61	38	36	183
	百分比(%)	54.8	27.9	17.4	16.4	83.6
		$\chi^2=29.644, p=0.000$			$\chi^2=12.397, p=0.015$	

(6) 老年福利设施

老年群体对社会发展做出了重大贡献，社会有提供福利设施的责任，从而体现对老年人的尊重。本文将这种福利设施具体体现为社区有专门的老年人活动场所、社会有专门的老年人教育机构和养老机构。

社区是老年人退休后主要活动的场所。从表27可以看出,杭州86.8%的社区有专门供老年人活动的场所。访谈中发现,社区虽然有老年人活动的场所和设施,但是实际开放的时间不是很长,使用率不高,统一组织的老年人娱乐活动也不多,缺乏有效的组织和引导。因此,当前社区的老年人活动场所难以满足老年人的需求。

表27 社区是否有专门供老年人活动的场所

项目	频数	百分比(%)	有效百分比(%)	累计百分比(%)
有	190	86.8	86.8	86.8
没有	29	13.2	13.2	100
合计	219	100	100	—

从表28和表29可以看出,空巢老人居住地附近有老年大学的比例仅为36.1%,对老年人教育机构的满意度比例也比较低,仅为47.0%。可见,老年人教育机构从数量和质量方面都没有满足老年人的要求。

表28 居住地附近是否有老年大学

项目	频数	百分比(%)	有效百分比(%)	累计百分比(%)
有	79	36.1	36.1	36.1
没有	140	63.9	63.9	100
合计	219	100	100	—

表29 对老年人教育机构的满意度

项目	频数	百分比(%)	有效百分比(%)	累计百分比(%)
满意	103	47.0	47.0	47.0
一般	84	38.4	38.4	85.4
不满意	32	14.6	14.6	100
合计	219	100	100	—

从表30和表31可以看出,空巢老人居住地附近有养老院的比例为68.9%,但他们对这些机构的总体印象"较好"的仅为26.5%,"一般"的为62.6%,"较差"的为11.0%。可见,老年养老机构与空巢老人的需求还存在一定差距。

表30 居住地附近是否有养老院

项目	频数	百分比(%)	有效百分比(%)	累计百分比(%)
有	151	68.9	68.9	68.9
没有	68	31.1	31.1	100
合计	219	100	100	—

表31 对养老机构的总体印象

项目	频数	百分比(%)	有效百分比(%)	累计百分比(%)
较好	58	26.5	26.5	26.5
一般	137	62.6	62.6	89.1
较差	24	11.0	11.0	100
合计	219	100	100	—

4. 成就安心

许多身体健康、经济独立的空巢老人有理想、有追求,他们注重生命的成长,希望通过工作、劳动等方式实现自我价值,丰富自己的精神生活。

(1)自身成就

从表32和表33可以看出,空巢老人对自己一生的成就,76.3%为满意,23.7%为不满意;对目前自身价值的实现,62.1%为满意,37.9%为不满意。"在我们那个年代,有份工作,能保障生活就很不错了,所以我觉得还满意","年龄大了,又没什么文化,在家做做家务,照顾好自己,周末的时候子女、孙子过来,做点他们爱吃的,我觉得就很满足了","觉得还满意,因为平时我常去子女家,给子女做做家务、烧烧菜"。此外,访谈中发现,对目前自身价值的实现不满意的主要是那些希望兼职但又没实现兼职的空巢老人。

表32　对自己一生成就的满意度分析

项目	频数	百分比(%)	有效百分比(%)	累计百分比(%)
满　意	167	76.3	76.3	76.3
不满意	52	23.7	23.7	100
合　计	219	100	100	—

表33　自身价值实现的满意度分析

项目	频数	百分比(%)	有效百分比(%)	累计百分比(%)
满　意	136	62.1	62.1	62.1
不满意	83	37.9	37.9	100
合　计	219	100	100	—

(2) 子女安心

子女"成家、立业"是父母最大的期待。子女事业有成、家庭生活幸福,老年人会备感欣慰。他们的荣耀感和幸福感也较强,觉得自己的培育和付出是值得的,是有价值的。

由表34～表36可知,被调查的空巢老人中有79.3%盼望子女有较大的成就,可以看出子女在老人心中的地位是很重要的,他们对子女事业取得成就有很强烈的愿望,并且对子女成就满意和生活满意的比例分别为71.8%和74.2%。访谈中了解到,空巢老人虽然主观上渴望子女有较大成就,甚至成就越高越好,但是他们也明白,在现代社会,人们工作和生活的压力很大,所以他们对子女的实际要求不是很高,只要他们能够通过正当的工作,过上比较安稳的生活就满意了。有空巢老人表示,"我没想子女一定要当大官,挣很多钱。只要他们生活踏实、健康平安、幸福就好"。对子女生活不满意,主要是因为子女夫妻关系不是很好,甚至离婚,这可能与现代社会离婚率较高有关。

表34　渴望子女功成名就的比例

项目	频数	百分比(%)	有效百分比(%)	累计百分比(%)
希　望	169	77.2	79.3	79.3
一　般	34	15.5	16.0	95.3
不希望	10	4.6	4.7	100
合　计	213	97.3	100	—

表35　对子女成就的满意度分析

项目	频数	百分比(%)	有效百分比(%)	累计百分比(%)
满意	153	69.9	71.8	71.8
一般	43	19.6	20.2	92.0
不满意	17	7.8	8.0	100
合计	213	97.3	100	—

表36　对子女生活的满意度分析

项目	频数	百分比(%)	有效百分比(%)	累计百分比(%)
满意	158	72.1	74.2	74.2
一般	32	14.6	15.0	89.2
不满意	23	10.5	10.8	100
合计	213	97.3	100	—

5. 日常娱乐生活

城市空巢老人和农村空巢老人不同,他们退休后没有农业劳动,有很多空闲时间,如果精神生活过于单调就容易产生消极情绪。

从表37和表38可以看出,74.0%的空巢老人希望丰富日常文化生活。这说明空巢老人具有较高的活动愿望,虽步入老年,但并不想脱离社会。在性别上,是否想丰富日常文化娱乐生活差异显著($\chi^2=11.990$,$p=0.002$),且女性比男性更想丰富自己的日常文化娱乐生活,这可能与女性空巢老人大部分时间需要用来做家务导致日常文化娱乐生活更单调有关。在年龄上,是否想丰富日常文化娱乐活动差异不显著($\chi^2=2.697$,$p=0.610$),这说明年龄不是影响老年人文化娱乐需求的主要因素。但调查表明,空巢老人日常休闲活动内容比较单一(见表39),活动内容最多的是"看电视、听广播、读书、看报"和"到公园散步",比例分别为59.4%和51.1%;其次为"种花、养鸟、钓鱼",比例为25.1%;其余休闲活动所占比例都不足两成,还有4.1%的空巢老人根本"没什么活动"。男性空巢老人更喜欢"到公园散步""看电视、听广播、读书、看报",女性空巢老人更喜欢"唱歌、跳舞、拉琴"等文艺活动。

表37 不同性别和是否想丰富日常文化娱乐生活的交互分析

项目		是否丰富日常文化娱乐生活		
		想	一般	不想
男	频数	52	30	3
	百分比(%)	61.2	35.3	3.5
女	频数	110	21	3
	百分比(%)	82.1	15.7	2.2
合计	频数	162	51	6
	百分比(%)	74.0	23.3	2.7

$\chi^2 = 11.990, p = 0.002$

表38 年龄和是否想丰富日常文化娱乐生活的交互分析

项目		是否丰富日常文化娱乐生活		
		想	一般	不想
60~69岁	频数	77	21	2
	百分比(%)	77.0	21.0	2.0
70~79岁	频数	65	22	4
	百分比(%)	71.4	24.2	4.4
80~89岁	频数	20	8	0
	百分比(%)	71.4	28.6	0
合计	频数	162	51	6
	百分比(%)	74.0	23.3	2.7

$\chi^2 = 2.697, p = 0.610$

表39 不同性别空巢老人日常休闲活动的内容

单位:%

性别	练书法、绘画	种花、养鸟、钓鱼	到公园散步	看电视、听广播、读书、看报	唱歌、跳舞、拉琴	打牌、打麻将、下棋	打球、打太极拳、练气功	其他	没什么活动
男	10.6	25.9	64.7	82.5	4.7	9.4	12.9	3.5	3.5
女	5.2	24.6	42.5	61.2	19.4	8.2	15.7	3.0	4.5
合计	7.3	25.1	51.1	59.4	13.7	8.7	14.6	3.2	4.1

三 城市空巢家庭精神养老存在的问题及原因

(一)存在的问题

1. 子女精神关爱较少

由于物质赡养容易直观表达,子女们更多注重物质赡养和经济支持,较少关心空巢老人的精神生活。来自子女的精神关怀远远不能满足空巢老人的精神需求,这是空巢家庭精神养老比较突出的一个问题。《法制日报》曾经做过调查,在北京市2005年的6000件民事纠纷中,涉及老年人生活问题的就有600件之多,其中最多的就是关于"精神赡养"的民事纠纷。虽然不少空巢老人表示,"子女平时既要忙于工作,又要照顾孩子,工作和生活上承受着巨大的压力,还要经常探望我们,确实心有余而力不足",但同时也觉得子女的关怀难以满足自己的精神需求。子女也会定期探望空巢父母,但平时更多的是通过打电话来关心父母,且探望和打电话频率不是很高。本次调查发现,经常探望父母的只有22.1%,经常打电话给父母的只有67.0%。子女和空巢老人交流的内容通常是父母的身体状况(75.0%)、孙辈状况(50.0%)、子女的生活状况(42.0%)、子女的工作状况(39.6%),而很少谈论自己的苦恼和心事(13.2%)。此外,访谈中发现,很少有子女知道空巢父母有成就需要和实现自我价值的需要,并帮助空巢父母满足这些需求,有些子女甚至剥夺空巢老人的工作和劳动机会。空巢老人向子女提出出去工作时,子女往往就会说,"您就在家好好歇着,照顾好身体,我完全可以养活您"。但是,美国心理学家克鲁斯2010年对全美884名65岁以上老年人进行的调查发现,成就感与寿命有关,成就感强的人更容易长寿。成就感既可以来自如学习成绩、竞赛结果、事业成就等外部评价,也可以来自如牺牲奉献、服务他人等个人心灵满足。的确,有空巢老人表示,"成就感可以让我天天感到快乐,能够让我的生活很充实,让我感觉自己活着还是有用的"。此外,本次调查发现,只有39.1%的空巢老人表示子女会采纳他们提出的建议。上述种种情况表明,很多子女根本没有深入了解老人的真正需求,没有从心理、精神上关心空巢老人。事实上,杭州空巢家庭老人缺少的不是物质方面的东西,而是精神上的关怀和慰藉,更加需要的是感情和精神关注,希望子女听听他们内心深处的需求。

2. 社区心理卫生服务不能满足需要

老年人是各类心理问题、情绪障碍等疾病的多发人群。空巢家庭的老人由于子女长期不在身边,心理问题尤其突出。因此,社区心理卫生服务亟待拓展。社区心理卫生服务在发达国家开展较早,也较普遍,并在整个社区服务业中有一定的影响。美国早在1963年就由肯尼迪总统专门签署了《关于设置社区心理卫生中心的文件》,随后设立的社区心理健康服务中心在理论和实践方面都取得了卓著的成绩。在我国,社区服务业发展较快,但心理健康服务尤其是老年心理健康服务没有得到普遍重视。杭州城市社区心理卫生服务已经迈出了成功的第一步,本次调查发现,杭州有69.9%的社区开展了心理卫生服务,但只有51.0%的空巢老人对社区心理卫生服务表示满意,可见社区心理卫生服务没有满足老年人的精神需求。目前存在以下几个方面的不足。第一,工作形式主要是举办心理健康知识讲座和心理板报宣传。有些社区虽然设立了心理咨询室,但形同虚设,很少有人去做心理咨询。第二,社区心理健康服务专业人员极度缺乏。相当一部分社区心理健康服务人员为兼职或"半路出家",他们身兼数职,没有受过正规的心理专业知识与技能培训,专业化程度偏低,对社区老年人的心理健康服务效果不好,无法更好地为老年人做心理疏导和心理护理。第三,社区心理卫生服务机构设备简单、落后、陈旧。所调研的社区基本没有与心理卫生相关的检查仪器、医疗设备和专业心理测试量表等。

3. 社会对空巢老人存在漠视现象

老年人是一个特殊的社会群体,随着年龄的增长、身体素质的下降和感知觉等心理机能的老化,他们变得比较敏感和脆弱,更需要社会的关注和尊重。但本次调查发现,27.4%的空巢老人认为邻里对其尊重的程度为"一般",53.4%的空巢老人认为目前"尊老、敬老"的社会风气"一般"和

"不好"。的确,部分社会成员在言语和行为中仍赤裸裸地表露出对老年群体的忽视、鄙视甚至厌恶,老年个体在社会中常常受到歧视和不公平对待。有人甚至曲解孔老夫子"老而不死,是为贼"的话,对老年人不耐烦、不尊重,不愿接触和了解老年人,和老年人越来越疏离。访谈中发现,空巢老人在公交车上无人给让座、在商场购物无人提供服务以及医院和银行排队挂号占用老年人窗口等现象在我们身边经常可以见到。此外,现代高科技产品大多是根据儿童、青年人来设计和生产的,忽略了老年人群体。一些产品设计太花哨,操作太复杂,许多功能对老年人没有用,还有很多的按键和说明书使用英文,如电脑、数码相机、数码视听产品、手机等。上述这些现象本质上是对老年人群体的一种漠视和歧视。访谈中,我们要求空巢老人对现阶段政府和社区在空巢老人精神养老服务方面的做法谈看法时,老年人往往沉默而不愿意回答,讲得最多的就是"我们老人家讲了,也没用""我们一直在反映,可是问题一直没有解决"。这些行为严重挫伤了空巢老人的生活热情和自尊,甚至造成他们与社会生活和其他社会群体的疏离。

4. 独居空巢老人再婚困难

俗话说:儿孙满堂,不如半路夫妻。丧偶或离异的空巢老人择偶再婚,不但在生活上能够相互依赖、相互体贴,更重要的是精神上的互相沟通和慰藉,这样在心理上能够达到平衡,精神需求可以得到满足。再婚是丧偶老人的心灵良药,有益于老年人的健康长寿,能使老年人愉快、幸福地度过晚年,享受人生的最后阶段。本次调查发现,虽然离异或丧偶空巢老人选择想再婚的比例只有14.8%,但通过访谈发现,其实他们内心深处还是很想找个老伴度过晚年生活的。访谈中还发现,独居空巢老人决定再婚与否根本不是考虑自身需要,而是基本由旧思想观念、子女和家庭关系、社会舆论等因素决定。也就是说,空巢老人在再婚问题上顾虑重重,患得患失,对再婚变得非常消极。有些空巢老人无法冲破封建陈旧思想观念的束缚,认为再婚是一件丢脸的事,压根就未曾考虑过。有空巢老人表示,"年龄都一大把了,还谈什么恋爱,结什么婚啊"。有些空巢老人考虑过再婚,但一想到如果再婚会对子女带来不良影响就放弃了,"这么大年龄,还想再婚,我可担心别人会说我老不正经,给子女丢脸呢"。有的空巢老人甚至还表示,"怕引起别人误会,认为我的孩子不孝顺、不养我"。此外,老人再婚还涉及子女对老人的财产继承权问题。如果老人再婚,就与别人确立了婚姻关系,那再婚配偶及其子女也有权继承老人的财产,这无疑会削弱老人原有子女的财产继承权,这一点也是大部分老人考虑再婚时经常想到的。从以上的分析可以看出,虽然我国《婚姻法》和《老年人权益保障法》中都有明确的条款规定来保障老年人再婚的权利,但是独居老人再婚依然困扰重重。

5. 老年福利设施和机构有待完善

社会越稳定、经济越发展,老龄化问题和一系列福利问题就越突出。日本老年福利设施种类众多,如"特别养护老人之家"是专门为那些生活不能自理的老人设立的;"居家护理援助中心"是为那些不愿意住进设施的老人提供居家服务的,老人需要什么服务就到家里提供什么服务;"自立援助型俱乐部之家"是为了帮助身体状况不好的老人,让他们身体逐渐恢复以达到生活能自理;"居宅护理援助事业所"也是到老人家里为其提供上门服务的一种服务机构。随着人口的老龄化及家庭的小型化,传统家庭的养老服务功能日益弱化,空巢老人特别是高龄空巢老人对社会福利设施和服务的需求不断增加,我国老年福利设施也有了较快发展。调查发现,杭州市创办了包括老年人活动中心、老年人康复站和老年大学、老年公寓、养老院、敬老院等在内的各种类型的老年社会福利设施,86.8%的社区有老年人活动场所,但只有47.0%的空巢老人对老年人教育机构表示满意。目前杭州市老年福利设施和机构存在的主要问题有以下几方面。第一,社区老年人活动场所利用率低,且大多无人组织。第二,社会福利机构规模小,提供的老年人床位不足,供不应求。第三,养老机构收费普遍较高。杭州市养老机构的基本收费大部分为每月1500~2000元,护理费用按照护理等级另外核算。这样的收费标准超过了部分空巢老人的经济承受能力。第四,养老机构的医疗设施有待改善,服务水平有待提高。如部分养老机构管理人员与服务人员多为下岗职工,文化素质较低,且绝大多数未接受过专门的训练。有空巢老人表示,"有些养老院对我们很不友好,经常斥责老年人"。第五,由于老年人教育机构较少，并设置了一些门槛，部分空巢老人根本无法进去。"附近老年大学有时有，但很难报名进去，他们要有文化的人。"

6. 空巢老人社会参与度较低

社会参与是指参与者在社会互动过程中，通过对各种角色的扮演和介入，在社会层面实现资源共享，满足自身需要和社会期待。2004年，联合国第二届老龄大会《马德里政治宣言》曾呼吁世界各国从"参与社会发展、促进健康和幸福、建立支持性环境"三个优先发展方向采取行动，以应对21世纪全球人口老龄化，构建不分年龄、人人共享的社会，为健康老龄化和积极老龄化的实现指明了发展方向。社会参与是人类社会生活的重要环节，是影响社会成员生活质量的重要因素。积极参与社会、保持良好的人际关系对于空巢老人过上幸福生活非常重要。但是，调查发现，杭州城市空巢家庭老人在社会参与方面存在以下问题。第一，部分空巢老人社会参与意识较低。访谈中发现，有些空巢老人对社会参与比较冷漠，"我现在吃喝穿都不愁，我和老伴每个月有近5000元的退休金，孩子们还经常会给我们一些，参加活动有什么用，有时还会惹上一些麻烦事让自己生气，得不偿失"。第二，有的空巢老人虽然社会参与意识较强，希望做些力所能及的工作以发挥余热，但兼职的愿望难以实现。本次调查发现，54.8%的空巢老人希望做一些力所能及的工作以发挥余热，但只有16.4%的空巢老人真正实现了兼职。第三，城市空巢家庭老人社会参与活动主要表现在文化娱乐活动上，具体为"看电视、听广播、读书、看报"（59.4%）、"到公园散步"（51.1%）、"种花、养鸟、钓鱼"（25.1%）等，社区管理、社区公益活动、经济活动、政治活动等参与率较低。第四，人际交往范围缩小，交际方式单一。有研究表明，邻里关系淡漠者的安全感明显不如邻里关系较为密切者的安全感程度高，得孤独症、忧郁症的可能性要大得多。但我们的调查发现，杭州城市空巢家庭老人主要交往的对象是亲戚、熟悉的朋友、原来的同事。他们也不愿意开拓新的朋友圈，接触自己不熟悉的人或事，人为简化了交往层次。其中，最突出的人际交往问题是邻里关系越来越淡漠。空巢老人经常和邻居交往的比例只有53.0%，且交往的地点基本在社区的公园，很少串门。"远亲不如近邻"的传统观念在城市化进程的冲击下变得相对薄弱。有空巢老人表示,"邻居嘛,见面的时候打个招呼、说句话、聊些家常就行了"。可见,邻居之间深层次的情感交流比较少,其情感支持功能已经大为弱化。邻里关系呈现表面化和浅层次的特点。

(二)空巢家庭精神养老问题产生的原因分析

1. 空巢老人自身因素

老年人精神养老出现的问题首先要从老年人自身寻找原因。第一,大部分空巢老人存在个人心理适应不良的问题。有些空巢老人随着年龄的增长、身体素质的下降和生理机能的衰退,可能会产生自卑心理;有些空巢老人从工作岗位上退休后出现不适应,觉得自己好像被社会所抛弃,心理上难以承受,产生强烈的失落感;等等。第二,受传统文化的影响,我国老年人普遍缺乏较强的独立性和自主意识。儒家文化的"孝养"是"孝道"文化最基本的部分,法律也明确规定以强化家庭赡养功能,不断强化子女的责任。同时,社会也鼓励空巢老人与子女同住,减少生存和生活危机的发生。这些观点和思想容易对老年人产生负面影响,那就是老年人尤其是空巢老人在养老问题上形成了对子女照料的心理依赖。大部分空巢老人表示,"把父母送到养老机构,只能说明子女不孝"。第三,空巢老人维护自身的精神养老权益存在不足。许多空巢老人由于文化程度较低,法律知识淡薄,缺乏对法律的理解能力和诉讼能力,不知道如何使用法律武器保护自己。有空巢老人表示,"子女不来看我还可以去告他,用法律来执行?这我还是第一次听说"。部分空巢老人虽然知道精神养老可以通过法律来保障,但诉诸法律往往难以克服自身的心理障碍,认为"打官司太伤感情了,就算子女不怎么来看我,我也不会告他们"。

2. 家庭因素

第一,家庭结构对老年人精神养老会产生重要影响。配偶是空巢老人重要的精神生活依赖,一旦一方过世,另一方会受到沉重打击,即使子女十分孝顺,也不能替代配偶在对方精神养老中的重要地位。子女的去世,白发人送黑发人事件，使得有些老年人精神上受到巨大打击，甚至精神崩溃。第二，子女忙于工作，无暇照顾父母。随着现代生活节奏的加快，生活、工作压力增大，再加上"四二一"家庭的增加，子女和老人相聚谈心交流的时间越来越少。第三，家庭中赡养老人的观念和行为的影响。空巢老人教育子女的习惯，以及自己赡养老人的言语行为，会成为子女赡养自己的习惯。这种言传身教的影响越强烈，对老年人的精神养老产生的影响也就越大。经常尊敬、关心长辈的老人，子女们也学会了关心他们。一个家庭，以什么样的方式赡养老人，会一代传给一代。第四，家庭成员及其关系也会影响空巢老人的精神养老。如子女阻挠父母再婚，结下矛盾，出现隔阂，进而交流较少；女婿和媳妇也可能会干扰对空巢老人的精神赡养；等等。

3. 社会因素

首先，"孝"文化淡薄，社会成员对"孝"认识不足。改革开放以来，我国经历了急剧的社会变迁，社会规范、价值标准和行为方式等的变化，带来了社会成员观念与行为的变革。年轻一代开始追逐自身发展和个性解放，部分成员接受西方教育或受到西方文化和观念的影响，感恩意识缺失，家庭责任感淡化，子女和社会成员不太关心父母的情感和需求。其次，"崇老"变成了"崇子"，"子女围着孩子转"的"重小轻老""厚幼而薄老"思想与行为极其普遍。本文访谈的几位老人一致认为，"对儿女来说，孩子才是宝贝"。社会上中青年夫妇普遍非常重视孩子的教育和成长问题，将有限的时间、精力、物力统统倾斜在孩子身上，把孩子照顾得无微不至，对老人的种种需求尤其是精神需求却不闻不问或敷衍了事。再次，老年人的社会刻板印象。老年人在几十年的生活中，已经形成了一套比较模式化的行为方式和思维模式，对新事物、新思想不易接受，难以跟上时代的步伐，常被贴上"迟钝""落伍"等标签，并逐渐成为"过时""无用"等的代名词。因此，社会普遍认为，老年人应该在家"颐养天年""安享天命"，不操劳、不干活就是对他们的"孝"，于是乎老年人渐渐失去了生机与活力，主观能动性和生活目标逐渐丧失。最后，为老年人提供教育和服务的社会机构不健全。目前，城市老年人家庭以外的精神养老主要依靠自发组织和参加各种文化娱乐活动，但这些活动大多缺乏组织性、专业性和健康性。社会也没有为老年人提供更多的人际交往、知识技能学习场所和具有专业知识的工作人员进行指导，这在一定程度上直接影响了空巢老人精神养老各项工作的开展。

4. 社区因素

第一，社区基础设施落后。杭州城市社区基本设有老年人活动场所，但社区老年人的活动设施比较简单、陈旧，很多就是一张陈旧的乒乓球桌、几张老式的棋牌木桌和老旧的健身器材等。调查中我们还发现，有些老旧小区虽然条件较好，但缺乏再扩展的空间，老年人的活动场所比较狭小，甚至还有些社区的活动场所平时不让老年人活动，而主要用于应付领导检查等。第二，社区老年人活动单一，文化生活单调。目前，杭州城市社区组织的老年人活动大多集中在满足老年人的交往需求方面，情感需求、学习和教育需求、自我价值实现需求等很少涉及。第三，社区老年人服务机构不健全，缺乏专业的工作人员。为空巢老人提供精神服务并非一项容易的工作，它要求工作人员具有一定的专业知识、较高的职业道德和爱心。从事空巢老人精神养老服务的工作人员首先必须了解老年人的心理，其次必须具备相应的专业知识和专业技能，能够为老年人提供心理慰藉甚至医疗卫生服务。第四，资金不足。社区是与空巢老人关系最密切的基层群众组织，其经费主要来源于上级政府的财政支持和社会力量的支持。目前社区工作面临资金来源渠道窄、资金和资源短缺的尴尬境地。

5. 法律法规不健全

我国《婚姻法》和《老年人权益保障法》中都涉及关于老年人精神赡养的一些条款，如《老年人权益保障法》规定，"赡养人应当履行对老年人经济上供养、生活上照料和精神上慰藉的义务，照顾老年人的特殊需要"，"赡养人不履行赡养义务，老年人有要求赡养人给付赡养费的权利"，等等。2012年12月28日，全国人大常委会表决通过，将每年农历九月初九定为老年节，并明确提出家庭成员应当关心老年人的精神需求，不得忽视、冷落老年人。可见，赡养人对老年人的赡养主要体现在经济供养、生活照料、精神慰藉及一些特殊需要四个方面。但是，我国关于老年人精神赡养的立法并没有切实可行的量化标准，缺乏可操作性，没有强制性的条款。当赡养人不履行"精神上慰藉"的义务时，应当承担何种法律责任，法律并没有明确规定。此外，法律关于社会性精神养老也没有比较明确的规定。有关精神赡养法律的缺失也将司法系统置于尴尬境地：一些"不合情、不合理，但不违法"的养老行为，给具体的司法工作带来一定的困难，不知道这些行为该不该管，如果管了又该判处何种处罚。上述种种现象都不利于保障老年人的合法权益，无法保障老年人的精神赡养权利。因此，法律一方面支持了精神赡养的请求，另一方面却遭受着难以执行的尴尬。从另一个角度看，精神赡养更多的是精神上的沟通、慰藉，即使是强制执行，但对于解决纠纷也没有多大意义。

四 城市空巢家庭精神养老的对策和建议

城市空巢家庭精神养老问题影响着空巢老人自身的生活质量和健康，同时也关系到每个家庭和整个社会的和谐与稳定。妥善解决空巢老人精神养老问题有助于中国养老保障制度的完善，也将有利于社会的良性运行与和谐发展。根据上述调研结果，本文认为解决杭州市城市社区空巢家庭的精神养老问题可以从以下几个方面入手。

1. 弘扬"尊老、敬老"的社会道德风尚

"尊老、敬老"是中华民族的传统美德，更是当今的社会风尚。第一，加强精神文明建设，大力开展"尊老、敬老"的宣传教育，树立"尊老、敬老"的道德模范，建立帮助老年人的社会风尚。电视、报刊等新闻媒介应该宣传"孝"文化，尤其是"精神养老"的内涵及表现。如近年来我国各级政府评比出的"十大孝子"等活动较好地宣传了"孝"文化。利用中国的传统节日——重阳敬老、清明祭祖，加深对"孝"文化的理解，达到深入人心；在社区开展评优活动，表彰"尊老、敬老"先进典型，用模范和榜样的力量推动"敬老、助老、养老"风气的形成。第二，加强道德对人们的约束作用，增强社会舆论对人们的威慑力。无论是对家庭成员还是社

会成员,都要发挥道德在谴责社会不公义行为方面的作用。对于家庭内部不能为老人提供精神赡养的子女,以及社会生活中不尊重老年人的社会成员给予强烈的社会舆论谴责;对于虐待老年人的行为,要用法律手段进行制止和惩处。

2. 发挥空巢老人自身的能动性,积极养老

精神赡养的实现不能单靠外界提供的关爱或服务,老年人自身要发挥主观能动性,积极参与到社会中来,实现自身的价值。因此,老年人要树立自我养老的独立意识,减少对子女和其他家庭成员的依赖性,在自身发展中寻找乐趣和安慰。首先,未雨绸缪,正视空巢。全国老龄办副主任吴玉韶认为,"改变养老观念,应从年轻时候就开始准备,不仅包括物质上的准备,还包括心理等各方面的准备。最好是从年轻时就培养兴趣爱好,老的时候生活才不空虚"。因此,老人对亲子关系有一个正确认识:无论父母还是子女都是独立的个体,两者不是依附关系。子女就像鸟儿一样,幼时依偎父母,羽翼丰满后自然要离巢而去,因为高空才有它们最适合的舞台,所以子女的离家是成熟和独立的标志。其次,转变观念,积极养老。积极养老是指老人在离开工作岗位后,不是一味地在家中消极养老,而是积极地参与社会活动,并利用自身技能及经验,根据自身情况,为社会做出更多贡献。所以,空巢老人不应将自己视为"无用"而需要照顾的弱者,应主动走出家门,多与同龄人、年轻朋友交流,比如去公园进行练太极拳、舞剑等健身活动,参与社区合唱队、舞蹈队等文娱活动,到老年大学学习画画、练习书法,加入志愿者行列;等等。再次,加强和子女的交流。子女离巢并不等于断绝彼此的关系,子女离家建立新的生活空间后,老人还应该主动加强与子女的联系,多和子女聊聊心事,把自己的精神状态和心理愿望告诉子女。条件允许的话,自己也可以主动去看望子女和孙辈。最后,学会自我心理调节。空巢老人可以找一些大众心理学、心理保健学等方面的书刊看看,学会调节自己的心情。

3. 加强亲情关爱

配偶俗称"老伴",就是老年相伴的意思。配偶在生活照料和情感慰藉

方面的作用是其他家庭成员和社会成员无法替代的。老年人在精神和情感上非常敏感，日常生活小事都有可能伤害到老人的情感，这就更需要配偶的安慰和照顾。因此，空巢老人夫妇不仅要细致入微地照顾对方的生活起居，更要在精神上互相慰藉。特别是对于身体状况不好的空巢老人来说，配偶更要在生活上给予悉心的照顾，在精神上予以宽慰。对于丧偶或离异的空巢老人，如果有再婚的机会，可以选择再婚，这样双方可以互相依靠，有一个比较美满的晚年生活。

子女永远是父母最大的感情寄托，空巢老人的精神满足离不开子女的精神关怀。子女要从心理上真正关怀和理解空巢父母。无论工作多么繁忙，都要多探望父母，对于居住在不同城市的儿女要常打电话关心父母。探望父母和打电话问候都不能流于形式，应当注重和老人心灵上的交流，了解父母的心理状态并尽量满足其心理需求。子女家里有"大事"时可以找父母商量，并适当采纳老人提出的合理建议，满足老人的尊重需求。对于丧偶或离异的空巢老人来说，子女应该鼓励和支持老人再婚。子女要努力学习、工作，在学业和事业上取得一定成就，生活幸福，不做违法和道德败坏的事情，使老人成就安心。有意识地帮助老人融入社会，鼓励并为老人提供力所能及的工作、社会活动、外出旅游等。此外，孙子女、外孙子女平时也应该多打电话，有空时多陪陪祖父母、外祖父母，让空巢老人体验天伦之乐，享受幸福晚年生活。

4. 推进邻里互助的精神养老模式

俗话说，"远亲不如近邻"。社会学理论也认为，邻里群体的一个最重要功能是守望相助。空巢老人不仅需要邻里及时的物质和行为帮助，更依赖邻里氛围所营造出的精神、情感的交流。因此，应该加强邻里互助互爱。居委会在制定各项管理制度时，必须坚持有利于建立良好邻里关系的原则。邻里互助模式是集社区居民自身的力量，使邻里之间相互了解、相互帮助，推动并达成融洽的邻里关系。所以，居民在邻里互助模式中处于主体地位。在社区招募具备热心和爱心特质的居民，成立"邻里守望、关爱老人"等组织，并对这些居民进行心理咨询等知识的培训和统一管理，为空巢老人提供精神慰藉和心理抚慰。由于邻里互助成员本身来自社区，他们的一言一行更容易感染其他居民，使邻里互助互爱的理念深入人心，让邻居之间多走动、多串门。此外，邻里互助的每个成员都有自己的特长和才能，可以丰富社区空巢老人的日常精神文化生活。邻里互助的精神养老模式可以减少城市社区的邻里冷漠，让社区的人们互帮互助、相亲相爱。

5. 健全社区组织，完善基础设施，提高社区精神养老服务能力

从我国社会发展的趋势来看，传统的家庭养老模式面临挑战，将有越来越多的老年人必须依靠社区来提供养老服务。的确，社区是空巢老人小家以外的大家，社区对空巢老人的精神生活、心理需求也比较熟悉和了解。首先，必须建立健全社区老年心理服务组织。Chang 和 Greene（2001）通过对印第安纳州社区心理健康中心的职员及其服务的调查认为，社区心理健康服务队伍应该由多学科人员组成。杭州市也应该组建起一支专业的老年心理健康服务队伍，并对相关从业人员进行比较正规的培训和考核，符合要求的工作者才可以担任。可以从心理学、老年学、社会工作等专业中招聘毕业生，也可以对现有社区工作人员进行心理咨询等专业培训，使之成为具备心理咨询师资质的专业人员。同时，应该进一步建立和完善社区心理咨询室，为老人配置心理热线电话，开设"心灵茶吧"等。其次，组织老年人娱乐休闲活动，完善基础设施建设。社区应该倾听老年人的需求，整合社会资源，充分利用闲置的活动设施、活动场所，新建或完善社区老年人食堂等基础设施，开展歌舞、书法、摄影、健身等活动，丰富空巢老人的精神文化生活。最后，社区还应宣传孝道文化，促进子女和老人、年轻人和老人的交流，形成比较融洽的代际文化。如倡导"周末敬老"，向社区每一位家庭倡议，每周周末两天回家看看，和父母拉拉家常、谈谈心、做做家务；等等。此外，我国近年来在社区精神养老方面有很多有益的探索，值得借鉴。如哈尔滨市开展了定期走访空巢老人活动。据道外区东莱社区居委会主任介绍，不仅居委会干部每月定时去看望空巢老人，小区的每栋楼还选出一名楼长（热情、有爱心的中年女性），每天或隔天去空巢老人家里，帮助老人打理生活或陪老人聊聊天。

6. 政府应提高对精神养老的认识，加大支持力度

养老是政府的事业、全社会的事业，政府必须担当起养老的责任。现在，老年人的物质生活已经基本满足，政府应该充分承担起老年人精神养老的责任。各级政府应当制定相应的政策，保障老年人的基本权益，引导市场服务向老年人倾斜。首先，国家和政府可以从居住环境和条件方面为空巢老人精神养老提供帮助。如日本和新加坡等国家就有鼓励两代人就近居住的国家政策。政府可以对两代人就近居住的家庭提供一定的购房优惠或者医疗卫生、交通等方面的补贴，以此来鼓励年轻人和老年人就近居住，为空巢家庭精神养老提供更多便利。对于一些没有电梯的老小区，若条件允许的话，杭州市政府可以投资给这些小区安装、配置电梯。其次，政府可以集中力量建立一批老年大学等教育机构，丰富老年人的精神文化生活。让老年人可以根据自身的兴趣和爱好自由选择课程。在课程学习的过程中，老年人既可以习得某一方面或几方面的专业知识和技能，又可以获得与他人交流和交往的机会，得到精神满足。再次，增加对社会养老机构的投入，完善养老机构和养老设施建设，尤其是医疗设施方面的建设，提高从业人员的专业素养和服务水平。最后，建立由政府主导的老年人精神服务的公益组织。这类组织由政府提供资金和雇用专业的工作人员，通过走进社区开展多种文化娱乐活动、陪老年人聊天、开展心理咨询和团体心理辅导等，从精神层面来提高和改善空巢老人的精神状态和快乐指数。

7. 建立和健全精神养老的法律法规

精神养老不像物质供养那样可以量化，它基本取决于赡养人和被赡养人双方的一种感觉，是一种主观性非常强的义务。这些无疑给法律的制定和执行带来了相当大的难度。因此，法律对违反精神养老的情况显得有些无从下手，但这并不是说法律法规对于不履行精神养老的情况就无能为力了。比如瑞典和芬兰将子女对父母精神赡养的要求都写进了法律，根据具体的情况规定了子女与父母见面的频率和次数、子女与父母说话时的忌语等，以立法约束的形式，最大限度地对老年人精神养老予以落实。实际上在《婚姻法》和《老年人权益保障法》等法律法规中都有明确的关于老年人有权获得精

神赡养的规定。首先，我国应该建立《老年人精神赡养法》，并纳入国家整个法律体系，依法解决老年人精神赡养问题。其次，杭州市人大等立法部门可根据学者对该问题的研究建立一个科学的指标体系，并结合被赡养人的主观感受和生活状况来评价赡养人履行义务的实际情况。再次，赋予老年人获得精神损害赔偿的权利，即明确指出若赡养人不履行精神养老的义务，老年人可以精神损害为由在诉讼请求中提出具体的赔偿要求。对于那些不尽养老义务情节严重的赡养人可以追究其民事责任和刑事责任，以此来确保精神养老落到实处。最后，在精神养老的相关法律执行力上，应当予以加强。执法部门在法律的执行过程中务必遵循"有法必依，执法必严"的宗旨，切实保证严格执法的规定，保证法律的公平公正。

参考文献

[1] 国家统计局：《2010年第六次全国人口普查主要数据公报》，2011年4月。

[2] 全国老龄工作委员会办公室：《中国人口老龄化发展趋势预测研究报告》，2014年2月。

[3] 王泽淮：《老年人精神赡养方法探微》，《长沙民政职业技术学院学报》2004年第2期。

[4] 穆光宗：《老龄人口的精神赡养问题》，《中国人民大学学报》2004年第4期。

[5] 刘喜珍：《养老伦理的时代差异》，《北方工业大学学报》2008年第2期。

[6] 刘婧娇：《老龄人口精神赡养现状及其影响因素分析——基于中法合作社会保障项目的调查》，《劳动保障世界》2012年第18期。

[7] 肖健、耿晓峰：《北京市城区老年人精神慰藉情况调查》，《江苏经贸职业技术学院学报》2013年第4期。

[8] 左鹏、高李鹏：《精神慰藉与健康老龄化——以北京某大学离退休教师为例》，《西北人口》2004年第5期。

[9] 李纤滢、龚春：《城市老年人精神赡养的社区模式探索》，《改革与开放》2014年第5期。

[10] 邬沧萍：《社会老年学》，中国人民大学出版社，1999。

[11] 陈昫：《城市老年人精神养老研究》，《武汉大学学报》（哲学社会科学版）2014年第4期。

［12］任高丽、万春灵：《应当高度重视精神养老问题》，《重庆科技学院学报》（社会科学版）2011年第19期。

［13］李银河：《管窥中国当代亲子关系》，《百科知识》2005年第2期。

［14］李书宁、张彩玲：《我国"空巢"老人精神赡养问题研究》，《辽宁经济管理干部学院·辽宁经济职业技术学院学报》2014年第1期。

［15］许建起：《"养"即"孝"吗？——关注老年人的精神赡养》，《中国老区建设》2003年第1期。

［16］张静：《我国老年人精神赡养的重要性及对策》，《黑河学刊》2008年第1期。

［17］陈徐东：《"空巢老人"精神赡养路径的探新》，《中国民政》2012年第9期。

［18］李树文：《大连市城市空巢老人养老需求与社会机构服务匹配的探析——以政府和民营养老机构比较为例》，《长春理工大学学报》（社会科学版）2014年第1期。

［19］刘颂：《城市老年人群精神需求状况的调查与研究》，《南京人口管理干部学院学报》2004年第1期。

［20］米秋花：《对精神赡养的法律思考》，《中共郑州市委党校学报》2006年第6期。

［21］穆光宗：《挑战孤独·空巢家庭》，河北人民出版社，2002。

［22］张晓华：《关于老年人精神赡养问题的研究综述》，《管理学家》2014年第10期。

［23］赵芳、许芸：《城市空巢老人生活状况和社会支持体系分析》，《南京师范大学学报》（社会科学版）2003年第3期。

［24］李瑞芬、童春林：《中国老年人精神赡养问题》，《中国老年学杂志》2006年第12期。

［25］邵南：《浅谈当代老年人的精神需求与精神赡养》，《南平师专学报》2006年第1期。

［26］Chang V. N. , Greene R. , "Study of Service Delivery by Community Mental Health Centers as Perceived by Adult Protective Service Investigation", *Journal of Elder Abuse & Neglect*, 2001, 13 (3).

［27］Silverstein M. , Bengson V. L. , "Does Intergenerational Social Support Influence the Psychological Well-being of Older Parents? The Contingencies of Declining Health and Widow-hood", *Social Science and Medicine*, 1994 (38).

［28］The Hon, Bronwyn Bishop MP, Minister for Aged Care, "The National Strategy for an Aging Australia", Background Paper, 2000.

［29］Santos J. F. , Hubbard R. W. , McIntosh J. L. , et al. , "Community Mental Health and the Elderly: Service and Training Approaches", *Journal of Clinical Child & Adolescent Psychology*, Special Issue: Psychosocial Environments for Older Adults: Resource, Oriented Possibilities, 1984, 12 (4).

Abstract

2014 is a crucial year of the economic, social and cultural development in Hangzhou, and also the year of final test and evaluation of the "Hangzhou women development 'twelfth five-year' plan" and "Hangzhou child development 'twelfth five-year' plan". Therefore, the preparation of the Blue Book *Annual Report on the Development of Women in Hangzhou (2015) —Women and Family Culture* is important. This Blue Book is composed of five parts: the general report, the marriage part, the family part, the family education part and the pension part. Deep analyses are made to the four aspects of the marital relations, family harmony, family education and pension in the general report, and a series of opinions and suggestions are put forward.

According to the general report, in aspect of marriage, with the acceleration of economic development of Hangzhou, urban and rural families' life level are enhancing, especially the one-child policy and the improving education level of women. As the result, the family relationships in city which used to be male dominated is quietly changing. On the edge, because of the demolition, rural families become rich quickly, increasing new marriage phenomenon called uxorilocal marriage; in the remote mountainous area, rural left-behind women family's marriage problems still exist. The issues of family harmony which bother Hangzhou urban and rural families are not the same. Urban families mainly faced the new contradictions and new problems which are due to the change of family structure during the process of traditional joint families turning into the new nuclear families, and migrant workers family harmony; and the rural families are still bothering by the economic income issue. In part of family education, as the change of family structure, family education in Hangzhou also appeared a lot of new problems. In addition to solve the problem of family education emphasis on the role of family education, we still need to further promote the integration of urban and rural family education and Hangzhou parents schools in urban and rural areas, let parents learn the knowledge of science and education, improve the level of their cultivating. In the pensions part, as Hangzhou city aging level is rising, old-aged's providing tests the wisdom of the Hangzhou city managers. With the development of the city, how to make every family enjoy the benefits of reform and opening up in Hangzhou should be paid attention to by the party committees and governments at all levels.

In the marriage part, some advice and suggestions are put forward to solve the problem which occurs during the change of marriage patterns in Hangzhou suburban village such as : to eliminate system obstacles, diminish the differences of "identity - right-treatment" between urban and rural areas of the city; to optimize the design of the system and reduce the basis of the interests of marriage; to carry out special activities on a regular basis to provide the suburban villages dating consulting and services such as comments and suggestions. Considering the present situation of urban intellectual women's marriage and fertility concept, we suppose that they should get related parenting support from their work units and welfare; and their employment rights, interests, career development rights and interests during the period of fertility should be protected. Considering the present situation of Hangzhou female college students' values on love and marriage, our government should strengthen the supervision of Internet and media , and optimize the environment of college students' marriage; increase the safe sex education and improve female college students' consciousness of self-protection; popularize the pre-marital training, establish and improve the mechanism of prevention.

The family part discussed the couple conflict model under the background of social change. Through research we divides the conflict into five patterns: family relationship conflict, role imbalance conflict, resource allocation conflict, emotional crisis of confidence conflict and value concept conflict, and presents four countermeasures and suggestions from female point of view: accurately grasp role requirement and accommodate multiple parts; enhance emotion communication between husband and wife, and give positive respond to family requisition; promote individual attainment and improve personal taste; transfer contradiction focus and get social support. At the same time, we carry on some research on the current situation of Hangzhou Female Fertility Psychology under the selective two-child policy, and suggest that the Hangzhou municipal government should do a good job in the public policy support of fertility psychology such as vigorously carrying out healthy birth culture propaganda, promoting and advancing the construction of "new family planning", improving the birthing insurance system, reasonably rationing public medical resources, providing guaranteed educational resources, improving the social pension system, completing the policy cohesion, changing the family planning work and so on.

In the family education part, we carry on a comparative study on urban and rural family education in Hangzhou, and we conclude that the urban and rural family economic conditions, parents' education level, social environment, hardware facilities such as urban and rural education are the main factors caused the current family education differences. And the differences of family education are also reflected in urban and rural areas between urban residents and migrant workers home. Therefore, we suggest that by pushing forward the construction of the Hangzhou urban and rural integration and cover it to urban and rural areas of various kinds of families, and also paying attention to improve the rural family education ability we can eliminate the differences between urban and rural families.

In the pension part, after investigation of the current situation and problems of the home care for the aged of empty-nest families in Hangzhou, we point out that it is very important for upgrading the level of home care service for the aged in Hangzhou by providing more kinds of care services and more care facilities in communities, training more professional employees, expanding sources of funds and improving the efficiency of government's management regarding this aspect. Meanwhile, by analyzing and discussing the mental problems of empty-nest families, we put forward some countermeasures and suggestions like carrying forward the social fashion of "respect to the elderly", establishing and improving the spirit endowment legal system; giving more support from the government, improving the community elderly psychological service organization; improving community infrastructure, strengthening the family love and neighborhood care; positive endowment and so on.

Contents

B I General Report

B.1 Research on Current Situation and Problems of the
Harmonious Family in Hangzhou and Suggestions
of the Corresponding Solutions　　　　　*Hou Gonglin* / 001
   1. Background　　　　　　　　　　　　　　　　　　　　／ 001
   *2. Current Situation and Problems of the Harmonious Family
      in Hangzhou*　　　　　　　　　　　　　　　　　　　／ 003
   *3. Suggestions of the Marriage, Family, Family Education and
      Aged Caring in Hangzhou*　　　　　　　　　　　　　／ 018
   4. Conclusions　　　　　　　　　　　　　　　　　　　　／ 028

Abstract: In this paper, we sort out and analyze some issues in Hangzhou: the generating relationship and contradiction in new family and marriage, the existing factors which influence family harmony, the misunderstanding in family education, the upcoming problems of supporting old people after the accelerated process of population aging in Hangzhou, and so on. Besides, we put forward a series of comments and suggestions on how to solve the above problems.

Keywords: Marriage; Family; Family Education; Aged Caring

B Ⅱ　Reports on Marriage

B.2　Changes of Marriage Patterns in Hangzhou Suburban Village in the Process of the Urbanization
—*Based on Surveys in Four Areas of Hangzhou City*

Dai Bingjie / 030

Abstract: In the process of urbanization, suburban rural areas in Hangzhou are gradually formed unique village marriage culture which manifest as son-in-law by adoption marriage, crash marriage, cooperation marriage and fake marriage, etc. Taking urbanization as a background, combining with field research in four typical areas in Hangzhou, this paper believes that having a close relationship with the villagers' economic interests, a series of public policies and government actions of urbanization are the main factors of the change happened in residents' marriage behaviors and opinions about love, such as the disposal of suburban village collective land requisition compensation, the housing demolition resettlement, the land acquisition and village withdrawal, the residence migration and transformation, etc. Among them, the interest is the direct power of marriage patterns changes in Hangzhou suburban village, and the urbanization is the root cause of the marriage patterns changes. Building a healthy, positive, rational love and marriage culture in the suburban village, is an important issue to the government, society and family.

Keywords: Urbanization; Suburban Village; Marriage Patterns; Marriage Behavior

B. 3 Research on Present Situation of Urban Intellectual
Women's Marriage and Fertility Concept
—Based on Surveys in Hangzhou City   *Zou Lei* / 066

Abstract: This paper is about a research on intellectual women's marriage and fertility concept. Women employed in education systems, health systems, administrative organs, scientific research institutes, media industries in Hangzhou city are taken as main samples in the empirical research. They all have bachelor degree or above. Questionnaires and case interviews are used during the survey. Investigation shows that intellectual women have perfectionist tendencies in love, relatively independent in economy. Women devote much attention to economy than the male. A small number of intellectual women's marriage spouse rights are undermined. They emphasize children more than spouse. Intellectual women show low degree of tolerance of premarital sex and sex outside marriage than the male. The conflict between old woman and daughter-in-law is more common than the conflict between old man and son-in-law. Psychological counseling as a way to deal with marriage disputes has not yet been accepted widely. Intellectual women show less childbearing willingness than male. A third of the intellectual women are mothers above 35. One fifth of the intellectual women have the willingness of having a second child. The purpose of having a second child is for brotherhood. Preventing from losing one's only child is the second reason. A few intellectual women can not get enough support from family in raising children. They have demand for public child care services.

Keywords: Intellectual Women; Marriage Concept; Fertility Concept

B. 4 The Investigation of the Present Situation and Trend
Analysis of Hangzhou Female College Students'
Values on Love and Marriage   *Zhang Hong* / 105

Abstract: Values on love and marriage, which are important content of family and social morality, have crucial effect on the social stability and development. Female college students are the future mainstay of family and social development, and being in the period of whose values on love and marriage are establishing gradually and becoming mature. To a large extent, their idea and view of love and marriage influence them to take responsibility and obligation of future marriage, family and society, which also indicates the development trend of marriage and family to the whole society in the future and affect the basic quality of the nation and the stability, harmony and development of the society. Through the questionnaire investigation and field research of Hangzhou female college students, we find the female college students' values on love and marriage appear new characteristics and development trends compared to the traditional values on love and marriage, and the views on love, marriage and sex show the conservativeness and openness co-existence, with the characteristics of perceptual and rational. On the basis of female college students' healthy values on love and marriage, there are also a lot of unhealthy tendencies which deserved attention. On the basis of empirical investigation, this article puts forward the countermeasures and suggestions to guide healthy values on love and marriage of female college students in Hangzhou.

Keywords: Hangzhou; Female College Students; Values on Love and Marriage; Investigation; Influence Factors

B Ⅲ Reports on Family

B.5 Research on Couple Conflict Model under the
Background of Social Changes   Lu Guiying / 141

Abstract: Social conflict is the inevitable outcome of interaction between husband and wife. It is a social phenomenon which has been focused in traditional society. With the aid of social change theory, this essay analyses couple conflict model by means of typical case-study in Zhejiang Province, and thus divides the

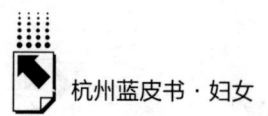

conflict into five patterns: family relationship conflict, role imbalance conflict, resource allocation conflict, emotional crisis of confidence conflict and value concept conflict. Couple conflict goes against harmonious family, the writer therefore presents four countermeasures and suggestions from female point of view: accurately grasp role requirement and accommodate multiple parts; enhance emotion communication between husband and wife, and give positive respond to family requisition; promote individual attainment and improve personal taste; transfer contradiction focus and get social support. From the prospective functional structure, the author summarizes that conflict can exist in families but within a moderate range, which has positive influence on continuous improvement of conjugal relation.

Keywords: Couple Conflict Model; Social Changes; Attribution

B.6 Present Situation and Countermeasures of Hangzhou Female Fertility Psychology under the Selective Two-child Policy   *Luo Qin* / 166

Abstract: The population problem is the key factor to the development of society and economy. Fertility psychology plays a very important role in the reproductive activities. We first take the Fertility Psychology represented by the urban women in Hangzhou City when they face the selective two-child policy as the research object, and take 5 communities' women as the samples to do the empirical analysis on their birth concept, the relationship between the fertility desire and behavior. At the same time, we carry on the research by different levels according to their education background, occupation, income and other social and economic factors. On the basis of these factors, we treat the female fertility psychology in age, gender, marriage type, level of education, occupation, registered residence, income and other demographic variables on the performance and features as the keys. Third, we analyze from the perspective of the social, personal and family three directions, analyze the influence of Hangzhou women's reproductive psychological factors, and forecast the fertility behavior. Finally, we discuss the internal relationship between the mentality and the development trend of female fertility policy, provide the basis for the formulation of government policy. According to the survey, nowadays the characteristics of reproductive psychological of the urban women in Hangzhou City perform as: (1) The overall fertility intention level is below the moderate level, Fertility Psychology tend to be more social significance. (2) The younger women bear the stronger willing to have a child, and if women delay to have the first baby, it is not good to have the second one. (3) Gender preference was not obvious. (4) Most women in Hangzhou welcome the selective two-child policy, blue collar worker has stronger willing than white-collar female in fertility intention. (5) The higher the level of education, the lower the fertility intention will be. (6) There exists difference between urban and rural women in fertility desire, but there are no significant differences between married and unmarried women. (7) The purposes of fertility are diversified, the influence of the traditional fertility conception is reducing, the concept of fertility is modernizing, most of the parents decide whether to choose a second child together. 8, Culture concept, policy, personal marriage and birth conception, endowment view, parents healthy state of the family and child rearing costs become the key factors which affect fertility psychology. In a second child issues, personal concept of fertility and family economic factors have influence on women's fertility desire. To this end, the Hangzhou municipal government should do a good job in the public policy support of fertility psychology by vigorously carrying out healthy birth culture propaganda, promoting and advancing the construction of "new family planning", improving the birthing insurance system, reasonably rationing public medical resources, providing guaranteed educational resources, improving the social pension system, completing the policy cohesion and transformating of the family planning work.

Keywords: "Selective Two-child Policy"; Fertility Psychology; Public Policy Support

B IV Reports on Family Education

B.7 Comparative Study on Urban and Rural Family
Education in Hangzhou *Lin Ying, Hou Gonglin* / 197

Abstract: This study, involving parents of urban area and rural families in Yu-hang Tong-lu and Ling-an in Hangzhou, analyzed urban and rural differences in family education by using the method of questionnaire, among which 300 questionnaires were given out and 293 were collected with 267 valid ones, including 112 urban population and 155 rural population.

This study which uses SPSS 13.0 statistics software package for data analysis for the results, focuses on urban and rural differences in family education, especially the differences of eight aspects in work skills education, social education, moral and virtue education, culture and values education, sex education, mental health education, behavior education and educational methods. As the research, the urban and rural area families show great differences in work skills education, moral and virtue education and educational methods while showing slight differences in social skills education, culture and values education, sex education, mental health education and behavior educated. In each dimension of index, there exists some significant differences while some slight differences. All in all, urban area families focus more on moral and virtue education while they pay less attention to sex education.

This study mainly aimed at the questionnaire result analysis of family education differences between urban and rural areas to find out the reasons of the existence of differences and to put forward reasonable suggestions.

Keywords: Family Education; Rural-urban Differences; The Integration of Urban and Rural Family Education

ⅅ V Reports on Aged Caring

B. 8 Current Situation and Problems of the Home Care for the Aged of Empty-nest Families in Hangzhou and the Corresponding Solutions　　　　　　　　　*Zhao Luguo* / 230

Abstract: In recent years, with the accelerated process of population aging in Hangzhou and the weakening of the function of family pension, the number of empty-nest families continues to increase and the problems of the home care for the aged in empty-nest families are paid more attention by the society. Social problems caused by the worsening living conditions of the aged are continuously emerging, therefore, there is an urgent need for the government and care service institutions for the aged to solve such problems. Accordingly, the home care service for the aged has been providing in Hangzhou in recent years by setting up community home care service stations, building dining rooms and nursing homes. Thus, the care service system for the aged has been built up in Hangzhou with the home care service as the basis, the community care service as the support, other nursing institutions as the complement and the government's fund as the backing. However, due to the peculiarities of empty-nest families, there are still some problems which include the lack of enthusiasm for home care service, limited scope of service, the lack of facilities, the lack of professional employees, the lack of pension and the lack of cooperation among care service institutions. Through investigation and research, this paper points out that it is very important for upgrading the level of home care service for the aged in Hangzhou by providing more kinds of care services and more care facilities in communities, training more professional employees, expanding sources of funds and improving the efficiency of government's management regarding this aspect.

Keywords: The Aging Process of Population; Empty-nest Families; Home Care for the Aged

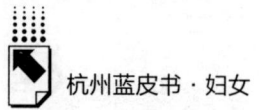

B.9 Research on Spiritual Endowment for Empty-nest Family in City

—Based on the Empirical Analysis in Hangzhou

Wu Lanhua / 256

Abstract: The aging of population is the grim reality which China is facing in the twenty-first century. The healthy aging is an important content of building a harmonious society. Healthy aging is not just the food, clothing, medical and care for eldly individual, but also the joyful spirit. In this paper, the empty-nest elderly in Hangzhou as the research object, through literature, questionnaire, interviews and other methods, we obtain empirical information on the issue of their spiritual support. It is generally found that the spiritual need is urgent to the urban empty nesters at this stage, especially those who are living alone in their empty nests. From the emotional comfort, personality respect, the achievements of peace of mind, we find that many problems which the empty-nest elderly in city may confront about spiritual endowment. The problems are mainly as follows: lacking of their children's mental solicitude; falling short of urban empty nester's spiritual needs; being disregarded by the major society; being difficult to re-marry; deficiency of the health and welfare facilities; shorting of participation to social activities. Taking these matters into consideration, some suggestions have been put forward to relieve these problems: promoting the traditional virtues of "respect and honor the aged"; developing the self-ability of the old people from empty-nest families; establishing a pattern of mutual help among relatives and neighbors; advancing social organization and basic facilities in each community; increasing the support of government; strengthening the laws and regulations of spiritual endowment to protect empty nesters.

Keywords: City; Empty-nest Family; Spiritual Endowment; Empirical Analysis

皮书起源

"皮书"起源于十七、十八世纪的英国,主要指官方或社会组织正式发表的重要文件或报告,多以"白皮书"命名。在中国,"皮书"这一概念被社会广泛接受,并被成功运作、发展成为一种全新的出版型态,则源于中国社会科学院社会科学文献出版社。

皮书定义

皮书是对中国与世界发展状况和热点问题进行年度监测,以专业的角度、专家的视野和实证研究方法,针对某一领域或区域现状与发展态势展开分析和预测,具备权威性、前沿性、原创性、实证性、时效性等特点的连续性公开出版物,由一系列权威研究报告组成。皮书系列是社会科学文献出版社编辑出版的蓝皮书、绿皮书、黄皮书等的统称。

皮书作者

皮书系列的作者以中国社会科学院、著名高校、地方社会科学院的研究人员为主,多为国内一流研究机构的权威专家学者,他们的看法和观点代表了学界对中国与世界的现实和未来最高水平的解读与分析。

皮书荣誉

皮书系列已成为社会科学文献出版社的著名图书品牌和中国社会科学院的知名学术品牌。2011年,皮书系列正式列入"十二五"国家重点图书出版规划项目;2012~2014年,重点皮书列入中国社会科学院承担的国家哲学社会科学创新工程项目;2015年,41种院外皮书使用"中国社会科学院创新工程学术出版项目"标识。

中国皮书网
www.pishu.cn

发布皮书研创资讯，传播皮书精彩内容
引领皮书出版潮流，打造皮书服务平台

栏目设置：

☐ 资讯：皮书动态、皮书观点、皮书数据、
　　　　皮书报道、皮书发布、电子期刊
☐ 标准：皮书评价、皮书研究、皮书规范
☐ 服务：最新皮书、皮书书目、重点推荐、在线购书
☐ 链接：皮书数据库、皮书博客、皮书微博、在线书城
☐ 搜索：资讯、图书、研究动态、皮书专家、研创团队

中国皮书网依托皮书系列"权威、前沿、原创"的优质内容资源，通过文字、图片、音频、视频等多种元素，在皮书研创者、使用者之间搭建了一个成果展示、资源共享的互动平台。

自2005年12月正式上线以来，中国皮书网的IP访问量、PV浏览量与日俱增，受到海内外研究者、公务人员、商务人士以及专业读者的广泛关注。

2008年、2011年中国皮书网均在全国新闻出版业网站荣誉评选中获得"最具商业价值网站"称号；2012年，获得"出版业网站百强"称号。

2014年，中国皮书网与皮书数据库实现资源共享，端口合一，将提供更丰富的内容，更全面的服务。

法律声明

"皮书系列"(含蓝皮书、绿皮书、黄皮书)之品牌由社会科学文献出版社最早使用并持续至今,现已被中国图书市场所熟知。"皮书系列"的LOGO( )与"经济蓝皮书""社会蓝皮书"均已在中华人民共和国国家工商行政管理总局商标局登记注册。"皮书系列"图书的注册商标专用权及封面设计、版式设计的著作权均为社会科学文献出版社所有。未经社会科学文献出版社书面授权许可,任何使用与"皮书系列"图书注册商标、封面设计、版式设计相同或者近似的文字、图形或其组合的行为均系侵权行为。

经作者授权,本书的专有出版权及信息网络传播权为社会科学文献出版社享有。未经社会科学文献出版社书面授权许可,任何就本书内容的复制、发行或以数字形式进行网络传播的行为均系侵权行为。

社会科学文献出版社将通过法律途径追究上述侵权行为的法律责任,维护自身合法权益。

欢迎社会各界人士对侵犯社会科学文献出版社上述权利的侵权行为进行举报。电话:010-59367121,电子邮箱:fawubu@ssap.cn。

社会科学文献出版社